GADAMER

DANS LA MÊME COLLECTION

ARISTOTE. Une philosophie en quête de savoir, par Richard Bodéüs, 272 pages.
AUGUSTIN. L'expérience du Verbe, par Dominique Doucet, 192 pages.
BERKELEY. Un nominalisme réaliste, par Dominique Berlioz, 224 pages.
BLONDEL. Un univers chrétien, par Bertrand Saint-Sernin, 192 pages.
COURNOT. Le réalisme, par Bertrand Saint-Sernin, 192 pages.
DELEUZE. La passion de la pensée, par Pierre Montebello, 256 pages.
DUNS SCOT. La métaphysique de la singularité, par Gérard Sondag, 240 pages.
ÉPICURE. La nature et la raison, par Pierre-Marie Morel, 288 pages.
FICHTE. Réflexion et argumentation, par Isabelle Thomas-Fogiel, 256 pages.
GADAMER. Une herméneutique philosophique, par Isabel Weiss, 224 pages.
HEGEL. Une philosophie de la raison vivante, par André Stanguennec, 248 pages.
HEIDEGGER. La question du logos, par Françoise Dastur, 256 pages.
HOBBES ou l'œuvre de la raison, par Michel Malherbe, 224 pages.
HUME. Une philosophie des contradictions, par Jean-Pierre Cléro, 256 pages.
KANT. L'invention critique, par Monique Castillo, 248 pages.
MALEBRANCHE. Une philosophie de l'expérience, par Denis Moreau, 224 pages.
MONTAIGNE ou l'usage du monde, par Paul Mathias, 224 pages.
MONTESQUIEU. Le droit et l'histoire, par Francine Markovits, 232 pages.
LES NÉOKANTIENS. Valeur et vérité, par Éric Dufour, 192 pages.
PASCAL. La force de la raison, par Hélène Bouchilloux, 240 pages.
PLATON. Le désir de comprendre, par Monique Dixsaut, 288 pages.
SARTRE. Liberté et histoire, par André Guigot, 256 pages.
LES STOÏCIENS. La liberté et l'ordre du monde, par Robert Muller, 292 pages.
VOLTAIRE. Du cartésianisme aux Lumières, par Éliane Martin-Haag, 192 pages.

BIBLIOTHÈQUE DES PHILOSOPHIES

Directeur : Michel MALHERBE

GADAMER

UNE HERMÉNEUTIQUE PHILOSOPHIQUE

par

Isabel WEISS

PARIS
LIBRAIRIE PHILOSOPHIQUE J. VRIN
6, Place de la Sorbonne V^e

2009

ISSN 1281-5675
ISBN 978-2-7116-2240-5

www.vrin.fr

ABRÉVIATIONS

Le lecteur trouvera ci-après la liste des abréviations utilisées pour les ouvrages les plus fréquemment cités de Hans-Georg Gadamer :

- GW *Gesammelte Werke*, Tübingen, J.C.B. Mohr (Paul Siebeck), 1985-1995, tomes 1 à 10.
- KS *Kleine Schriften*, Tübingen, J.C.B. Mohr (Paul Siebeck), 1967-1972-1977, tomes 1 à 4.
- AS *Die Aktualität des Schönen*, Stuttgart, Reclam, 1977.
- VM *Vérité et méthode. Les grandes lignes d'une herméneutique philosophique*, traduit par P. Fruchon, J. Grondin et G. Merlio, Paris, Seuil, 1996.
- HP *Herméneutique et philosophie*, préface de J. Greisch, Paris, Beauchesne Éditeur, 1999.
- PH *La Philosophie herméneutique*, traduit par J. Grondin, Paris, P.U.F., 1996.
- AB *L'Actualité du beau*, traduit et présenté par E. Poulain, Aix-en-Provence, Alinea, 1992.
- LV *Langage et vérité*, traduit et préfacé par J.-C. Gens, Paris, Gallimard, 1995.
- CH *Les Chemins de Heidegger*, traduit par J. Grondin, Paris, Vrin, 2002.

Remerciements

Gadamer est un penseur de la dette, de la tradition, du non-recouvrement : il a dit mieux que personne à quel point nous existons par tout ce que nous devons aux autres. C'est un bonheur particulier de remercier, une chance plus encore qu'un devoir.

Mes remerciements vont d'abord à Michel Malherbe : je le remercie d'avoir accueilli Gadamer dans cette collection et de m'avoir fait bénéficier, tout au long de l'élaboration de ce texte, de ses observations précises et stimulantes. Je remercie également très sincèrement Patrick Wotling, qui a accompagné mon chemin vers l'interprétation et qui représente à mes yeux un modèle d'exigence et de rigueur philosophiques. Je remercie enfin un merveilleux professeur de littérature, auquel je dois sans doute l'éveil de certains liens entre le spéculatif et le poétique.

INTRODUCTION

Acheminement vers l'herméneutique philosophique

« Pourquoi le problème du langage a-t-il pris dans la discussion philosophique actuelle une place centrale analogue à celle qu'occupait, il y a près d'un siècle et demi, le concept de la pensée ou de la pensée se pensant elle-même ? En posant cette question, je voudrais donner indirectement une réponse à *la* question qu'il nous faut désigner comme la question centrale de notre époque telle qu'elle nous est dictée par l'existence de la science moderne »[1]. Le statut auquel a accédé le langage, tel que le décrit Gadamer au début d'une conférence de 1965 intitulée « Le problème herméneutique », constitue peut-être le dénominateur commun de la pensée contemporaine, la véritable *koinè*, pour reprendre le mot de Gianni Vattimo[2], de la philosophie au XXe siècle. Cette place centrale bénéficie en même temps d'un accord sourd dans la mesure où elle n'a peut-être pas encore été interrogée comme base commune et désormais fixe de la pensée, base elle-même diversement légitimée au sein (et même au-delà) du mouvement herméneutique pris au sens large – auquel on peut rattacher la plupart des représentants de ce qu'on appelle parfois la philosophie continentale : Gadamer, Habermas, Ricœur, Lyotard, Apel mais aussi Foucault et Derrida – et qui pourrait bien être le principal point d'achoppement d'un débat philosophique à venir. Le « langage au centre de la philosophie », cela signifie que le langage serait devenu l'instance maîtresse de la légitimation

1. H.-G. Gadamer, *Gesammelte Werke* (désormais cité GW1-10), Tübingen, J.C.B. Mohr (Paul Siebeck), 1985-1995, t. 2, « *Die Universalität des hermeneutischen Problems* », p. 219, « Le problème herméneutique » (1965), *Herméneutique et philosophie* (désormais cité HP), trad. J. Greisch, Paris, Beauchesne, 1999, p. 29.

2. G. Vattimo, *Éthique de l'interprétation*, trad. J. Rolland, Paris, La Découverte, 1991, p. 30.

philosophique et de toute discussion qui se donne plus ou moins explicitement pour but la recherche de l'entente.

Pris en charge par des courants parfois fort divergents dans leurs présupposés et leur méthode, le langage apparaît comme la véritable grande affaire de la pensée contemporaine. Qu'est-ce qui nous autorise à voir dans le langage une puissance normative, régulatrice ou fondatrice ? Qu'y a-t-il finalement de commun entre l'herméneutique « littéraire » et « sociale », que Habermas appelle l'herméneutique des « visions du monde » et qui prend racine dans le thème heideggerien du comprendre, et la théorie analytique de la science qui s'est développée à partir de la nouvelle sémantique logique de Frege, érigée par Wittgenstein en « paradigme philosophique »[1] ? La césure entre ces deux versions du « tournant linguistique » apparaît d'autant plus ténue aux yeux de Habermas que, au lieu d'être en rivalité simple, elles ont été amenées à se compléter l'une l'autre, par exemple à travers l'orientation pragmatique que Habermas lui-même a voulu donner à son herméneutique critique sous l'impulsion, entre autres, de la pensée de K.-O. Apel, elle-même largement guidée par la philosophie analytique. Habermas emprunte à Humboldt une typologie des fonctions du langage qui lui permet de distribuer sur trois axes les orientations analytique, herméneutique et pragmatique de la pensée contemporaine : la théorie analytique s'intéresse principalement à « la cognition, dont la tâche est de forger les pensées et de présenter les faits » ; l'herméneutique à « l'expression, dont la fonction est d'exprimer les sentiments et de susciter les émotions » ; l'approche pragmatique du langage, enfin, privilégie « la communication, qui consiste à faire part de quelque chose, à soulever des objections et à réaliser des accords »[2]. L'universalité de ce qu'on pourrait appeler un « paradigme linguistique » ne se heurte-t-elle pas alors à la thèse gadamérienne de l'universalité de l'*herméneutique* ? Quels arguments Gadamer entend-il présenter pour justifier finalement l'incorporation des autres formes d'analyse du langage à une herméneutique philosophique susceptible de donner, à tout savoir et à toute recherche de vérité, une mesure exemplaire, une mesure au diapason de l'expérience que l'homme fait de lui-même dans le dialogue ?

Répondre à cette question à partir de l'œuvre de Gadamer revient dans un premier temps à interroger la cohérence de son propre projet philosophique. Gadamer s'est exprimé sur le sujet en essayant de corriger,

1. J. Habermas, *Vérité et justification*, trad. R. Rochlitz, Paris, Gallimard, 2001, p. 11-12.

2. *Ibid*., p. 12-13. Voir aussi J. Habermas, *L'Éthique de la discussion et la question de la vérité*, trad. P. Savidan, Paris, Grasset, 2003, p. 62-63.

dans le second volume de ses œuvres complètes, l'impression de discontinuité que pouvaient donner les deux principaux motifs de *Vérité et méthode* : d'une part la question du jeu et de la représentation dans l'œuvre d'art, d'autre part le langage comme centre et la dialectique dialogique[1]. Il reconnaît que les développements sur les disciplines philologiques et historiques ont peut-être vieilli, mais que « l'intention du tout était cependant orientée d'emblée vers l'universalité de l'expérience herméneutique, que n'importe quel point de départ doit permettre de rejoindre, si elle constitue bien une expérience universelle »[2]. Cette universalité signifie aussi que l'herméneutique, dans sa fonction critique, ne s'oppose pas frontalement à toute « rationalité méthodique » : Gadamer reproche autant aux tenants de la méthode moderne la radicalité de leur détermination de la scientificité qu'à la « critique des idéologies » (notamment celle qu'a formulée Habermas) de sous-estimer sa propre teneur idéologique. L'herméneutique permettrait donc d'accéder à un point de vue qui dépasse ou plutôt est susceptible de dépasser les limitations aperçues par la critique des idéologies lorsqu'elle pointe les blocages indus de la communication dans le jeu des contraintes sociales. Car « dans le langage advient le dialogue. Par-dessus les groupes sociaux et les partis, par-dessus les nations et les cultures, pouvoir parler signifie pouvoir s'élever au-dessus de ses propres limites. Ainsi la possibilité universelle du dialogue humain, de la parole l'un avec l'autre et l'un en face de l'autre, implique un rapport à la raison, milieu commun à tous les hommes dans lequel ils se comprennent et où se réalise, en quelque sorte, l'intuition. Mais intuition signifie toujours une meilleure connaissance »[3]. La justification de l'universalisation de l'herméneutique est à chercher dans les possibilités du dialogue qui nous définit essentiellement. C'est à l'être de l'homme, un être fini capable de déborder ses propres limitations, que se rattache la perspective philosophique la plus ample, celle que Gadamer appelle herméneutique.

1. Voir GW2, p. 5, « Entre phénoménologie et dialectique. Essai d'autocritique » (1985), *L'Art de comprendre* 2, Herméneutique et champs de l'expérience humaine (désormais cité AC2), trad. I. Julien-Deygout, P. Forget, J. Grondin et J. Schouwey, Paris, Aubier, 1991, p. 13.

2. GW2, p. 3, « Entre phénoménologie et dialectique. Essai d'autocritique » (1985), AC2, p. 11.

3. GW10, p. 314, « La philosophie dans la science moderne » (1966), HP, p. 9. Voir aussi « Rhétorique, herméneutique et critique de l'idéologie. Commentaires métacritiques de *Wahrheit und Methode* », *Kleine Schriften* (désormais cité KS1-4), J.C.B. Mohr (Paul Siebeck), Tübingen, 1967-1972-1977, t. 1, p. 113-130, HP, p. 83-108.

Dans un second temps toutefois, le problème de l'universalité de l'herméneutique se pose en des termes plus précis et acérés à travers la reprise complexe des pensées de Hegel et de Heidegger : celle-ci se reflète dans la double dimension, dialectique et événementielle, du dialogue, par laquelle advient l'être vrai des choses. Gadamer reconnaît dans la logique hégélienne un mouvement capable de surmonter les limites de la logique de la proposition et de légitimer dialectiquement l'intégralité des pensées[1]. Quant à Heidegger, il a su dépasser de façon radicale l'emprise de la conscience de soi sur la pensée moderne et inscrire la vérité dans l'élément langagier et historique de l'existence humaine comme existence ouverte, indéfiniment appelée à la compréhension d'elle-même, et jamais saturée dans une présupposition ou une réponse absolues. Ce n'est qu'en faisant aller et venir notre regard de Hegel à Heidegger que la justification et la fondation de l'universalité de l'herméneutique pourra se faire entendre. Pour Gadamer en tout cas, au début des années 60, un tel résultat n'est guère en situation de s'imposer de lui-même et c'est d'abord sur lui que doit se concentrer l'essentiel de son effort de pensée.

En effet, en appliquant à son propre travail, comme il l'a souvent fait, le geste naturel de toute herméneutique – le regard en arrière – Gadamer rappelle dans la Postface à la troisième édition (1972) de *Vérité et méthode*, les doutes qui étaient les siens au moment de la parution de son unique véritable ouvrage. L'époque favorise à ses yeux d'autres orientations de pensée, notamment la théorie de la connaissance et le courant analytique anglo-saxon, « l'élan nouveau des sciences sociales », mais elle montre des signes « d'hostilité technologique vis-à-vis de l'histoire »[2]. L'idée que le climat philosophique à ce moment-là n'était pas spécialement propice à un projet herméneutique d'envergure permet peut-être aussi à Gadamer de mieux faire saillir, ce qui est assez rare chez lui, l'originalité de sa proposition philosophique. Il met du reste moins en avant la singularité de sa pensée que les atouts majeurs de l'herméneutique comme médiation fondamentale de l'être et du connaître. Car c'est ce qui sourd dans la tradition immémoriale du comprendre qui a la première place, le philosophe apparaît le plus souvent, en retrait, comme le médiateur de contenus qui possèdent par eux-mêmes une force interprétative et posent des questions auxquelles l'homme sera toujours confronté. Par ailleurs, s'il considère

1. « *Die Idee der Hegelschen Logik* » (1971), GW3, p. 66-68, « Signification de la *Logique* de Hegel » (1968), HP, p. 57-59.

2. GW2, p. 449, « Postface » (1972), *L'Art de comprendre* 1, *Herméneutique et tradition philosophique* (désormais cité AC1), trad. M. Simon, Paris, Aubier, 1982, p. 89.

qu'il y avait alors « peu de place pour les traditions humanistes des sciences de l'esprit», ce n'est pas pour se présenter comme le héraut d'une philosophie romantique, nostalgique et fermée au souci méthodique de la modernité, justement et réciproquement parce que les « vraies » sciences, comme il les appelle, ne peuvent nier le rôle que jouent en elles l'imagination ou la précompréhension. Il ne s'agit donc pas de demander à la science d'opérer un tournant humaniste mais d'ouvrir la voie à une médiation renouvelée de la science et de la philosophie. Gadamer met en cause dans la crispation sur la méthode qui lui semble envahir la modernité, un « rétrécissement de perspective », un inquiétant recul de la question pratique au bénéfice exclusif de la technique et, plus essentiellement encore, une tendance à séparer la rationalité et l'existence[1]. En ce sens, l'interrogation herméneutique ne se situe pas sur un axe parallèle à la théorie de la science car elle éclaire une formation des résultats qui ne pourra jamais être qu'historique et finie, c'est-à-dire incomplète[2]. Il y aura toujours un excédent de l'influence de l'histoire par rapport à la détermination consciente de cette influence, c'est donc dans leur propre intérêt que les sciences ont à élargir et à relativiser leur compréhension d'elles-mêmes, à prendre au sérieux les choix qui devancent et orientent l'exercice méthodique de la raison ou à mieux déterminer le sens qu'elles entendent donner à leurs applications techniques[3].

L'herméneutique apparaît par là comme une manière de répondre au désenchantement du monde contemporain. Elle est une ressource inépuisable pour guider la pensée en son sens le plus général et maintenir un œil vigilant sur nos activités de pensée; et c'est une vigilance qui fait

1. GW2, p. 451 et 459, « Postface » (1972), AC1, p. 90-91 et 99.

2. En effet, l'herméneutique « a aussi une importance pour la théorie de la science, en tant que, par une réflexion herméneutique, elle met à découvert au sein de la science des conditions de vérité qui ne tiennent pas à la logique de la recherche mais qui la précèdent » (GW2, p. 450, AC1, p. 90).

3. J. Greisch remarque que de nombreux travaux récents du courant analytique vont dans ce sens : « C'est ce que confirme la thèse de Michael Dummett, selon laquelle les théories de la signification sont pour l'essentiel des théories de la compréhension et de l'interprétation (Frege : *Philosophy of language*, London, 1981, *The Logical basis of Metaphysics*, London, 1991, *The Seas of Language*, Oxford, 1984), ou la thèse de Donald Davidson selon laquelle la théorie de la signification d'un langage donné L doit être une théorie de l'interprétation radicale de L. (*Inquiries into Truth and Interpretation*, Oxford, 1984). Dans le même sens va la suggestion de Nelson Goodman et de Catherine Z. Elgin, selon laquelle les épistémologues ont tout intérêt à élargir les concepts de savoir et de connaissance en direction du concept plus englobant de compréhension (*Reconceptions in Philosophy and other Arts and Sciences*, Hassocks, 1988) » (HP, p. XVI-XVII).

nécessairement intervenir les concepts de raison et de sens. En effet, la garantie que représente le souci herméneutique est d'autant plus rationnelle qu'elle prend assise sur la finitude de l'homme, son incapacité à saturer l'explication ou la compréhension d'un fait. Ce souci reste le seul véritable garde-fou contre les dérives possibles de la rationalité ou plutôt contre une instrumentalisation de la rationalité dans laquelle la raison se fragmente au lieu de préserver le sens de la totalité. Richard Rorty rejoint Gadamer sur ce point en s'appuyant sur sa réhabilitation active et féconde du concept de *Bildung*. Il ne s'agit pas de renoncer à toute perspective épistémologique mais de voir en elle une forme d'« édification » parmi d'autres. Rorty utilise « le terme d'"édification" pour désigner une telle quête de formulations nouvelles, meilleures, plus intéressantes et plus fécondes »[1]. Il rappelle que « Heidegger, comme Sartre ou Gadamer, admet tout à fait la possibilité et l'effectivité courante de la pensée objective – la seule chose que l'on puisse lui opposer est qu'elle n'est pas la source de toutes les stratégies d'auto-description possibles et que, parmi celles qu'elle fournit, certaines peuvent entraver le procès d'édification »[2]. Le but convergent de Gadamer et de Rorty n'est pas de jouer un type de savoir contre un autre mais d'opérer un déplacement de critère en renonçant à l'illusion que les sciences dites « normales », qui visent à convertir quantitativement leur objet, constitueraient la seule et la véritable connaissance de la réalité.

Gadamer affirme avec force dans plusieurs articles que la recherche scientifique est rien moins qu'une affaire apolitique : elle dépend d'un soutien institutionnel et pèse sur le terrain économique et social comme source d'analyses et de diagnostics, d'innovations technologiques ou de perspectives de développement (et de moins en moins comme « connaissance du monde »). Surtout, et sans qu'il en soit toujours pleinement conscient, le scientifique aura forcément à un moment ou à un autre à faire usage d'un *autre* type de discours (d'une rhétorique) pour convaincre ou justifier ses orientations, à prendre en compte certaines contraintes liées à la pratique sociale. La science moderne elle-même ne peut se dispenser d'un soutien de type herméneutique pour communiquer ses résultats et sur ses résultats : au savoir de la communication (comment se faire comprendre) est liée l'herméneutique comme « science des formes, des conditions et des limites de l'entente entre les hommes »[3]. Le langage, en tant qu'il porte à une certaine hauteur l'échange entre les uns et les autres, ne devient pouvoir

1. R. Rorty, *L'Homme spéculaire*, trad. T. Marchaisse, Paris, Seuil, p. 396.
2. *Ibid*., p. 397.
3. GW10, p. 316, « La philosophie dans la science moderne » (1966), HP, p. 12.

de légitimation que comme langage commun et connu ou comme savoir de ce langage et de la totalité qui le traverse. C'est là un point de désaccord avec Habermas, qui continue à tort selon Gadamer d'interpréter la rhétorique de manière unilatérale et simplement technique lorsqu'il lui reproche sa capacité à servir la manipulation sociale[1]. L'argument de Gadamer sur ce point est une parfaite illustration de ce qu'on peut malgré tout appeler une méthode herméneutique : le débordement de la rhétorique au-delà de la *technê* – qui permettrait aujourd'hui de redéfinir son rôle pratique – a déjà été mis en avant par Aristote qui voyait avant tout en elle une *dynamis*, c'est-à-dire un processus d'accomplissement[2]. L'herméneutique ne va pas chercher dans la tradition des gages pour valider son propre discours mais elle s'appuie sur la *rationalité du développement historique des concepts*. Contre la tentation d'une fixation des concepts « dans la métaphysique[3] », Gadamer propose non de réhabiliter les Anciens mais de maintenir actif un dialogue avec eux : c'est là toute la différence entre la conservation comme fixation forcée et la conservation comme dialogue. Dans cette perspective, l'« expérience herméneutique s'étend en vérité aussi loin que la disposition au dialogue d'êtres raisonnables en général »[4].

Finitude et dépassement de la finitude

Gadamer est totalement en phase avec son époque en ce qu'il est un penseur de la finitude et d'une finitude strictement indépassable. La finitude de l'existence humaine et du comprendre reste pour lui la chose la moins sujette à discussion de la philosophie. Mais tout héritier qu'il est de l'herméneutique de la facticité de Heidegger, il n'en affirme pas moins, avec une force égale, le mouvement de sortie de soi de la finitude qui justifie l'éminence de la tâche herméneutique. Il lui a donc fallu oser repenser la tradition au-delà de l'analyse existentiale du *Dasein*, revenir à Hegel – Gadamer ne cesse de rappeler l'intérêt puissant que Hegel représentait pour Heidegger lui-même[5] – et réhabiliter certains aspects de

1. Voir GW2, p. 468, « Postface » (1972), AC1, p. 108.

2. Car, explique Aristote, « les sciences poétiques (…) sont des principes de changement dans un autre être, ou dans l'artiste lui-même en tant qu'autre » (*Métaphysique* (2, 1046 b 3-5, trad. J. Tricot, Paris, Vrin, 1986, p. 486).

3. GW2, p. 456, « Postface » (1972), AC1, p. 96.

4. GW2, p. 467, AC1, p. 107.

5. Voir notamment pour les textes disponibles en français : « Le langage de la métaphysique » (1968) et « L'histoire de la philosophie » (1981), tous deux traduits dans *Les Chemins de Heidegger* et « Hegel et Heidegger » (1971) dans le premier tome de *L'Art de*

l'idéalisme absolu à une époque où la philosophie s'est le plus souvent déterminée, pour ne pas dire justifiée, par un renoncement total au système hégélien. La finitude ne fonde l'universalité de l'herméneutique qu'à partir du moment où l'on reconnaît le mouvement de débordement du fini au-delà de lui-même comme la condition d'un accomplissement (*Vollzug*) sans clôture dont l'ontologie de l'œuvre d'art fournit précisément le modèle et la preuve. « Tout parler humain est fini, écrit Gadamer, au sens où il porte en lui un infini de sens à développer et à interpréter »[1]. Parce que l'universalité du comprendre s'enracine dans celle du langage, lui-même déterminé comme dialogue, l'herméneutique a une structure interactive ou relationnelle. Cela signifie que la tension entre le fini et l'infini est portée par un échange ininterrompu qui prend en charge une totalité de sens, sans pour autant se rassembler dans une unité achevée ou absolue. Disons-le clairement : Hegel apparaît bien comme un partenaire paradoxal de Gadamer. Il est celui qui fournit au comprendre la force du dépassement – dépassement, par exemple, de l'étude seulement historique des œuvres, de l'usage instrumental du mot, dépassement de soi dans la formation et la culture – mais aussi celui dont il ne peut accepter les présupposés fondamentaux (l'absolu du sens, l'infini philosophique ou la dialectique spéculative), car de tels présupposés ne sont (ou ne seraient) pas compatibles, logiquement et philosophiquement, avec l'expérience de donation du sens telle que Gadamer la conçoit. La situation de l'herméneutique gadamérienne s'éclaire ainsi par un double correctif : la vérité de l'art suppose une médiation et non une reconstitution (Hegel contre Schleiermacher) et le langage, non l'esprit, est l'élément de cette médiation (Heidegger contre Hegel).

Examinons le premier point. À la fin de la première partie de *Vérité et méthode*, Gadamer définit la « tâche de l'herméneutique » en opposant deux principes, la reconstruction et l'intégration. Après avoir repris quelques éléments de la pensée de Schleiermacher, fondée sur la reconstitution du sens originel de l'œuvre, Gadamer inscrit sa propre conception de l'herméneutique sous le parrainage de Hegel qui « offre une autre possibilité » en ce qu'il « est pleinement conscient de l'impuissance de toute restauration »[2]. Il s'agit de démarquer l'herméneutique d'un travail de

comprendre. Gadamer rappelle aussi le rôle qu'a joué Heidegger dans le renouvellement en Allemagne de l'intérêt pour Hegel au début du XXe siècle dans « Signification de la *Logique* de Hegel » (1968), GW3, p. 65-66, HP, p. 55-56.

1. GW1, p. 462, *Vérité et méthode. Les grandes lignes d'une herméneutique philosophique* (désormais cité VM), trad. P. Fruchon, J. Grondin et G. Merlio, Paris, Seuil, 1996, p. 483.

2. GW1, p. 172, VM, p. 186.

rétablissement psychologique et technique de l'intention originelle et de puiser dans la pensée esthétique de Hegel l'idée d'un soulèvement du fini au-delà des conditions représentatives d'expression du sens. Gadamer peut-il cependant prendre appui sur le concept d'esprit développé par Hegel sans être menacé par la signification plénière de ce concept dont il entend ne pouvoir retenir que certains aspects? À l'inverse, peut-il rendre crédible, sans cet appui conceptuel, le mouvement d'échappement du fini hors de lui-même? Faute de pouvoir suivre Hegel sur la voie d'un esprit véritablement infini, la thèse d'un infini de sens médiatisé par le langage peut apparaître au pire comme une formule vide, au mieux comme affirmant une extension du fini qui ne se produit jamais qu'à l'intérieur du fini. Brandir la « mauvaise infinité » comme milieu de déploiement du dialogue – parti pris profondément anti-hégélien – suffit-il à lever les difficultés d'interprétation de certaines formules, par exemple celle qui dit que « l'expérience langagière du monde est "absolue[1]" » et à justifier un « tri » dans les déterminations de l'absolu? Ces questions renvoient très précisément aux arguments que Gadamer avance pour légitimer un « indéfini » du langage ou du dialogue et, subsidiairement, au fait qu'il ne peut recourir à Hegel qu'au prix d'un morcellement et finalement d'une mésinterprétation de ses thèses majeures. La question de savoir si un parrainage hégélien peut être partiel sans menacer la cohérence du propos qui s'y abrite sera un des aiguillons de notre étude.

Le second correctif est ainsi déjà anticipé dans les difficultés du premier. Car c'est à Heidegger que Gadamer en appelle pour inscrire le mouvement infini de l'interprétation dans la temporalité propre de l'homme et discuter la conception idéaliste de l'histoire[2], c'est-à-dire pour affirmer que toute philosophie ne peut être qu'une philosophie du langage. « En guise de première localisation de ma propre entreprise de pensée, explique-t-il, je pourrais certainement dire que j'ai pris sur moi de réhabiliter le "mauvais infini", bien qu'en lui apportant une modification qui est décisive à mes yeux. C'est que le dialogue infini de l'âme avec elle-même qu'est la pensée ne se laisse pas caractériser comme une détermination progressive et infinie du monde des objets à connaître, ni au sens néo-kantien d'une tâche infinie, ni au sens dialectique d'un dépassement par la pensée de toute limite qui pourrait être fixée. Heidegger m'a ouvert ici un nouveau chemin lorsqu'il a orienté sa critique de la métaphysique dans le

1. GW1, p. 453, VM, p. 474.

2. Voir notamment GW3, p. 229-230, « Le langage de la métaphysique » (1968), *Les Chemins de Heidegger* (désormais cité CH), trad. J. Grondin, Paris, Vrin, 2002, p. 90-91.

sens d'une nouvelle préparation de la question de l'être et qu'il s'est alors trouvé "en chemin vers le langage" »[1]. Le mouvement de la compréhension serait moins un mouvement qui va du langage de la représentation au sens (langage du concept) qu'un acheminement du sens dans le langage au-delà du particularisme de chaque langue. Gadamer refuse clairement de constituer une métaphysique (ou, ce qui n'est pas la même chose, un idéalisme) du comprendre sans pour autant rejeter en bloc la contribution d'une certaine tradition métaphysique à l'élaboration des thèmes directeurs de sa pensée herméneutique. C'est notamment le cas pour les concepts de formation, de représentation (comme *Darstellung*), de fusion des horizons ou d'application (associée à la *phronesis*). Gadamer se réfère dans ses textes à une tradition monumentale et polymorphe parce qu'il est aussi un penseur de la tradition comme source de toute réflexion et critère de validation des énoncés : mais relire la tradition et penser à partir d'elle, ce n'est pas pour lui autre chose que reconnaître qu'« il n'y a pas de plus haut principe que celui qui consiste à rester ouvert au dialogue »[2]. Le langage est le centre, non le fondement, de l'être et du connaître : « *Le centre qu'est la langue* est ce à partir de quoi se déploie la totalité de notre expérience du monde et, en particulier, l'expérience herméneutique »[3].

Le langage, comme dialogue, circonscrit notre être tout en l'ouvrant à un déploiement continu d'échanges et d'interactions. Que ce soit dans une optique critique (pour contester la possibilité d'une transposition de la méthode des sciences de la nature dans les sciences de l'esprit ou le primat de cette méthode comme voie optimale d'accès à la vérité) ou fondatrice, c'est à partir de ce double héritage (Hegel et Heidegger) que Gadamer conçoit la nature interprétative du fini : car exister comme dialogue, c'est être à l'écoute du langage et des contenus de sens qu'il fait surgir, c'est-à-dire d'une certaine unité de l'être et du parler auquel demeure étranger le seul mouvement de la désignation[4].

1. GW2, p. 505-506, « Autoprésentation », *La Philosophie herméneutique* (désormais cité PH), trad. J. Grondin, Paris, P.U.F., 1996, p. 58.

2. GW2, p. 505, PH, p. 57.

3. GW1, p. 461, VM, p. 482.

4. Mais force est d'admettre que Gadamer n'est pas constamment face à ces auteurs dans la position du philosophe qui puise explicitement en eux les éléments utiles à sa propre construction réflexive. Le plus souvent, les textes sur Hegel et Heidegger sont ceux d'un professeur qui expose et décrit quelques thèmes choisis dans leur corpus, et cela de façon parfois moins conceptuelle qu'historique. Gadamer a retardé le moment de se penser lui-même comme philosophe, c'est une donnée que le lecteur en attente d'une pensée

FONDATION ET LÉGITIMATION

L'herméneutique de Gadamer repose sur une constellation constituée de trois sphères : l'art, l'histoire (les sciences de l'esprit) et le langage – mais derrière « l'expérience de l'art, c'est toute l'universalité du phénomène herméneutique qui apparaît. C'est en effet à elle que conduit l'approfondissement de l'historicité de la compréhension »[1]. Gadamer ne fait toutefois pas de l'art le commencement et le fondement de l'herméneutique parce que c'est le sens qu'il donne à l'herméneutique qui détermine déjà le rôle philosophique de l'art[2]. L'art se présente comme source exemplaire de vérité et piste qu'il s'agit de suivre pour mettre en évidence la charge de vérité présente dans les productions humaines, il est donc comme tel déjà inséré dans le cercle de la compréhension. Au nom du « mauvais infini » revendiqué par Gadamer[3], les concepts ne s'engendrent pas et ne sont pas déduits les uns des autres, ils s'appellent, s'interpellent ou se commémorent. Le mode de légitimation des pensées et des énoncés est dialogique et historique, c'est pourquoi les concepts de virtualité et d'ouverture comptent parmi les plus déterminants de la philosophie de Gadamer. Ils trouvent leur source directe dans la pensée de Heidegger qui joue sur l'interprétation gadamérienne de Hegel au moins à deux titres. Premièrement, parce que cette interprétation est elle-même essentiellement nourrie par la manière heideggerienne de comprendre Hegel et par certains préjugés de l'époque, notamment sur la question du sens de l'histoire ; deuxièmement, parce que Heidegger lui permet de maintenir l'herméneutique en deçà de la médiation infinie et d'une spéculation absolue.

philosophique constituée ne peut pas ne pas repérer en parcourant une œuvre abondante et, dans l'édition allemande des œuvres complètes, organisée davantage selon une logique thématique qu'argumentative. Les éléments singuliers de sa philosophie, de ce fait, ne s'y détachent pas avec autant d'évidence que chez certains de ses contemporains, ils supposent une reconstitution dont *Vérité et méthode* fournit, certes, les articulations majeures, mais à condition de compléter la lecture réflexive de ce grand texte par les commentaires précieux que Gadamer a apportés à son travail après coup. L'herméneutique est décidément un art de la rétrospective.

1. GW3, p. 206, « La théologie de Marbourg » (1964), CH, p. 60.

2. Il est en cela exactement fidèle à la critique heideggerienne du concept de fondement. Voir notamment sur ce point la communication de Gadamer sur « L'unité du chemin de Martin Heidegger » (1986), GW3, p. 427, CH, p. 281.

3. Gadamer insiste sur ce postulat à plusieurs reprises dans son œuvre, par exemple dans « Kant et le tournant herméneutique » (1975), GW3, p. 221, CH, p. 78 : « Dans cette mesure, ce que Hegel appelle le mauvais infini représente un élément structurel de l'expérience historique comme telle ».

Autrement dit, Gadamer a cherché à échapper, en s'installant dans le mauvais infini, à une supposée fermeture du sens qu'il associe (à tort ! car cette fermeture est conceptuelle et non historique) au système de Hegel. En raison d'un contexte – une lecture de Hegel fautive mais dominante dans la première moitié du XXe siècle – et de son orientation philosophique propre, Gadamer ne fait pas droit à l'ouverture spécifique que développe la pensée hégélienne de la compréhension, et plus précisément de la compréhension de soi.

On peut ainsi appréhender le projet de Gadamer à partir de trois axes conceptuels. 1) La ligne structurante formée par le langage (le dialogue), la temporalité et la finitude. 2) Les concrétisations esthétiques, historiques et éthiques du travail herméneutique : la représentation (comme *Darstellung* et non comme *Vorstellung*), le jeu, le « tenir-debout » du poème, la contemporanéité, la fusion des horizons, la tradition, l'histoire de l'influence (*Wirkungsgeschichte*), l'application, la médiation de l'infini, la spéculation. 3) Les concepts directeurs ou moteurs, qui ne donnent pas toujours lieu à des exposés autonomes mais qui interviennent comme en « sous-main » pour légitimer l'argumentation : c'est le cas par exemple pour les concepts d'ouverture et de mauvais infini, pour la connaissance de soi, le débordement, le kérygme (proclamation) ou l'accomplissement (*Vollzug*). Ces trois niveaux, qui sont impliqués les uns dans les autres mais se déploient aussi parallèlement, forment le tissu argumentatif des grandes thèses de la philosophie de Gadamer : le *réhaussement d'être* que produit l'œuvre d'art, la *totalité de sens* et la *vérité de l'œuvre d'art et des sciences de l'esprit* et, finalement, *l'universalité de l'herméneutique*. C'est à ces lignes conceptuelles croisées que nous devons nous rapporter pour saisir la cohérence de la pensée de Gadamer et la démonstrativité (herméneutique) qui la soutient.

Par ailleurs, les différents champs qui constituent l'armature de *Vérité et méthode* – l'art, l'histoire et le langage – ne sont pas simplement liés entre eux par un fil conducteur mais par un rapport de justification mutuelle. Il est en réalité presque impossible d'analyser les développements sur l'art sans faire déjà intervenir ceux qui concernent l'histoire et la temporalité, le langage et le dialogue. La pensée de Gadamer s'appuie constamment sur des rappels et des prospectives, l'avancée est dirigée par des retours, la « circulation » des concepts relève du dialogue et de la dialectique question-réponse, de la capacité de la tradition à animer l'actualité d'une interrogation : on a affaire à une circularité inscrite dans le déploiement temporel de l'*homme* qui se distingue en cela de la récapitulation conceptuelle du sens qui, chez Hegel, est nécessairement arrachée à l'interprétation seulement historique du temps. Les liens continus entre les concepts majeurs de *Vérité et méthode* – dialogue, jeu, comprendre… – renvoient ainsi à un problème spécifique pour l'herméneutique : comment fonder la compréhension et en même temps ne pas la « fonder » au sens classique du terme ? La solution se trouve dans l'essence herméneutique du langage, car ce n'est pas le langage comme tel qui constitue le fondement de l'herméneutique mais une certaine *interprétation* du langage comme dépassement de la référentialité du signe et de la proposition logique, comme source du dépassement de soi de la finitude. Fonder la dimension herméneutique du langage et de l'homme revient en conséquence à exhiber les expériences fondamentales dans lesquelles l'existence oblitère l'approche seulement technique et instrumentale de ce qui est. L'universalité de l'herméneutique n'est donc pas justifiée par Gadamer par une convergence des domaines d'application du comprendre, un peu comme l'avait fait, à juste titre, Schleiermacher, ni en reconnaissant dans l'homme en général et dans sa pratique générale un souci permanent de compréhension, auquel cas le concept même du comprendre serait affadi en un concept commun, dont on aurait du mal à déterminer la spécificité. Le lien entre l'homme et le comprendre renvoie à un fonds, à une capacité à créer de l'identité (c'est là par exemple la fonction capitale des œuvres *écrites*). L'enquête herméneutique prend la forme d'une piste que l'on suit, en commençant par celle des mots qui ne sont jamais seulement les mots d'une langue particulière. C'est ce qu'ils ont eux-mêmes d'universel qui justifie l'universalité du comprendre, réciproquement la compréhension, qui ne peut jamais être entendue « en soi », relève toujours d'une expérience langagière.

Pour mieux cerner cette justification, il faut signaler l'importance du thème de la compréhension de soi. La possibilité d'une compréhension de nous-mêmes est bien donnée de manière privilégiée dans les œuvres et les textes qui opèrent la médiation de soi avec l'autre, avec le temps, et qui, dans leur subsistance, leur identité même, maintiennent un lien continu avec le lecteur, s'adressent à lui et lui parlent de lui. Mais l'événement de la compréhension nous montre aussi que ce n'est pas une conscience de soi transparente à elle-même qui s'appréhende et se fait entendre dans ces réalisations, la condition du comprendre est une ouverture qui fait que nous ne pouvons jamais dire quelque chose comme « désormais, j'ai compris ». Même si le comprendre se donne dans une sorte de révélation instantanée d'une totalité qui nous met en présence de la chose même, cette compréhension ne peut se reposer dans un temps saturé qui renverrait lui-même à une saturation du sens et de la compréhension de soi. Cette situation découle de la nature dialogique et historique de la compréhension : « La véritable réalité de l'acte herméneutique, écrit Gadamer, me semble déborder la compréhension de soi aussi bien de celui qui interprète que de celui qui est interprété. (...) L'événement authentique de la compréhension va bien au-delà de ce qui peut être produit pour l'entente de la parole de l'autre par l'effort méthodique et le contrôle critique de soi. Cela va même bien au-delà de ce que nous-mêmes en percevons. Le propre de tout dialogue, c'est que, par lui, quelque chose a changé. Et la parole de Dieu appelant à la conversion et nous promettant une meilleure compréhension de nous-mêmes peut encore moins être comprise comme le vis-à-vis d'une parole qu'il faut laisser à elle-même. Là, ce n'est absolument pas nous-mêmes qui comprenons. C'est toujours déjà un passé qui nous permet de dire : j'ai compris »[1].

De ce point de vue, Gadamer est pleinement l'héritier de l'analyse critique de la conscience de soi menée par Heidegger et de l'émergence du temps comme dimension fondamentale de l'existence humaine déterminant la façon dont elle peut se comprendre. Dans une conférence de 1960, « La vérité de l'œuvre d'art », il explique que ce « que la science, sur la base de ses contrôles et de ses instruments de mesure, tient pour réel, mais aussi l'éternel qui se trouve au-delà de toute humanité, tout cela doit dorénavant être compris à partir du centre que représente la certitude de soi de la temporalité humaine. Voilà en quoi consistait le nouveau point de départ de Heidegger. Mais son but, qui était de comprendre l'être comme temps, demeura si voilé que son livre *Être et temps* fut d'abord considéré comme une phénoménologie herméneutique, puisque la compréhension de soi représentait le véritable fondement de ce questionnement. Vue depuis ce fondement, la compréhension de l'être de la métaphysique traditionnelle ne pouvait apparaître que comme une forme déchue de la compréhension originaire de l'être mise en œuvre par le *Dasein* humain »[2]. L'ouverture du comprendre est ainsi une ouverture au passé et à un passé du comprendre qui lui-même ne se constitue jamais en commencement absolu ou en prin-

1. KS1, p. 80-81, *Langage et vérité* (désormais cité LV), trad. J.-C. Gens, Paris, Gallimard, 1995, p. 145.

2. GW3, p. 251, « La vérité de l'œuvre d'art » (1960), CH, p. 115. La conclusion du texte pointe l'exemplarité de la poésie en ce qu'elle reproduit le statut à la fois originaire et « à venir » du langage, c'est-à-dire le mouvement du comprendre comme langage en quête de lui-même : « L'antériorité du langage apparaît non seulement constitutive de la distinction particulière qui est celle de l'œuvre d'art poétique, elle semble aussi valoir pour l'être-chose de toute chose. L'œuvre du *langage* est la poésie la plus originaire de l'être. La pensée qui pense tout art comme poésie et qui découvre l'être langagier de l'œuvre d'art est elle-même en route vers le langage ».

cipe. L'impossibilité de la saturation du sens justifie chez Gadamer son souci d'inscrire l'herméneutique dans un entre-deux : entre-deux du familier et de l'étrangeté, du vide et du plein, du proche et du lointain, c'est-à-dire l'entre-deux qui définit la vie et la finitude. C'est cette position médiane et médiatisante de l'existence humaine qui explique que certains concepts essentiels de l'herméneutique puissent sembler incompatibles entre eux alors que d'autres sont au contraire particulièrement difficiles à discerner les uns des autres. Cette situation n'est pas le signe d'un manque de détermination ou d'une faiblesse conceptuelle mais elle découle d'une conceptualité qui se veut l'écho de l'être que nous sommes[1]. L'herméneutique philosophique prend toute la mesure du fait que l'être et le connaître se donnent ensemble, faisant de l'expérience de la compréhension quelque chose qui dépasse nécessairement la problématique strictement épistémologique. En quoi le passé, le « regard en arrière » sont-ils impliqués dans cette expérience ?

L'HÉRITAGE AU CŒUR DE LA DÉMONSTRATIVITÉ

Si la pensée de Gadamer peut sembler pour l'instant moins rayonnante que celle d'un Habermas ou d'un Rorty, c'est peut-être justement en raison de son rapport massif à la tradition, de son souci de conserver l'idée d'histoire de la philosophie et de relier ses résultats à des anticipations issues de traditions multiples. Le lecteur rencontrera d'ailleurs certaines difficultés à dégager d'emblée de ce matériau les apports et les résultats propres du travail de Gadamer. En réalité l'argument est réversible car sa contribution à la pensée contemporaine se situe aussi dans la méthode et les arguments qu'il utilise pour justifier le lien entre philosophie et vérité. Son rapport à la tradition intègre la défiance caractéristique des précurseurs de l'herméneutique moderne vis-à-vis du dogmatisme et de l'argument d'autorité, tout en refusant le dualisme épistémologique (discriminant sciences de la nature et sciences historiques) auquel celle-ci s'est finalement toujours tenue. Gadamer est attentif à ce qui, au sein de perspectives philosophiques comme telles peu conciliables, est susceptible de guider et

1. En ce sens, la compréhension est simultanément un processus de familiarisation et d'humanisation. L'enjeu philosophique de la compréhension se lit au cœur de la réhabilitation de l'humanisme non comme retour en arrière mais comme réhaussement de l'humain toujours à réactiver (voir par exemple *Esquisses herméneutique. Essais et conférences*, trad. J. Grondin, Paris, Vrin, 2004, « Science et philosophie » (1977), p. 41 et « Humanisme et révolution industrielle » (1988), p. 51).

de légitimer sa démarche. Le projet d'universalisation de l'herméneutique possède une assise stratifiée et organisée en fonction de cette conviction décisive : les sciences de l'esprit, l'art et la philosophie sont porteurs d'une vérité qui s'*établit* en dehors des normes de la méthode de la science moderne et ils conduisent à une conception du comprendre à laquelle malgré tout l'intégralité de notre savoir est liée. L'épaisseur de cette assise se donne à voir dans la médiatisation des médiations historiques sur lesquelles se fonde le discours : c'est le cas par exemple du concept de développement organique que Hegel reconnaissait déjà dans le *Parménide* de Platon ou du thème de l'interprétation de la nature tiré de la lecture spinoziste de l'Écriture sainte. Le discours herméneutique multiplie les filiations pour parvenir à une démonstrativité historique et intégrative : l'histoire intervient dans le contenu même de la philosophie et non simplement dans son advenir ou sa formation. Savoir questionner, c'est avant tout pour Gadamer savoir *maintenir* un questionnement[1].

Gadamer est donc pleinement conscient des ruptures épistémologiques fortes qui ont affecté le savoir aux XIXe et XXe siècles et du discrédit de la raison qui a commencé à se faire entendre dès la fin du « règne » de Hegel à Berlin. Le développement de la logique et des sciences de la nature est passé par un refus total de l'idéalisme en sa version absolue et spéculative et par la valorisation de critères de vérité qui ne doivent plus rien à la réflexion métaphysique. La seconde phase de ce discrédit correspond au tournant de la post-modernité, scindant la pensée en un courant analytique-cognitif et un courant « continental ». Tous ces mouvements sont issus d'une nouvelle donne épistémologique à laquelle ont participé non seulement Wittgenstein et Husserl, mais aussi Nietzsche, Freud, Dilthey, et de la séparation entre la philosophie et la science initiée par le projet kantien. Désormais, la vérité ne serait sérieusement visée que dans le cadre d'un protocole expérimental ou d'un système logique dont les termes et les opérateurs sont définis et acceptés. À travers la question des modes de validation de la vérité, c'est le statut de « connaissance » des disciplines qui n'utilisent pas de telles procédures (la théorie de la littérature, l'esthétique, les sciences humaines, la philosophie) qui est en jeu. Dans quelle mesure cela a-t-il même un sens de parler de « sciences » humaines ou de « théorie » de la littérature, voire de « recherche » en philosophie, et plus largement de conserver l'idée que girait une part de vérité et d'objectivité dans ces domaines ? La philosophie,

1. GW1, p. 372, VM, p. 390.

« à l'âge de la science », ne pourrait-elle « être légitimée que comme positivisme »[1] ?

Gadamer se demande s'il n'y aurait pas une équivocité de l'objectivité qui lui permettrait de se diversifier selon l'objet d'application : les sciences humaines ne peuvent-elles défendre leur objectivité autrement qu'en empruntant leurs normes et leurs pratiques aux sciences de la nature, de la matière et de la logique ? La philosophie contemporaine a été conduite à redéfinir la légitimité de son discours qui a perdu l'autorité de « science des sciences », elle ne semble même plus pouvoir intervenir sur le terrain d'exercice de la science, dans son registre spécialement méthodique. À rebours de cette tendance, Gadamer cherche à désenclaver les savoirs et s'appuie pour ce faire sur des moments exemplaires de conciliation entre vérité et éthique dans la pensée de Platon ou dans l'humanisme, à une époque où l'on a tendance à spécialiser à outrance les recherches et à considérer que cette spécialisation repose sur des adaptations méthodologiques qui conditionnent la crédibilité et le sérieux des résultats[2]. Pourtant, la connaissance a une visée commune, transcendante, qui ne menace pas la particularité des enquêtes. Et s'il n'appartient plus à la métaphysique de remplir la fonction de philosophie première, de philosophie fondamentale, cela ne veut pas dire qu'il n'y a pas à poser un concept général du savoir et à rappeler l'importance, dans chaque domaine, de regards obliques sur les pratiques et les résultats produits par ailleurs. L'herméneutique philosophique serait ainsi moins un savoir des premières causes qu'un rappel des fins convergentes du savoir, rapporté à une démarche de compréhension. Il ne s'agit donc pas, comme le faisait Descartes, de voir la philosophie comme science mais la science en général comme philosophie[3].

1. GW10, p. 310, « La philosophie dans la science moderne » (1966), HP, p. 4.

2. Sur la nécessité d'une approche globale de la question de la connaissance repose aujourd'hui, comme déjà aux yeux des Grecs, la légitimité de la philosophie – quitte à devoir, en fonction du contexte, affirmer, ou à tout le moins interroger cette nécessité, à contre-courant. Car « la *philosophia* était toujours la somme de tout ce qu'on pouvait savoir. Mais aujourd'hui règne la spécialisation. Elle est la loi de la science moderne. La prétendue synthèse que le profane a coutume de demander à la philosophie ou de désirer d'elle est-elle légitime ? N'est-elle pas toujours la synthèse des sciences d'hier et est-ce encore de la science que de réunir les sciences en un tout sans ajouter en même temps quelque chose aux connaissances qu'elles contiennent ? » (GW10, p. 309, HP, p. 2-3).

3. C'est également l'idée que défend Rorty lorsqu'il insiste sur la rationalité de l'édification culturelle contre la confiscation de toute rationalité par les sciences des faits (artificiellement opposées aux sciences des « valeurs »). « C'est ainsi que Gadamer, en s'efforçant de se débarrasser de la théorie classique de l'homme-connaisseur-des-essences, s'efforce, entre autres choses, de se débarrasser de la distinction faits-valeurs, et de nous montrer que la "découverte des faits" n'est qu'un projet d'édification parmi d'autres ».

L'universalisation de l'herméneutique, qui est une universalisation de la philosophie elle-même, nous amène à concevoir une certaine fusion entre l'histoire de la philosophie et l'histoire de la constitution de l'herméneutique comme philosophie.

Pour Gadamer nous sommes des êtres d'héritage, des êtres irrémédiablement en dette, et nous restons en dette, notre futur dépend de l'acceptation de notre dette infinie. La post-modernité part de la conviction de l'inadaptation de la raison au réel. Gadamer considère lui que l'association entre vérité et méthode n'est pas déterminée de manière univoque, que le rapport de la philosophie à la vérité ne peut recevoir une détermination immobile, à la fois coupée de son passé et de son avenir, de ses germes et de ses critiques. Associer vérité et méthode peut résonner de bien des manières, et c'est d'abord sous ce régime pluraliste qu'il faut appréhender le coordonnant « et » : c'est le « pouvoir-être-discuté » qui fait la force d'une thèse. Utiliser de nouveau des termes suppose de ne pas être captif des usages qui en ont été faits, sans possibilité de faire surgir et entendre autre chose. Ce mouvement est le propre de la dimension spéculative du langage. Les mots ont un pouvoir de résonance d'autant plus libre qu'ils restent constamment connectés et associés à leur formation, lente et intimement différenciée. Pour cette raison, il n'y a quasiment jamais d'affirmation autosuffisante chez Gadamer, d'affirmation qui tienne toute seule sans devoir être arrondie, compensée, infléchie, si ce n'est encore une fois (même si le fini se dépasse lui-même, malgré tout) la linguisticité de notre être indissociable de notre finitude. Cette nécessité de la modulation, Gadamer la désigne lui-même comme « correctif ». Il repense par exemple l'herméneutique en terme non instrumentaliste, sans exclure pour autant la dimension méthodique de la compréhension ; il va prendre soin de déplacer le point d'accentuation de la « *Bewusstsein* » sur le « *sein* » afin de modérer son lien immédiat avec la connaissance au sens strict, sans s'appuyer sur une critique radicale du concept de conscience de soi ; ou encore, il utilise abondamment la notion de spéculation à propos du langage, même si elle ne correspond pas exactement à celle que développe l'idéalisme hégélien. Le thème qui pourrait illustrer au mieux ce discours à double détente, c'est précisément celui de la compréhension : il est impossible de fonder totalement la compréhension et d'en maîtriser tous les aspects, cela ne veut pas dire qu'elle ne puisse pas conduire à la vérité. La compréhension ainsi

(*L'Homme spéculaire*, *op. cit.*, p. 400). C'est donc à partir du projet d'édification que la science des faits peut être comprise plutôt que l'inverse : déterminer la tâche des sciences de l'esprit depuis les postulats objectivistes de la science moderne.

appréhendée ne neutralise pas le vrai puisqu'elle est précisément ce qui le porte. Ce qui surgit est bien là, quelque chose se produit incontestablement, et pourtant la reconnaissance du « là » ne veut pas dire que nous en soyons les maîtres et que ce processus puisse être intégralement expliqué.

Gadamer montre ainsi par sa méthode même ce qu'il entend discuter et affermir dans le propos, à savoir la gestation du penser à travers la pluralité des voix qui l'ont nourri. *Vérité et méthode* progresse lentement et l'on est presque gêné par son caractère répétitif, récapitulatif, ses exposés didactiques ou ses nombreuses stations dans l'histoire lexicale des concepts. En même temps, le lecteur cultivé ne trouvera dans la forme du texte rien de déstabilisant ou de révolutionnaire, il ne butera sur aucune audace rédactionnelle, que ce soit sous l'aspect d'une « littérarisation » ou d'une « logicisation » du discours. Du reste, la pratique du détour n'est pas ici un simple signe d'humilité, elle rappelle en continu qu'un renouvellement authentique exclut tout geste tranchant[1] : une impulsion nouvelle pour l'herméneutique n'a de sens que si elle est en mémoire de ce que la tradition a porté, les réserves vis-à-vis de l'idée de nouveauté sont solidaires du refus d'un commencement (et d'un terme) absolu. De ce point de vue, la nouveauté d'une proposition philosophique est toujours relative, il n'y a que des manières plus ou moins recevables et cohérentes, plus ou moins fidèles aux expériences que nous faisons, de répéter ou de reprendre des déterminations conceptuelles déjà préformées dans la langue. Heidegger sera pour Gadamer l'étalon-maître de l'interrogation radicale en philosophie – laquelle n'est pas pour autant totalement déracinée[2] –, c'est-à-dire d'une pensée qui doit affronter, en proportion même de son originalité, les résistances d'une langue qui n'est pas d'emblée appropriée à ses fins. L'effort extrême de la pensée conduit immanquablement à malmener le langage ordinaire. Le plus souvent cependant, et même si la langue n'est

1. Gadamer insiste, non sans ironie, sur la difficulté à faire entendre ce qui n'est pas « assez » nouveau : « Ce qui est en cause ici, c'est un contraste méthodique que j'ai plus tard entrepris de tirer au clair dans mes analyses herméneutiques – sans succès, bien sûr, pour ceux qui ne sont pas disposés au travail de la réflexion et qui ne qualifient une recherche de « positive » que si elle conduit à du nouveau (même si ce nouveau reste aussi peu compris que l'ancien) » (GW2, p. 488, PH, p. 24).

2. Voir notamment à ce sujet les textes traduits dans *Les Chemins de Heidegger* : « Le langage de la métaphysique » (1968) et « Du commencement de la pensée » (1986). Gadamer explique par exemple que « la rupture avec la tradition qui s'accomplissait dans la pensée de Heidegger représentait en même temps son incomparable renouvellement, mais les plus jeunes n'ont reconnu que très lentement à quel point il y avait de la critique dans l'appropriation <de la tradition>, mais aussi à quel point il y avait de l'appropriation dans la critique » (GW3, p. 229, CH, p. 90).

pas naturellement formée en vue du philosophique, la construction dialogique de la pensée se présente comme une relance, elle part toujours de quelque chose qui n'est pas autosuffisant, et la reprise même n'est jamais une simple reproduction à l'identique[1]. Rien ne s'arrête car rien ne commence absolument. On voit là tout l'écart entre la pensée gadamérienne du langage et de l'histoire et la pensée hégélienne du concept qui, lui, n'a toujours déjà commencé que parce qu'il s'achève. Selon le principe de l'autocompréhension spéculative, tout est déjà donné et donc tout reste à faire, dans le temps et dans la vie des hommes. Pour Hegel, le fini seul est inintelligible car il n'est rien sans l'infini, chez Gadamer, seul le fini est intelligible parce qu'il *n'y a que* le fini.

La cohérence de la pensée de Gadamer, cohérence inédite et féconde, tient au fait que le dialogue représente aussi bien son mode d'élaboration que la médiation constante de toute vérité herméneutique. Ce que la langue produit comme migration de sens, la philosophie en présente le mouvement et y puise ses justifications et son assise. La philosophie ne peut pas plus être amnésique de ses positions les plus enfouies, les plus ténues, qu'indifférente au souci méthodique et pratique qui en garantit la fécondité. Gadamer ne fait pas simplement l'histoire de nos rapports, différenciés, avec la méthode, il introduit le souci historique au cœur de la méthodologie : l'efficacité même d'une méthode suppose l'insertion de l'outil dans l'environnement dont il est issu et dans lequel il intervient. Il y a de l'événement dans la méthode, c'est pourquoi le *Geschehen* relie fondamentalement vérité et méthode et avalise l'universalité de l'herméneutique.

FORMATION ET RENCONTRES

La vie de Gadamer est un miroir de sa conception de l'herméneutique[2]. Le commencement auprès des Grecs, la littérature comme référence, la pensée en cercle, le goût pour le dialogue, tout cela caractérise la vie d'un

1. Gadamer explique qu'« on ne comprend pas ce qu'est en son fond la reconnaissance, si l'on se borne à observer que l'on connaît de nouveau ce que l'on connaît déjà, c'est-à-dire que le connu est reconnu. La joie de reconnaître est au contraire celle d'accéder à une connaissance qui ne se réduit pas à celle du connu. Dans la reconnaissance, ce que nous connaissons se dégage comme en vertu d'une illumination, de toute contingence et variabilité des circonstances qui le conditionnent et il est saisi dans son essence. Il est connu comme étant quelque chose » (GW1, p. 119, VM, p. 132).

2. Pour une biographie complète de Gadamer, on se reportera à l'ouvrage de Jean Grondin, *Hans-Georg Gadamer. Eine Biographie*, Tübingen, J.C.B. Mohr (Paul Siebeck), 1999.

philosophe qui n'a cessé de se former au contact des autres et de rester fidèle à un vœu à la fois simple et exigeant : penser à la mesure de la vitalité interprétative de la langue. Parmi tous les philosophes contemporains, Gadamer est aussi celui qui a accordé la plus grande place au récit de son propre parcours intellectuel. Cette écriture commence en 1973 par un texte dont la teneur dépasse largement l'information autobiographique, « Auto-présentation », traduit en français dans *La philosophie herméneutique*[1]. En 1977, il rédige les *Années d'apprentissage philosophique*[2], puis « Entre phénoménologie et dialectique. Essai d'autocritique » (1985), repris dans le second volume de *L'Art de comprendre*, et enfin, à la fin de sa vie, *L'herméneutique en rétrospective*[3]. Ces textes illustrent eux-mêmes la difficulté à saturer la connaissance de soi et à « se rencontrer » soi-même. De fait, l'entrée de Gadamer en philosophie n'est pas allée de soi. Né à Marbourg le 11 février 1900, il suit ses études secondaires à Breslau et résiste aux incitations de son père à poursuivre des études scientifiques (lui-même enseigne la chimie pharmaceutique à l'Université de Breslau). Gadamer opte pour les études littéraires et historiques dans une époque où la philosophie cherche encore un nouveau souffle après avoir été contrainte, avec l'écroulement de la spéculation idéaliste, de justifier ses prérogatives face à la montée en puissance des sciences de la nature depuis le milieu du XIXe siècle. Dans la deuxième décennie du XXe siècle, le désenchantement philosophique est accentué par l'érosion de l'optimisme historique dont Oswald Spengler a catalysé le sentiment dans *Le Déclin de l'Occident, – esquisse d'une morphologie de l'histoire universelle*[4]. La lecture de ce texte a déstabilisé les références et les repères à l'aune desquels Gadamer s'était lui-même formé intellectuellement; son éveil au questionnement philosophique a ainsi pour cadre une désorientation de l'homme que les textes littéraires (ceux de Thomas Mann ou de Hermann Hesse par exemple) étaient eux aussi parfaitement à mêmes d'interroger et de décrire.

1. GW2 pour la première et la troisième section, GW10 pour la deuxième, sous le titre « Penser avec le langage » (cette section a été ajoutée à la version anglaise du texte en vue du volume *Library of Living Philosophers*, sous le titre « 1968- : Philosophe itinérant », la traduction française de cette section reprend les deux titres).

2. *Philosophische Lehrjahre*, Frankfurt-am-Main, Vittorio Klostermann, 1977, *Années d'apprentissage philosophique*, trad. E. Poulain, Paris, Critérion, 1992.

3. *Hermeneutik im Rückblick*, publié dans le dixième volume des GW, *L'herméneutique en rétrospective*, trad. J. Grondin, Paris, Vrin, 2005.

4. O. Spengler, *Der Untergang des Abendlandes, Umrisse einer Morphologie der Weltgeschichte*, München C.H. Beck, 1920-1922, *Le Déclin de l'Occident, Esquisse d'une morphologie de l'histoire universelle*, trad. M. Tazeroud, Paris, Gallimard, 1948.

Gadamer commence en 1919 à étudier la littérature allemande (*Germanistik*) et la philosophie à l'Université de Marbourg, il aborde la pensée conceptuelle auprès du néokantien Richard Hönigswald et prend l'habitude de partager des intérêts communs en « cercle ». Cette époque est marquée par la critique de la théologie historique autour du *Commentaire de l'« Epître aux Romains »* de Karl Barth et la question du relativisme historique, relancée par les travaux de Dilthey et de Troelsch. Par ailleurs le style phénoménologique inspiré de Husserl commence à s'imposer au détriment des pratiques méthodiques du néokantisme. La philosophie de Kant reste toutefois la référence incontournable de ces premières années d'étude, plus exactement un kantisme qui s'est détourné de la métaphysique pour assigner à la philosophie un rôle essentiellement épistémologique. Mais le point de vue néokantien, qui tend à envisager la tâche philosophique depuis un référent scientifique, paradigme de tout accès à la vérité, ne convainc pas Gadamer qui reste réservé vis-à-vis de l'idée que les normes éthique et esthétique devraient être abordées depuis les présupposés de la théorie de la connaissance et sa manière de déterminer toute loi. À la même époque, le cercle du poète Stefan Georg commence à se faire connaître, il exercera une forte influence sur Gadamer, même s'il n'a pas eu l'occasion de connaître personnellement le poète. Gadamer est attiré par tout ce qui pouvait faire contrepoids à un attrait exclusif pour les mathématiques et les sciences expérimentales, c'est ce qui l'intéresse dans les textes contestataires de Friedrich Gundolf, d'Ernst Bertram ou d'Erich von Kahler. Le dire poétique représente le « correctif » exemplaire du penser philosophique, l'expérience fondamentale qui rappelle à la philosophie l'impossibilité de l'exclusivité du pôle théorique. Gadamer va jusqu'à dire que l'art est « le véritable organon de la philosophie », ce que l'idéalisme, le néo-kantisme et le positivisme ne peuvent nier sans porter atteinte au concept de vérité qu'ils prétendent poursuivre : « La reconquête de cette vérité allait devenir notre destin historique »[1]. Il est à l'affût de tous les signes tangibles de revendication d'une « vérité de l'art », qu'il décèle dans l'expression de « vérité existentielle » qu'utilisent certains commentateurs de Kierkegaard, dans le travail de Nietzsche qui parvient à faire surgir la vérité de sources souterraines ou disqualifiées par la tradition philosophique, ou encore dans les romans de Dostoïevski. La vérité n'est pas le monopole de la philosophie et de la science, moins encore des philosophes « professionnels ». Sur ce point, le futur directeur de thèse de Gadamer, Paul Natorp, avait déjà montré la voie.

1. GW2, p. 481, « Autoprésentation », PH, p. 15.

Au moment où il rédige sa thèse de doctorat, à 22 ans, sur « l'essence du plaisir dans les dialogues de Platon », Gadamer suit l'enseignement de Nicolaï Hartmann qui incarne une rupture très nette avec le courant idéaliste. Le choix de Platon, appréhendé sous l'angle éthique, corrobore le même parti pris. En attente d'un discours philosophique véritablement nouveau, attente qui n'a pas été totalement comblée par la démarche husserlienne, Gadamer conforte sa conviction qu'un autre traitement de la question philosophique est possible lorsqu'il découvre les premiers écrits de Heidegger. Selon lui, Heidegger « a permis de comprendre Nietzsche » et inauguré une reprise de l'histoire de la philosophie, spécialement depuis les Grecs, qui a fait complètement éclater les cadres de la subjectivité. Cette découverte s'est produite de façon assez anecdotique. En 1922, après avoir remis sa thèse de doctorat (un texte synthétique d'une centaine de pages), Gadamer contracte la poliomyélite et doit rester alité pendant plusieurs mois. C'est pendant cette période que Natorp lui confie un manuscrit qu'il juge très stimulant : *Interprétations phénoménologiques d'Aristote (Indication de la situation herméneutique)*, que Heidegger a rédigé en vue d'obtenir un poste à l'Université de Marbourg (il y est finalement nommé professeur extraordinaire à l'automne 1923), alors qu'il est encore l'assistant de Husserl à Fribourg. Gadamer partage l'enthousiasme de Natorp pour ce texte. Il y voit une réponse à la crise de repères qui affecte toute une génération et la possibilité d'une relance positive de l'interrogation philosophique en dehors de l'analyse critique de l'héritage kantien[1].

Gadamer retrouve Heidegger à Fribourg où il suit son cours sur « l'herméneutique de la facticité » qui participe comme le manuscrit précédent à la préparation du grand ouvrage à venir, *Être et temps*. Il reconnaît cependant s'être plus particulièrement intéressé aux leçons de Heidegger sur la philosophie morale d'Aristote, notamment à son commentaire du sixième livre de l'*Éthique à Nicomaque*, centré sur la *phronesis*, dans laquelle Gadamer trouve une conceptualisation exemplaire de l'immixtion de la vérité dans le vécu. Heidegger a le talent de raviver le questionnement dont la tradition grecque est porteuse. C'est par ce biais que Gadamer entend lui-même investir la philosophie, ce qu'il confirme en 1924 dans un essai intitulé « Sur l'idée de système en philosophie », paru dans l'hommage à Natorp pour son soixante-dixième anniversaire[2]. Les positions de

1. Gadamer revient sur les conditions de sa découverte de Heidegger dans la conférence de 1990 « Heidegger et les Grecs », dans *L'Herméneutique en rétrospective*, *op. cit.*, p. 31-34.

2. « *Zur Systemidee in der Philosophie* », *Festschrift für Paul Natorp zum siebzigsten Geburtstag*, Berlin, de Gruyer, 1924, p. 55-75. Il avait auparavant publié un article sur la

Gadamer sont en réalité peu assurées et il regarde lui-même cette première esquisse avec une fierté mitigée. Enfin une dernière parution vient compléter ces premiers travaux : en 1927, au moment de son habilitation, il rédige un article de philologie classique, « Le *Protreptique* d'Aristote et l'interprétation génétique de l'éthique aristotélicienne »[1]. Gadamer est sensible à la capacité de la tradition à sécréter des questions dont la force se conserve par-delà la diversité des contextes dans lesquels on peut les appliquer. Là encore, ce qui possède une puissance de renouvellement c'est une certaine permanence de l'interrogation qui ne tient pas à sa dimension exclusivement théorique. « Ce que je décris là, écrit-il en 1973, c'est ce que j'appellerais aujourd'hui l'expérience herméneutique fondamentale »[2]. Car la possibilité de se répéter appartient à la charge de vérité de tout événement de pensée. Il s'agit d'une reprise ouverte, plurielle, rattachée à l'idée cruciale de possibilité qui fonde notre existence herméneutique, et non théorique : une question ne se reprend pas comme on applique un théorème car la transmission se réalise à travers le langage[3].

Gadamer mène plus avant ses recherches à Marbourg au côté de Heidegger qui a été nommé professeur, il devient son assistant. Ses relations avec Heidegger sont difficiles, Heidegger reconnaît son talent mais il le traite parfois avec une espèce de mépris. Quoi qu'il en soit, il n'est pas encore temps pour Gadamer d'aborder frontalement la philosophie. Il se consacre quelques années à l'étude de la philologie classique, sous l'impulsion de Paul Friedländer, explore la tragédie, la poésie (notamment Pindare) et la rhétorique qu'il s'acharnera par la suite à réhabiliter : « Se solidariser avec les Grecs, tout en prenant conscience de leur altérité, découvrir dans leur altérité des vérités qui nous ébranlent peut-être, mais qui n'ont peut-être rien perdu de leur efficacité, tel fut le *leitmotiv* plus ou moins conscient de toutes mes études »[4]. Le premier véritable ouvrage de

Métaphysique de la connaissance de Nicolaï Hartmann (« *Metaphysik der Erkenntnis, Zu dem gleichnamigen Buch von Nicolaï Hartmann* », Logos, n°12, 1923-1924, p. 340-359).

1. « *Der aristotelische "Protreptikos" und die entwicklungsgeschichtliche Betrachtung der aristotelischen Ethik* », GW5, p. 164-186, trad. dans *Hermès*, n°63, 1927, p. 138-164.

2. GW2, p. 484, « Autoprésentation », PH, p. 18.

3. C'est de cette façon, on l'a vu, que Gadamer aborde la question du fondement : « C'est auprès des Grecs que l'on peut apprendre que la pensée philosophique n'est pas obligée de souscrire à l'idée directrice d'une fondation ultime dans un principe supérieur si elle veut être capable de rendre raison. Elle se tient au contraire toujours déjà sous la direction de l'expérience originelle du monde que lui procure la capacité conceptuelle et intuitive du langage qu'elle a à penser jusqu'au bout. C'est le secret des dialogues de Platon que de nous l'enseigner » (GW2, p. 484-485, PH, p. 19).

4. GW2, p. 486, PH, p. 22.

Gadamer, tiré de sa thèse d'habilitation : *L'Éthique dialectique de Platon*[1], est une relecture phénoménologique du *Philèbe*. Il prolonge ce travail en 1930 avec un essai sur le « Savoir pratique[2] ». Entre-temps il est devenu maître de conférences (*Privatdozent*) à Marbourg et c'est le début d'une longue période consacrée à l'enseignement, toujours très centrée sur l'œuvre de Platon. La montée du régime nazi incite Gadamer à la prudence[3]. Il s'est éloigné de Heidegger, installé à Fribourg où il succéde à Husserl en 1928. Gadamer ne se compromet pas en prenant parti pour le national-socialisme, mais il ne prononce pas de critique ouverte non plus. Il a de nombreux amis juifs (notamment Karl Löwith qu'il invitera à Heidelberg en 1953 après son long exil) et préfère rester en retrait pendant quelques années, en se concentrant sur sa fonction de professeur. Après la guerre, il s'expliquera à plusieurs reprises sur cette question[4].

En 1939, Gadamer poursuit son enseignement à Leipzig où il est nommé recteur après la chute du régime nazi. Il rédige quelques études sur Rilke, Goethe et Hölderlin dont il a étudié les textes au cours de ses séminaires. De 1947 à 1949, c'est « l'intermède de Francfort », il cotoie Adorno et Horkheimer mais s'intéresse aussi au travail de Karl Reinhardt sur la liaison entre l'Antiquité grecque et l'époque chrétienne. Il succède à Karl Jaspers à Heidelberg, où il reprend l'habitude des discussions « en cercle » sur des textes de philosophie classique et invite de nombreux universitaires ou philosophes comme Jean Hyppolite, Oskar Becker,

1. *L'Éthique dialectique de Platon*, trad. F. Vatan et V. von Schenck, Arles, Actes Sud, 1994 (GW5, p. 3-163).

2. « *Praktisches Wissen* », GW5, p. 230-248. Ce texte est traduit en appendice à *L'Idée du bien comme enjeu platonico-aristotélicien*, trad. P. David et D. Saatdjian, Paris, Vrin, 1994. Il publiera également « Idée et réalité dans le *Timée* de Platon » (GW6, p. 242-270) et un peu plus tard deux extraits d'une recherche importante qu'il dut interrompre en 1933, « *Plato und die Dichter* » (Frankfurt a.M., Klostermann, 1934) et « *Platos Staat der Erziehung* » (Leipzig, Koehler und Amelang, 1942), repris dans GW5, p. 187-211 et p. 249-262.

3. Gadamer glisse habilement en épigraphe dans l'essai de 1934, par la voix de Goethe, que « Quiconque fait de la philosophie est en désaccord avec les opinions de son temps » (GW5, p. 187). Il explique que « si l'on ne voulait pas devenir un martyr ou se porter volontaire à l'émigration, une telle épigraphe, à l'ère de la mise au pas (*Gleichschaltung*), représentait tout de même pour le lecteur qui avait des oreilles pour entendre une affirmation de ma propre identité (…) » (GW2, p. 489, « Autoprésentation », PH, p. 25). Son seul ouvrage publié pendant les années du IIIe Reich est une monographie sur l'influence de la notion de force sur la philosophie de l'histoire de Herder (*Volk und Geschichte im Denken Herders*, Frankfurt a.M., Klostermann, 1942).

4. Voir J. Grondin, *Introduction à Hans-Georg Gadamer*, Paris, Le Cerf, 1999, p. 23, note.

Richard Kroner, Theodor Adorno[1]. Il crée la même année avec Helmut Kuhn la Revue philosophique (*Philosophische Rundschau*) à laquelle participent Tugendhat, Bubner et aussi Habermas, que Gadamer fait venir à Heidelberg alors qu'il est un jeune chercheur déjà impliqué dans une vive discussion avec Adorno et Horkheimer. On retrouve ici l'esprit d'ouverture avec lequel Gadamer conçoit la pratique philosophique, ce qu'il appelle un « devoir critique », la tâche philosophique elle-même[2]. Gadamer aime rappeler le nom des auteurs qui ont nourri sa réflexion, les filiations intellectuelles, les amitiés qui survivent aux aléas de la vie et des mutations, il suit le parcours de ses élèves, se félicite d'avoir croisé de jeunes chercheurs prometteurs, Gianni Vattimo par exemple. C'est donc finalement à Heidelberg, pendant ses congés, sur une dizaine d'année, que Gadamer constitue le matériau qui aboutira en 1960 à la publication de *Vérité et Méthode*. Il propose d'abord un titre attendu : « Grandes lignes d'une herméneutique philosophique », mais l'éditeur Mohr trouve les notions obscures et peu connues, la formule passera en sous-titre. En revanche, pour la première publication des *Kleine Schriften* en 1964, le même éditeur souhaitera la notation expresse du terme d'herméneutique dans le titre du premier volume. Gadamer propose un autre titre : « *Verstehen und Geschehen* », « compréhension et événement », mais il apparaît un peu trop proche de celui de la grande œuvre du théologien Rudolf Bultmann, *Glauben und Verstehen*, parue chez le même éditeur. Il tranche finalement en faveur d'un titre évocateur de Goethe (*Wahrheit und Dichtung*) : *Vérité et méthode*[3]. La première traduction française de cette œuvre, traduction partielle par E. Sacre, ne sera publiée qu'en 1976, il faudra attendre vingt ans encore pour que, à la demande de Paul Ricœur et grâce au travail de Pierre Fruchon, Jean Grondin et Gilbert Merlio, une traduction complète voie le jour en France.

1. Du point de vue éditorial, on peut signaler sa traduction du livre XII de la *Métaphysique* d'Aristote, la réédition du *Précis de l'histoire de la philosophie* de Dilthey (Aristoteles, *Metaphysik XII, Übersetzung und Kommentar von Hans-Georg Gadamer*, Frankfurt am Main, Klostermann, 1948, et *Grundriss der Geschichte der Philosophie*, Frankfurt am Main, Klostermann, 1949), et aussi, en 1949, dans un contexte délicat, un recueil en l'hommage du soixantième anniversaire de Heidegger.

2. Voir notamment « L'histoire des concepts comme philosophie », GW2, p. 77-91, PH, p. 119-138 et « La philosophie dans la société moderne » (1966), GW10, p. 308-316, HP, p. 1-13.

3. Avec Jean Grondin, on considère que *Vérité et Méthode* est l'aboutissement et le lieu essentiel de déploiement de la pensée de Gadamer, cet ouvrage sera également le fil conducteur de notre étude, à laquelle il fournit pour ainsi dire sa structure et sa progression.

Malgré le succès de *Vérité et méthode* et les discussions que le texte a suscitées, Gadamer continue à se consacrer essentiellement à l'enseignement. Ce n'est qu'après avoir cessé d'enseigner à temps plein, à partir de 1968, qu'il commence à présenter son travail à l'étranger, notamment aux États-Unis, où il essaie de se familiariser avec le contexte intellectuel anglo-saxon. Il découvre sans surprise la prépondérance de la philosophie analytique au détriment de la « philosophie continentale », et donc la faible diffusion du courant herméneutique et de la pensée de Heidegger. Les études théologiques favorisent au contraire, parce qu'elles supposent une imprégnation des références grecques et latines, un lien direct entre l'Amérique et la culture allemande : là encore, Gadamer remarque que l'héritage grec va bien au-delà du seul champ d'investigation philosophique (par exemple dans ce qu'on appelle la littérature comparée) et que l'herméneutique peut pénétrer des domaines différents, la théorie de la littérature, la sociologie, la médecine ou le droit. Les conférences que Gadamer prononce au cours de ses voyages donneront lieu à quelques publications complémentaires, reprises principalement par l'éditeur Suhrkamp. A partir de 1985, Gadamer participe à la publication de ses œuvres complètes qui comporteront dix volumes[1].

En dehors de *Vérité et méthode*, l'édition complète comporte essentiellement des textes courts, articles et conférences, distribués thématiquement. Les textes traduits dont nous disposons en France reprennent un peu le même principe mais en proposant chaque fois une distribution inédite des conférences, selon un plan choisi par l'éditeur ou le traducteur. On retrouve parfois le même texte dans différents volumes, des textes composés à différentes époques sont rassemblés pour former un seul article[2], le titre français d'un article ou d'un ouvrage ne correspond pas toujours exactement au titre allemand[3] : le repérage des textes n'est donc pas toujours simple, d'autant que les conférences et articles possèdent souvent des titres très voisins. Il n'y a de fait pas d'équivalent en français

1. En réalité la somme des travaux de Gadamer déborde largement le cadre de l'édition Mohr, la bibliographie la plus complète qu'on doit à Etsuro Makita comporte plus de trois cents pages.

2. C'est le cas notamment pour « Le problème de l'herméneutique », formé à partir de deux prestations orales prononcées en 1965 et en 1968 (cf. *Herméneutique et philosophie* et le premier volume de l'*Art de comprendre*).

3. Par exemple l'ouvrage intitulé en français *L'Herméneutique en rétrospective* reprend le titre général des GW10 (*Hermeneutik im Rückblick*), mais il contient en réalité les deux premières parties de l'ouvrage allemand : à savoir, 1 – « *Heidegger im Rückblick* » (« Heidegger en rétrospective »), et 2 – « *Die hermeneutische Wende* ». (« Le tournant herméneutique »).

des vingt tomes des *Œuvres complètes* et un grand nombre de textes reste encore à faire connaître au public francophone. Ainsi, en dehors de quelques ouvrages, *Vérité et méthode*, *L'éthique dialectique de Platon*, *Qui suis-je et qui es-tu ? Commentaires de Cristaux de souffle*, *Nietzsche l'antipode* ou encore *Années d'apprentissage philosophique*, les titres des ouvrages traduits ne correspondent pas à des ouvrages de Gadamer. Pour cette raison, et afin de faciliter la reconnaissance des textes et de leur situation dans le parcours général de Gadamer, nous avons systématiquement donné en note, pour chaque texte court, le titre de la conférence et son année de publication en plus du titre de l'ouvrage en français dans lequel la conférence ou l'article sont publiés. Certains traducteurs ont eu le souci de fournir systématiquement la correspondance entre la pagination de l'édition allemande et celle de tel article, ce qui, pour les raisons qui viennent d'être indiquées, présente un appui précieux[1]. Il faut reconnaître que l'édition française des textes de Gadamer reste assez éclatée et propose le texte la plupart du temps sous une forme « brute ». Nous devons toutefois être infiniment reconnaissants aux traducteurs et éditeurs d'avoir proposé aux lecteurs francophones les textes majeurs de Gadamer et d'avoir ainsi rattrapé progressivement le décalage du départ. Par ailleurs, la réception de ses textes est peut-être à l'image du statut contrasté de l'herméneutique en France, qui ne bénéficie pas à ce jour de la même diffusion que la pensée analytique. Il existe relativement peu de spécialistes de l'herméneutique philosophique en France, de chercheurs qui travaillent dans ce domaine pourtant très vaste (on peut citer cependant P. Fruchon, G. Deniau, J. Greisch, J.-C. Gens, C. Berner, D. Touard ou encore Y. Elissalde; Jean Grondin, le grand spécialiste de Gadamer, est un francophone canadien) et surtout assez peu de références au travail de Gadamer dans les publications universitaires françaises[2]. Pourtant ces orientations de recherche (analytique, sociologique, herméneutique) ne s'excluent pas, elles ne doivent pas s'imposer l'une contre l'autre et devraient peut-être dialoguer davantage

1. On pense surtout à J.-C. Gens pour *Langage et vérité*, et aussi à J. Grondin (*La Philosophie herméneutique*) et E. Poulain (*L'Actualité du beau*).

2. Ricœur essaie d'expliquer cette désaffection de la philosophie française pour les problèmes d'interprétation dans l'article « Interprétation » (1989) publié dans *Lectures* 2. Selon lui, la raison principale est à chercher dans la réception de Heidegger et de Nietzsche en France : « Ce qui a été retenu principalement de Heidegger, ce n'est pas sa confrontation avec l'historiographie et en général avec les sciences dites de l'esprit, mais son débat avec la tradition métaphysique, largement identifiée avec l'ontothéologie. L'enjeu nouveau n'était plus le rapport entre ontologie et épistémologie, mais le destin même du mode occidental de philosopher » (*Lectures* 2, Paris, Seuil, 1992, p. 454).

les unes avec les autres, même si, comme Gadamer en a lui-même fait l'expérience, l'issue de telles rencontres n'est pas toujours probante ou immédiatement féconde.

De façon générale, et pour résumer ces quelques pages biographiques, on peut dire que l'écriture de Gadamer est marquée par un grand didactisme, un didactisme, surtout dans ses textes courts, animé, vivant, avec une légèreté formelle solidaire de son souci de la prestation orale. La langue philosophique est utilisée avec précision, toujours un peu dans l'esprit de l'enseignement et, en quelque sorte, plutôt dans l'esprit du français ou du latin que dans une veine rigoureusement germanique. C'est peut-être là la trace incidente et affectueuse d'un héritage méditerranéen et d'une extrapolation du penser hors d'une systématicité un peu trop stricte.

PREMIÈRE PARTIE

LA VÉRITÉ DE L'ART ET SA SIGNIFICATION HERMÉNEUTIQUE

CHAPITRE PREMIER

LE PROBLÈME GÉNÉRAL : VÉRITÉ *ET* MÉTHODE

LA NÉCESSITÉ D'UN CHANGEMENT DE MESURE

Montrer que l'herméneutique a une dimension philosophique et universelle suppose de réinterpréter le statut de la méthode. L'interprétation elle-même a une fonction d'évaluation et pas seulement de clarification du sens des œuvres ou des événements. Selon Gadamer, en accentuant la dépendance entre méthode et vérité on risque de perdre de vue le souci du contenu, de surestimer les règles de validation au détriment de ce qui est à dire ou à penser, car on ne gagne pas toujours en « valeur de vérité » en optimisant systématiquement et prioritairement les paramètres méthodiques. À travers son analyse critique de la méthode, Gadamer entend revaloriser l'intégralité des savoirs et pas simplement l'exception de la philosophie, des sciences de l'esprit et de l'art par rapport aux disciplines formelles et expérimentales. Ce que la science moderne a demandé à la philosophie (des garanties sur les procédures, la vérifiabilité, la cohérence), pourrait en effet à terme lui être préjudiciable. Il ne faudrait pas, finalement, que la récusation du dogmatisme métaphysique aboutisse à un dogmatisme de la méthode, ou, pour le dire autrement, à l'impossibilité d'une critique de la critique de la philosophie. Une pensée logique aboutie doit pouvoir « se concilier utilement avec l'éveil d'une authentique conscience des problèmes et avec la passion de la mise en question radicale »[1]. Le premier

1. GW10, p. 312, « La philosophie dans la société moderne » (1966), HP, p. 6. Quelques lignes plus haut Gadamer résume le problème : « La philosophie doit ressembler à ce qui s'appelle "théorie" dans les sciences. (...) Mieux vaut se contenter de vérités banales acquises de manière exacte que de risquer une profondeur prétendue sans garantie méthodique ».

argument que l'on peut tirer de la pensée herméneutique afin de corriger l'interprétation moderne et strictement épistémologique de la méthode concerne l'idée de totalité du savoir. Le souci méthodique pose en effet problème lorsqu'il occulte non pas tant la connaissance que l'ancienne métaphysique entendait former comme philosophie première ou philosophie du sujet que la puissance de questionnement qui l'a justement conduite à envisager le savoir de manière globale, essentielle ou fondamentale. C'est cette intuition du « fondamental » que l'herméneutique philosophique doit maintenir en éveil.

Gadamer rappelle à ce propos la sentence de Hegel : « sans métaphysique un peuple cultivé est comme un temple richement orné, mais sans Saint des Saints »[1]. L'argument est double et il est au principe de toute compréhension. Il y a d'abord quelque chose à préserver dans le souci métaphysique, quand bien même on rejetterait ses thèses essentielles (notamment sur la conscience de soi et le statut de l'objet), et cela au nom de l'universalité de la finitude et de la disposition de l'homme à comprendre. On ne peut pas, ensuite, considérer qu'il ne peut y avoir de vérité absolue sans reconnaître aussi l'impossibilité d'une erreur absolue. La critique de l'idéalisme, notamment chez Nietzsche, nous a appris à ne pas mésestimer la signification des fausses interprétations, à ne pas disqualifier le faux en se croyant toujours capable de le discriminer d'un prétendu vrai. La détermination (kantienne) de la vérité dans les sciences, fondée principalement sur des postulats méthodiques[2], a ainsi eu des conséquences négatives sur la justification d'une vérité esthétique qui pouvait paraître incompatible avec la conquête d'autonomie de l'art. Pour Gadamer l'art a une fonction paradigmatique parce qu'en lui nous connaissons selon les modalités mêmes (langage, représentation, mémoire, sens de la totalité) suivant lesquelles nous existons. L'« herméneutique de la facticité » proposée par Heidegger a conforté la conviction de Gadamer selon laquelle ce sont les arts et les sciences historiques qui nous montrent le chemin à suivre : en eux l'expérience n'est jamais séparée de la manière dont nous comprenons notre existence même. « La philosophie est une *Aufklärung*, mais justement aussi une *Aufklärung* contre son propre dogmatisme[3] », qui peut prendre appui sur l'art et le langage comme expériences de vérité pour contre

1. GW10, p. 312, HP, p. 6.

2. Gadamer critique le « méthodologisme néokantien qui avait mis la philosophie au service de la fondation de la connaissance scientifique » (GW3, p. 249, « La vérité de l'œuvre d'art » (1960), CH, p. 114).

3. GW2, p. 492, « Autoprésentation », PH, p. 30.

balancer la tendance à l'exclusivité du modèle épistémologique de la science moderne. « C'est que l'une de mes plus grandes convictions, explique Gadamer, depuis que j'étais très jeune, était que l'on ne peut mesurer la valeur ou l'absence de valeur d'une pensée philosophique qu'en partant de l'essence de l'œuvre d'art »[1]. L'ontologie de l'œuvre d'art constitue le rappel constant de l'historicité du comprendre et du débordement de cette historicité comme tendance à comprendre de nouveau ce qui a été représenté. L'art indique la solidarité essentielle entre finitude et totalité, temporalité de la représentation (*Darstellung*) et universalité de la compréhension. La connaissance de l'art ne peut dissiper les illusions de la conscience de soi et des ambitions positivistes de la philosophie que si cette connaissance reconnaît le mode spécifique d'existence des œuvres.

Pour Gadamer, l'herméneutique est d'abord une pratique, « l'art de comprendre et de rendre intelligible », c'est donc en direction de la pratique qu'est également repensée l'exigence méthodique. Il s'agit à la fois de reconsidérer le sens du concept de science (*Wissenschaft*) tel qu'il intervient dans les arts, la littérature, les textes juridiques, les sciences de l'esprit et, réciproquement, d'entrevoir dans les sciences formelles et expérimentales un impensé du vécu qui « corrige » leur propre interprétation de la scientificité[2]. C'est pourquoi cette nouvelle interprétation de la méthode s'appuie nécessairement sur la reprise phénoménologique du concept d'expérience et sur l'inscription de tout moment gnoséologique dans une histoire et une donation. L'élément langagier justifie la capacité spécifique de l'herméneutique à relier les différentes directions du savoir : c'est dans la linguisticité de notre être que toute pensée peut trouver le principe régulateur de ses tendances historiquement données. Comprendre, c'est donc affronter l'étrangeté d'un texte ou d'un langage à partir d'un fonds qui lui-même possède une constitution langagière[3]. Gadamer ne veut pas dire

1. GW3, p. 419, « L'unité du chemin de Martin Heidegger » (1986), CH, p. 271.

2. La référence constante de Gadamer sur ce point est l'*Éthique à Nicomaque* : « Le centre de gravité de l'éthique philosophique d'Aristote est donc la réconciliation du Logos et de l'*ethos*, de la subjectivité du vouloir et de la substantialité de l'être. Ce n'est pas dans les concepts universels de courage et de justice, etc., que s'accomplit le savoir moral mais, au contraire, dans l'application concrète qui détermine, à la lumière de ce savoir, ce qui est faisable ici et maintenant » (KS1, p. 187, « Sur la possibilité d'une éthique philosophique » (1961), HP, p. 120).

3. Si le mot n'est jamais seulement un mot c'est qu'il a le pouvoir de dire les choses comme elles sont, c'est d'ailleurs de cette manière que Gadamer interprète le lien conventionnel décrit par Aristote entre les noms et les choses : ce lien ne signifie pas une exclusion des plans, car les signes doivent sortir d'eux-mêmes pour se trouver auprès de ce qu'ils nomment. Voir GW1, p. 435, VM, p. 455.

par là que toute expérience fasse obligatoirement intervenir le langage : la célèbre proposition qui dit que « l'être qui peut être compris est langage[1] » exprime en réalité une limite au « tout linguistique » ou au « tout interprétatif » qui manqueraient la dimension *médiatrice* de la linguisticité – par quoi l'herméneutique se démarque justement de tout acte ordinaire d'interprétation – ainsi que le caractère ininterrompu de la démarche de compréhension. En d'autres termes, le mouvement de sortie de soi du langage est celui-là même qui rend possible une interprétation de la chose, l'être lui-même n'existe jamais seulement comme être, il relève, comme les mots, d'une *totalité*. Le langage et la pensée rationnelle constituent des « édifices relationnels », un rassemblement d'intéractions. Penser revient à agrandir une capacité de recherche en s'appuyant sur les élargissements que la tradition et les différents savoirs ont rendu patents dans le langage. C'est par le langage et le dialogue que la chose *peut* être comprise.

Le langage prend sur lui les caractéristiques de toute chose qui existe ainsi que la difficulté à porter au langage la demande – philosophique et en ce sens inaliénable – de compréhension. Parler, comme exister, c'est produire un effort, essayer de porter la vie au-delà d'elle-même, tirer de soi quelque chose qui va au-delà de soi. Telle sera la fonction régulatrice de la dialectique-dialogique contre l'illusion d'une énonciation capable de fixer formellement un résultat. La faiblesse du concept moderne de méthode tient finalement à un manque de probité vis-à-vis des conditions générales de toute saisie : parce que l'expérience de vérité que manifeste l'œuvre d'art ne vise pas une compréhension intégrale de l'objet, elle peut nourrir une ambition qui n'est pas plus modeste mais plus respectueuse de ce que la chose même dit et peut dire. Ce n'est pas désespérer du langage et se résigner à des solutions de compensation que d'admettre le caractère inachevé de la compréhension, il s'agit de voir en lui l'expérience qui nous conduit à la vérité, au fond, la plus utile, puisque c'est celle de la compréhension de notre propre existence. Ce qui justifie *en* philosophie est donc aussi ce qui justifie la philosophie : « la possibilité universelle du dialogue humain, de la parole l'un avec l'autre et l'un en face de l'autre, implique un rapport à la raison, milieu commun à tous les hommes dans lequel ils se comprennent et où se réalise, en quelque sorte, l'intuition »[2].

1. « *Sein, das verstehen werden kann, ist Sprache* » (GW1, p. 478, VM, p. 500). « Quand j'écrivais, commente Gadamer, que "l'être accessible à la compréhension est langage", il fallait entendre dans cette formule que ce qui est ne peut jamais être compris dans sa totalité » (GW2, p. 334, « Texte et interprétation » (1983), AC2, p. 199).

2. GW10, p. 314, « La philosophie dans la science moderne » (1966), HP, p. 9. Par là est posée et fondée l'unité de l'être et du comprendre : car l'« articulation du *logos* porte au

En fin de compte, l'idée de science moderne recouvre moins, pour Gadamer, un concept unifié de préoccupations et de fins qu'un modèle épistémologique qui a une propension à s'étendre à tous les secteurs du savoir. Le principe même d'un transfert méthodique fait problème dans la mesure où il implique de délier l'instrument de la chose même; et ce qui vaut à l'intérieur d'un domaine relatif d'objets (les méfaits d'une séparation outils/fin) vaut à plus forte raison pour des domaines d'objets distincts qui seraient uniformisés dans leur méthode indépendamment de la nature spécifique de leurs fins[1]. Gadamer rappelle dans les premiers paragraphes de *Vérité et méthode* que la possibilité d'un tel transfert a déjà été envisagée par John Stuart Mill qui proposait d'importer dans les « *moral sciences* » la logique des sciences positives. Mill explique que « toute inférence et, conséquemment, toute preuve et toute découverte de vérité non évidentes de soi consistent en inductions et en interprétations d'inductions; (...) toute notre connaissance non intuitive provient exclusivement de cette source ». Ainsi la « logique de la science est la logique universelle, applicable à toutes les recherches possibles »[2]. Si ce type de glissement repose sur le constat d'invariants (idées, principes, lois), les phénomènes étudiés par les sciences de la nature ne présentent pas eux-mêmes pour autant une parfaite uniformité. Pour les tenants de la méthode inductive, il s'agit avant tout de montrer qu'on peut expliquer la réalité physique, morale, sociale indépendamment de toute présupposition métaphysique, les concepts de liberté ou de causalité ne perturbant en rien la régularité qui peut être observée dans l'expérience. Or « la connaissance historique ne vise pas à saisir le phénomène concret comme cas relevant d'une règle générale »[3] : les études

langage l'agencement (*Gefüge*) de l'étant et cette venue au langage n'est, pour la pensée grecque, rien d'autre que la présence de l'étant même, son *alêtheia*. C'est l'infinité de cette présence qui permet à la pensée humaine de se comprendre en référence à sa possibilité accomplie, à sa divinité » (GW1, p. 460-461, VM, p. 481-482).

1. Pour Gadamer : « Ce qui fait que les sciences de l'esprit sont des sciences, se comprend à partir de la tradition qui est celle du concept de formation plutôt qu'à partir de l'idée de méthode qui est celle de la science moderne » (GW1, p. 23, VM, p. 34).

2. J.S. Mill, *System der deduktiven und induktiven Logik*, 1863, *Système de logique déductive et inductive* (livre III), trad. L. Peisse, Paris, Mardaga, 1988, p. 318 et 323-324. Voir GW1, p. 9, VM, p. 19. Le texte de référence sur la question reste le *Traité de la nature humaine* où Hume explique que les différents domaines du savoir peuvent et doivent être appréhendés à partir de la même méthode qui se rattache globalement aux principes constants de la nature humaine : « Et de même que la science de l'homme est le seul fondement solide des autres sciences, le seul fondement solide que nous puissions donner à cette science-là doit reposer sur l'expérience et sur l'observation » (D. Hume, *Traité de la nature humaine. L'entendement*, trad. P. Baranger et P. Saltel, Paris, GF-Flammarion, 1995, p. 34).

3. GW1, p. 10, VM, p. 20.

historiques s'intéressent à la formation et au développement d'événements singuliers qui n'ont pas vocation à confirmer une loi ou à s'inscrire dans une reproductibilité mécanique. Il n'est donc pas possible de comprendre une chose en mettant entre parenthèses son mode de donation et c'est parce qu'elles se soucient de cela que les sciences de l'esprit sont précisément des sciences[1].

Même chez Droysen et surtout Dilthey la question de la scientificité de l'histoire reste marquée par le modèle des sciences de la nature qui sont supposées être davantage à même de se prononcer sur les principes généraux qui doivent guider une pensée rigoureuse[2]. C'est pourquoi le pas supplémentaire que le travail de Dilthey permet de faire hors d'une fusion méthodique des savoirs n'est pas suffisant, il reste même en deçà de la tentative antérieure de Helmholtz qui maintient toutefois les sciences humaines dans une position fragile, l'application de la distinction kantienne entre nature et liberté ne conduisant pas à une mise en cause du primat méthodique de l'induction[3]. Mill est jugé plus cohérent par

1. Gadamer souligne que Helmholtz a tenté d'introduire une distinction entre sciences de la nature et sciences de l'esprit en ce qui concerne leur usage de l'induction : l'induction artistique-instinctive suppose la mise en œuvre d'un sentiment, le tact (*Taktgefühl*), elle relève d'un processus inconscient mais qui est jugé déterminant dans la vie humaine (voir *Vorträge und Reden*, 3. Quatrième édition, Bd. 1, *Über das Verhältnis der Naturwissenschaften zur Gesamtheit der Wissenschaften*, Braunschweig, Verlag von Friedrich Vieweg und Sohn, 1884, p. 157-185, sur le tact, p. 172-173). Reste cependant que l'induction conserve son statut paradigmatique pour toute connaissance. Voir aussi GW2, p. 39, « La vérité dans les sciences humaines » (1953), PH, p. 66.

2. Fidèle en cela à Mill, Dilthey voit par exemple dans la distance avec l'événement une condition de son objectivation. Gadamer rappelle la référence chez Dilthey à la célèbre maxime de Bacon : « *natura non nisi parendo vincitur* », « la nature n'est vaincue qu'à la condition de lui obéir » qui s'accorde mal avec l'héritage romantique qu'il revendique par ailleurs. Dilthey développe sa réflexion sur la fondation des sciences de l'esprit et ses objets propres (esthétique, éthique et politique) dans des textes rassemblés dans les tomes 5 et 6 de ses *Œuvres Complètes* (*Gesammelte Schriften*, Bd. 5-6, « *Die geistige Welt* », herausgegeben von Georg Misch, Stuttgart, B.G. Teubner, 1990).

3. Le statut de la référence à Helmholtz n'est pas dépourvu d'ambiguïté. Jean Grondin, s'appuyant apparemment plutôt sur le propos précédent de Gadamer sur la distinction entre l'induction dans les sciences formelles et le tact, insiste sur la proximité entre les positions des deux philosophes : « Gadamer s'inspire alors largement <dans GW1, p. 13> d'un texte de 1862 du scientifique Hermann von Helmholtz sur les relations entre sciences pures et humaines. Dans sa conférence, Helmholtz estime que les sciences pures se fondent sur un procédé d'induction logique par lequel le semblable est subsumé sous un concept général qu'on appelle la "loi" des événements ou des phénomènes (selon la théorie classique de l'induction). Quant aux sciences humaines, c'est plutôt par une sorte de tact ou d'empathie psychologique qu'elles parviennent à leurs connaissances. (...) En exagérant à peine, on pourrait soutenir que Helmholtz incarne l'interlocuteur privilégié de Gadamer dans la

Gadamer dans la mesure où il mettait explicitement hors-jeu la question « métaphysique » de la liberté. Ce qu'il entend contester ici, c'est le statut de la méthode comme question première ou préalable (l'histoire de l'herméneutique montre d'ailleurs qu'elle était au départ détachée du problème de la méthode, sans l'exclure complètement). Parce que la vérité est prioritairement événement, la méthode ne peut jamais prendre le statut de thème premier, l'idée de facticité est plus fondamentale car elle est déjà impliquée dans la démarche méthodique[1]. L'universalité pensée par Gadamer peut ainsi se définir en termes négatifs comme une résistance qui « fait son chemin à l'intérieur même de la science », résistance qui se manifeste exemplairement dans les domaines (philosophie, art, histoire, droit) où les modes de légitimation (*Legitimation*, et non essentiellement *Grundlegung*, fondation) et de transmission de la pensée, centrés sur le contenu même, la chose, le texte, l'œuvre dont on parle, échappent aux critères de la science moderne. Dans le contexte positiviste du tournant du XXe siècle, il n'est pas étonnant que les sciences humaines dans leur ensemble aient subi une pression sur leur capacité de « vérifiabilité » et fini par chercher à se doter d'assises méthodiques et d'outils de quantification. La crispation sur la méthode est censée protéger ces savoirs des spéculations oiseuses qui les mettaient définitivement en dehors du champ scientifique (comme les sciences de la nature en auraient elles-mêmes pâti par exemple au sein du projet encyclopédique hégélien). Mais l'incapacité de la science et de ses outils de vérification à pouvoir guider véritablement la décision, en fournissant par avance des assurances qu'elle serait vraiment à même d'établir, montre clairement les limites de l'hyperspécialisation des savoirs et de la mise à l'écart de l'héritage de la métaphysique[2].

Pour Gadamer un concept n'a pas à se rendre adéquat à l'objet d'expérience de manière univoque mais il synthétise « la totalité d'expé-

première partie de VM. Il reviendra à des analyses de Helmholtz à des moments hautement stratégiques de sa propre enquête sur les sciences humaines » (*L'Horizon herméneutique de la pensée contemporaine*, Paris, Vrin, 1993, p. 239). Gadamer écrit cependant que « l'inconséquence avec laquelle Helmholtz se réclame de Kant n'apporte vraiment rien qui permette de rendre justice aux sciences de l'esprit » (GW1, p. 14, VM, p. 24). C'est donc au Helmholtz attaché à la distinction des méthodes et à la spécificité scientifique des sciences humaines que Gadamer rend hommage.

1. GW1, p. 1, VM, p. 11.

2. La mise en garde de Gadamer est très claire : en effet, « à quoi s'en tenir, du moment que s'en tenir à la parole de l'expert scientifique équivaut en réalité à s'abandonner aveuglément aux manipulations qui rendent la science utilisable au service de ses intérêts de puissance ? » (GW10, p. 313, « La philosophie dans la science moderne » (1966), HP, p. 8).

rience qui constitue notre orientation langagière dans le monde»[1]. La conscience de soi moderne n'a donné qu'une interprétation partisane du souvenir, elle n'a pas su s'oublier elle-même, développer l'« oubli de soi » qui permet de laisser surgir l'autre, cette « évanescence de la subjectivité » que Gadamer met au crédit de la pensée grecque. En même temps elle oublie ce qui fait vivre et persévérer, et aussi inventer, à savoir : l'héritage, la dette, la tradition, les méandres et les détours par lesquels une expérience cherche à se faire connaître dans le langage. L'expérience de la vérité est un événement herméneutique parce qu'il s'agit d'une venue au langage et à l'être qui ne dépend pas de notre seule initiative, donc de l'exercice unilatéral de la conscience de soi. Cette humilité face aux données issues de traditions multiples, inconscientes, parfois contradictoires, c'est ce que les sciences de la nature elles-mêmes ont à reconnaître[2]. Le savoir ne se constitue pas à l'occasion d'une progression lisse et pleinement assurée d'elle-même, tout savoir est pétri de non-savoir, de croyance, de discussions, de souvenirs, de brouillages plus ou moins dissipés. C'est pourquoi chaque savoir est à reprendre ou à réviser, il n'est crédible que sur le fond d'un inachèvement qui caractérise précisément tout dialogue. Gadamer trouve du reste dans la tradition des appuis solides pour guider sa propre réorientation du problème de la méthode, notamment dans les célèbres passages de l'Introduction de la *Logique* de Hegel où la méthode est décrite comme « la conscience à propos de la forme de son auto-mouvement intérieur », ou encore « le cheminement de la Chose même[3] ». Hegel a dénoncé avec une force bien connue l'application arbitraire d'une règle à un objet qui lui est extérieur, la logique se privant alors du pouvoir véritablement unificateur de la pensée conceptuelle en laquelle ce qui est pensé n'est pas différent de la chose qui se pense elle-même. Pour cela, il faut penser le mouvement de la contradiction comme condition de l'unité de la chose, qui la contient et se conserve elle-même en l'intégrant à soi. Gadamer s'approprie ici l'éloge que fait Hegel de la manière grecque d'anticiper le sens méthodique de la dialectique dans sa pensée de la contradiction : « l'expérience herméneutique que nous cherchons à penser, à partir du centre de la langue n'est certes pas expérience de la pensée dans le même sens que cette dialectique du concept qui prétend s'affranchir totalement du

1. GW2, p. 90, « L'histoire des concepts comme philosophie » (1970), PH, p. 136-137.

2. Sur ce point, Gadamer a lui-même exprimé sa proximité avec les thèses de Thomas Kuhn exposées dans *La Structure des révolutions scientifiques*, par exemple dans KS4, p. 146-147, « Le problème de la conscience historique » (1973), LV, p. 111.

3. Hegel, *Science de la logique*, *L'Être* (1812), trad. P.-J. Labarrière et G. Jarczyc, Paris, Aubier, 1972, p. 24 et 26. Voir aussi *La Doctrine de l'essence*, 1976, p. 82-83.

pouvoir de la langue. Néanmoins, on trouve aussi dans l'expérience herméneutique quelque chose comme une dialectique, un agir de la chose même, un agir qui, contrairement à la méthodologie de la science moderne, est un subir, un comprendre qui est à son tour événement »[1]. L'herméneutique est une dialectique linguistique qui fait de la chose même et de l'histoire des concepts la nouvelle mesure du comprendre, appelée à inspirer tout processus de connaissance. L'universalité de l'herméneutique repose sur celle de la langue naturelle qui sert de référent au savoir au sens le plus large, contre la tendance d'un langage déterminé, technique, abstrait à occuper un rôle normatif[2].

Gadamer considère ainsi que l'épistémologie des sciences de la nature ne peut pas faire l'économie d'une interrogation de type herméneutique sur son propre développement [3]. Il explique dans l'essai d'autocritique, quasiment sous la forme d'un regret, qu'il n'a pas lui-même suffisamment exploré ce champ d'application de la réflexion herméneutique, faute, reconnaît-il, d'une maîtrise suffisante des contenus scientifiques en question. Il a souligné cependant, à l'occasion, une convergence de vue entre sa propre critique du positivisme et celle de Popper ou entre sa compréhension du concept de jeu et les thèmes du dernier Wittgenstein. Il est revenu, dans ses textes plus tardifs, sur la séparation entre les sciences de l'esprit et les sciences de la nature, notamment dans la postface de 1972 ajoutée à la troisième édition de *Vérité et méthode*. Il y accentue le lien méthodique entre ces deux sphères tout en insistant sur le « débordement », la spécificité irréductible que présentent les sciences de l'esprit par rapport

1. GW1, p. 469, VM, p. 490. « On doit concéder aux anciens dialecticiens, écrit Hegel, les contradictions qu'ils mettent en évidence dans le mouvement, pourtant il ne s'ensuit pas que pour cette raison le mouvement n'est pas, mais plutôt que le mouvement est la contradiction *étant-là* elle-même » (*Science de la logique*, *la Doctrine de l'essence*, *op. cit.*, p. 83). Voir aussi GW3, p. 69-70, « Signification de la *Logique* de Hegel » (1970), HP, p. 60-61.

2. Les textes de Gadamer qui signalent l'envergure universelle de l'herméneutique sont innombrables, signalons par exemple celui-ci : « Telle est donc l'ampleur du thème du langage : il va des sciences de toute espèce aux activités pratiques de la vie dans l'économique et le politique, le droit et la religion, l'enseignement et l'éducation – pour ne rien dire du cas remarquable de l'art littéraire, c'est-à-dire de la poésie » (GW10, p. 316, « La philosophie dans la société moderne » (1966), HP, p. 12) Le statut des sciences de l'esprit est ainsi amarré à celui de la langue naturelle (GW2, p. 337, « Texte et interprétation » (1983), AC2, p. 203 et *Interroger les Grecs. Étude sur les Présocratiques, Platon et Aristote*, trad. D. Ipperciel, Fides (Canada), 2006, p. 326-327).

3. Voir sur ce point la conférence de 1983, « La dimension herméneutique dans la connaissance et les sciences de la nature », GW7, p. 418-442, et aussi « Autoprésentation », GW2, p. 496, PH, p. 45.

aux sciences positives, qui prennent là encore racine chez Heidegger[1]. Le dialogue entre sciences de l'esprit et sciences formelles et expérimentales suppose une clarification spécifique du sens de l'« herméneutique de la facticité » du point de vue de la pensée logique. Comment rendre une telle formule intelligible en dehors du strict espace de la pensée « continentale » ? Comment la pensée logique pourrait-elle reconnaître en elle une dimension herméneutique si les concepts des sciences de l'esprit restent pour elle incompréhensibles ou inapplicables ? Gadamer envisagera précisément la question sur le terrain du langage, c'est-à-dire à partir de l'irréductibilité linguistique (ou herméneutique) de la philosophie à la logique mathématique et à sa symbolique.

LA PHILOSOPHIE COMME HISTOIRE DES CONCEPTS
COMPRENDRE, EXPLIQUER, INTERPRÉTER

L'herméneutique trouve, historiquement, son point de départ dans des problèmes qui concernent le langage et les textes, elle a, dès l'origine, c'est-à-dire au moment de la relecture des textes homériques pendant l'Antiquité classique, défini sa tâche comme procédure de réactualisation d'une langue devenue obscure ou étrangère. L'interprétation s'apparente à une traduction qui permet de redonner une vitalité et une « recevabilité » à des textes anciens. À partir de là, l'herméneutique a connu une double orientation : d'abord vers la clarification grammaticale, qui consistait à faire émerger le sens sous sa forme initiale ou littérale, ensuite vers l'interprétation allégorique qui devait dégager du texte ou de l'événement décrit par le texte un ajout, une anticipation, un surcroît de sens, un peu à la manière dont on décrypte des signes annonciateurs ou des augures. Le rapport polémique de l'herméneutique avec le sens littéral trouve son point d'orgue avec la Réforme et le thème luthérien du « *sui ipsius interpres* ». La troisième étape importante est constituée par le développement d'un discours critique vis-à-vis de l'idéalisme absolu, par la gestion de l'héritage kantien notamment dans le projet dialectique et herméneutique de Schleiermacher. L'herméneutique n'est plus cantonnée dans des secteurs spécifiques, techniques, comme la philologie ou l'analyse des textes religieux et juridiques, mais elle intervient dans la problématique générale de la théorie de la connaissance. Au cours du XXe siècle, l'herméneutique prend un ultime virage en

1. Voir GW3, p. 278, « Le chemin vers le tournant » (1979), CH, p. 150.

s'engageant sur le terrain philosophique et ontologique sous l'impulsion de Heidegger. L'herméneutique se présente comme une voie majeure, à côté du courant analytique, pour entériner le dépassement de la pensée métaphysique. Gadamer va approfondir la démarche qui consiste à passer d'une épistémologie à une ontologie de la compréhension. Comprendre est plus qu'une manière de connaître, c'est la manière d'*être* de l'homme ; ce qui est à comprendre n'est donc plus déterminé comme un objet (dont le corrélat est la conscience de soi moderne) mais comme un « étant » ou comme l'être tel qu'il se donne dans le monde et à l'homme. On ne comprend que ce qui est toujours d'emblée médiatisé par la linguisticité de l'existence humaine. À la question : « qu'est-ce qui se passe quand on interprète correctement un texte philosophique ? », Gadamer répond : « je trouvais (...) que c'est toujours une intermédiation entre notre vue linguistique du monde et la langue du texte »[1].

On a souvent dit que les termes de compréhension, d'interprétation, de dialogue, de jeu, *etc.*, ont des sens très voisins chez Gadamer et qu'ils seraient quasi interchangeables[2]. C'est une impression assez juste en ce qui concerne la compréhension et l'interprétation, que Gadamer place souvent côte à côte comme si elles recouvraient à peu près la même idée. La compréhension est cependant un phénomène plus ample puisqu'elle donne à l'interprétation son horizon. Le comprendre est plutôt rapporté à la pensée et l'interprétation au langage (ou au texte), la compréhension déborde les expériences faisant explicitement et directement intervenir le langage et c'est justement cette intrication que révèle l'expérience herméneutique : pensée et langage sont aussi intimement liés et unis que compréhension et interprétation[3]. Saisir à quelle source, à quelle expérience la compréhension peut être universellement rapportée (ce sera chez Gadamer son insertion dans la finitude de la linguisticité, contre les illusions réflexives de la subjectivité moderne) pour dépasser le clivage diltheyen de l'explication et de la compréhension, est un des défis essentiels de l'herméneutique

1. « Le problème herméneutique » (1970), HP, p. 51.

2. Cette question a notamment été posée par le commentaire de W. Schultz « *Anmerkungen zur Hermeneutik Gadamers* » dans *Hermeneutik und Dialektik*, t. I, Tübingen, J.C.B. Mohr (Paul Siebeck), 1970, p. 311. Voir à ce sujet l'article d'Y. Élissalde, « Définir l'interprétation » dans *L'Héritage de Hans-Georg Gadamer*, sous la direction de G. Deniau et J.-C. Gens, Collection Phéno, 2003, p. 37-51.

3. GW1, p. 405, VM, p. 424 et GW1, p. 170, VM, p. 184. Ricœur fait le point sur les différentes manières de désigner l'acte d'explication et d'interprétation dans *Lectures 2*, *op. cit.*, p. 451 et sur le rapport compréhension/interprétation chez Heidegger p. 453-454.

linguistique[1]. Il faut ainsi, pour comprendre ce mouvement, revenir au cercle herméneutique dont parlait Heidegger dans *Sein und Zeit*, par lequel les anticipations de sens sont progressivement évaluées à l'aune de la chose elle-même. Car c'est elle qui explique que toutes les attentes de sens ne soient pas confirmées par le texte ou l'œuvre, elle encore qui fait barrage à l'égalité relativiste de toutes les opinions possibles.

Heidegger a également appris à Gadamer à regarder en arrière des concepts et lui a ouvert le chemin d'une fondation herméneutique des contenus de pensée : « À l'ère de la science moderne, la pensée se trouve ainsi confrontée à une tâche nouvelle, que l'idéalisme allemand avait aperçue, mais qu'il n'a résolue que de façon partielle. C'est Heidegger qui m'a permis de la comprendre. C'est la tâche qui consiste à prendre conscience de la conceptualité dans laquelle on pense »[2]. Ce qui veut dire : être attentif à la source des questions, à un commencement qui est antérieur à toute interrogation philosophique sur le commencement[3]. Cette source relie fondamentalement le langage et la pensée, c'est pourquoi celui qui n'a pas d'oreille pour les mots n'en aura pas non plus pour les concepts[4]. L'herméneutique ne peut tracer son chemin que depuis des virtualités de la langue, d'une langue qui « n'a pas été créée pour les fins de la philosophie. La philosophie est aux prises avec une pénurie de langage (*Sprachnot*[5]). » La philosophie n'a donc pas la possibilité de s'identifier avec ses instruments, et en tout cas pas avec le langage réduit à sa fonction instrumentale. De ce point de vue, Gadamer va jusqu'à dire que la philosophie n'a pas d'histoire : toute question philosophique est à la fois reprise et actuelle, elle

1. Ricœur pose très précisément le problème dans plusieurs textes repris dans *Du Texte à l'action* : « Qu'est-ce qu'un texte ? » et « Expliquer et comprendre » spécialement. C'est dans le premier qu'il utilise la formule d'« arc herméneutique » pour désigner cette possibilité de jonction, qui est par ailleurs un des aspects déterminants de sa propre proposition herméneutique (Paris, Seuil, 1986, p. 174).

2. GW3, p. 382, « Du commencement de la pensée » (1986), CH, p. 228.

3. Ainsi la question « qu'appelle-t-on penser ? » peut-elle aussi être entendue comme : « qu'est-ce qui nous appelle à penser ? » (GW3, p. 384, « Du commencement de la pensée » (1986), CH, p. 230).

4. GW3, p. 421-422, « L'unité du chemin de Martin Heidegger », CH, p. 274. Gadamer a consacré une conférence toute entière au déplacement du centre de gravité de l'herméneutique de la vue vers l'écoute, indiquant par là l'importance des conditions de la réceptivité du discours dans la réussite du dialogue (*Esquisses herméneutiques. Essais et conférences*, *op. cit.*, « De l'écoute » (1998), p. 71 et 74).

5. GW2, p. 507, « Autoprésentation », PH, p. 59. Voir aussi GW2, p. 83, « L'histoire des concepts comme philosophie » (1970), PH, p. 128. Gadamer se réfère fréquemment à ce sujet à la lettre VII de Platon.

est présente comme advenir d'un passé dont elle n'est jamais captive, de la même façon que n'est authentiquement présent que ce dont on peut se souvenir.

Il est donc absurde de croire qu'on se grandit en se détournant d'une relecture des Anciens. De fait, si les modes habituels d'évaluation de la science moderne sont inadaptés lorsqu'il s'agit de comprendre, c'est que la vérité ne se présente pas sous une forme anhistorique, les concepts et les instruments de la connaissance ont un passé et une préhistoire. Gadamer reprend ici l'expression kierkegaardienne d'« indication formelle » pour exprimer le « se-montrer de la chose elle-même » qui demande une éducation, voire une rééducation de notre oreille afin de laisser vivre la mémoire qui habite les concepts philosophiques[1]. En même temps, le langage n'est pas ce que nous utilisons à des fins qui lui sont étrangères, nous « vivons dans le langage » comme on vit dans un milieu ou comme ce milieu est habité. C'est pourquoi les vérités qui ne seront pas transportées historiquement ou artistiquement ne seront jamais révélées par d'autres voies[2]. De ce point de vue, le fait que la philosophie soit devenue, comme savoir de la totalité, quelque chose de problématique dans l'époque actuelle constitue en lui-même un problème inédit[3]. Non seulement le contenu des sciences de l'esprit dépasse ce que la science peut en évaluer, mais ce dépassement est aussi le propre de ce type de vérité : on a affaire à un inachèvement structurel, donc à une condition de vérité. Ce qui importe, c'est notre participation à la constitution et à la transmission du contenu, qui en crée l'incessance et le jeu.

À partir de leurs racines communes et de la nécessité d'une légitimation philosophique du comprendre, les sciences humaines peuvent parvenir à une nouvelle conscience d'elles-mêmes. Un des arguments de Gadamer contre le transfert de la méthode des sciences de la nature dans le giron des sciences humaines est justement l'absence d'antécédent historique : lorsqu'elles ont cherché à repenser leurs assises, la littérature, l'histoire, la

1. « Ce qu'il s'agit de développer ici, c'est surtout une oreille, une sensibilité pour les prédéterminations, les anticipations et les empreintes qui dorment dans nos concepts » (GW2, p. 494, « Autoprésentation », PH, p. 32).

2. « Qu'en comprenant les textes de ces grands penseurs on connaisse une vérité inaccessible par d'autres voies, c'est ce qu'il faut bien avouer, au risque de contredire l'étalon de recherche et de progrès auquel d'emblée la science se mesure elle-même » (GW1, p. 2, VM, p. 12).

3. Voir *L'Héritage de l'Europe*, trad. P. Ivernel, Paris, Éditions Payot et Rivages, 1996, p. 98-99.

philosophie se sont toujours référées à des traditions philologiques, à des concepts moraux, à des sagesses pratiques et non à des disciplines expérimentales[1]. L'herméneutique doit commencer à élever cette *réflexivité historique* à une conscience plus claire. Il faut donc revenir sur un double écueil, accentué par l'école historique : soit faire un usage érudit de concepts anciens qui les emprisonne dans leur époque sans possibilité de projection et d'application dans l'époque actuelle, soit s'en servir comme outils. Dans une conférence de 1970 sur l'« histoire des concepts comme philosophie », Gadamer explique que c'est la conceptualité qui constitue l'essence de la philosophie, mais une conceptualité ouverte aux préjugés dont est porteuse la langue. Ainsi, « l'usage du langage en philosophie n'a d'autre source de légitimation, comme nous l'avons vu, que celle qui se produit dans le langage »[2], il faut revenir à l'histoire des mots et des concepts pour « parvenir à une compréhension historique de soi-même », ce qui suppose de comprendre les mots plutôt que de se laisser simplement porter par eux. Mais comprendre veut dire être ouvert à la charge de connaissance dont les mots et la « logique » de la langue sont porteurs, l'herméneutique comme « herméneutique linguistique » – c'est ainsi qu'on peut qualifier le projet de Gadamer pour le distinguer des herméneutiques romantiques et de la logique dialectique hégélienne – ne fait du langage une norme qu'en tant que le langage est déjà interprétant[3]. Il y a une vigilance spécifique dans la réception des concepts indissociable de la conscience de

1. GW1, p. 28, VM, p. 39. « C'est un mode de conscience nouveau et critique qui doit alors accompagner toute activité philosophique responsable, et qui fait comparaître devant le forum de la tradition historique, à laquelle nous appartenons ensemble, les habitudes de langage et de pensée qui se constituent chez l'individu par sa communication avec le monde environnant » (GW1, p. 5, VM, p. 15).

2. GW2, p. 83, « L'histoire des concepts comme philosophie » (1970), PH, p. 128.

3. Sur ce point, Gadamer signale un problème essentiel chez Hegel (le rapport entre langage et concept) mais en injectant dans son analyse un certain nombre de contresens sur Hegel propres à l'époque, par exemple l'idée selon laquelle la logique développerait « les pensées de Dieu avant la création » (GW3, p. 67, « Signification de la *Logique* de Hegel » (1968), HP, p. 58) ou lorsqu'il surévalue, contre une lecture plus orthodoxe de la pensée logique hégélienne, l'idée d'une logique naturelle du langage. Il tire ainsi en quelque sorte à lui, en vue de son propre travail de légitimation du philosophique dans la linguisticité, des développements sur l'histoire des mots qui, chez Hegel, n'ont de sens qu'au regard du statut spéculatif de l'histoire en général référé à la logique conceptuelle. Gadamer observe ainsi : « Ce n'est pas un hasard, me semble-t-il, que Hegel, aussi pénétrant dans son analyse et dans la déduction dialectique des catégories, n'est jamais aussi convaincant que lorsqu'il ajoute des déductions historiques. Des concepts ne sont ce qu'ils sont que justement dans leur fonction et cette fonction est portée continuellement par la logique naturelle du langage » (GW3, p. 81-82, HP, p. 77). C'est là en réalité l'écart irréductible entre une herméneutique linguistique et une « herméneutique » spéculative, où le concept porte le langage, non l'inverse.

l'historicité du savoir. Ainsi, et au rebours de la logique de Hegel, il « faut que la dialectique se reprenne dans l'herméneutique »[1]. Gadamer n'a donc pas cherché à accentuer dans le titre de *Vérité et méthode* l'opposition entre les deux termes[2]. Le grand souci de l'herméneutique philosophique est celui de la liaison, de l'être-en-relation, des conditionnements réciproques de l'histoire et du savoir. La compréhension et l'interprétation <*Verstehen* et *Auslegen*> sont présentées comme des phénomènes. Dans une formule quasi tautologique, Gadamer définit la compréhension comme la saisie juste de « ce qui est compris ». La compréhension se manifeste par une sorte de fluidité qui suppose d'avoir surmonté une résistance. Parler de compréhension juste (*recht*) recentre ainsi la question sur la préoccupation éthique car, pour Gadamer, comprendre, c'est essentiellement s'entendre sur quelque chose, plutôt que dire le vrai[3].

Il est donc décisif que l'herméneutique philosophique fournisse des critères rationnels de compréhension si elle veut aller au bout de son émancipation vis-à-vis des procédés méthodiques de la science moderne et jouer un rôle positif sur les fins les plus générales du savoir. L'un de ces critères se situe dans la logique dialectique, dans une dialectique totalement ancrée dans la linguisticité et qui met en première ligne le souci du *contenu*. L'herméneutique intègre ici l'idée hégélienne que le logique ne peut être philosophique qu'en rompant avec le formalisme. Gadamer rappelle que c'est là un des enjeux principaux de la *Doctrine de l'essence*, qui introduit dans les catégories le mouvement négatif et la contradiction à soi nécessaires à l'émergence du concept, c'est-à-dire de l'être en tant qu'il est conforme à lui-même. La logique est le processus selon lequel le savoir s'égalise

1. GW3, p. 86, HP, p. 82.

2. « Sans doute use-t-on aussi pleinement dans les *humanities* de la distanciation méthodique qui constitue l'essence de la science moderne. *Wahrheit und methode* n'a jamais voulu donner un caractère absolu à l'opposition impliquée par son titre » (KS1, p. 119, « Rhétorique, herméneutique et critique de l'idéologie », HP, p. 92). Voir aussi la préface à la troisième édition de *Vérité et méthode*, GW2, p. 449-450, « Postface » (1972), AC1, p. 89-90.

3. Il existe de fait un foisonnement terminologique autour de l'acte interprétatif (compréhension, interprétation, explication, élucidation, exposition, commentaire, exégèse, signification) qui correspond à des problématiques historiquement déterminées. C'est évidemment à Dilthey que remonte dans l'époque moderne l'une des principales distinctions entre comprendre et expliquer, sur fond de clarification méthodologique entre sciences de l'esprit et science de la nature, on y reviendra. Gadamer ne reprendra pas cette distinction conceptuelle de manière stricte, car il entend précisément, pour les raisons qu'on a déjà données, atténuer le fossé entre les différents champs de la recherche scientifique et montrer que l'ampleur philosophique du concept de compréhension a nécessairement un effet limitatif sur le transfert des méthodes d'explication de la nature dans les sciences de l'esprit.

avec lui-même en s'identifiant avec son propre contenu, c'est un processus de remplissement. Une pensée vide, c'est une non-pensée, une « pensée à laquelle manque ce qu'elle devrait être »[1]. Remplissement et débordement sont les modes essentiels de validation de l'herméneutique, et ils sont constamment actifs dans l'œuvre d'art. C'est pour cette raison que la logique du comprendre doit se ressourcer dans l'ontologie de l'œuvre d'art qui accomplit exemplairement, car linguistiquement, l'identification du même et de l'autre, du familier et de l'étranger. « Que le Moi et la chose soient identiques, écrit Gadamer, cela est montré de façon convaincante pour la première fois dans l'œuvre d'art. L'œuvre d'art n'est plus une chose que l'on aperçoit et comprend en l'insérant dans des relations, mais c'est, comme nous disons, une « expression », c'est-à-dire qu'elle prescrit elle-même comment il faut la rencontrer. (...) Le savoir de l'art, de la religion et de la philosophie est un savoir commun à tous ceux qui pensent, en sorte qu'il n'y a plus aucune raison de distinguer une conscience individuelle d'une autre. » Ainsi, « Ce qui constitue l'universalité de la raison, c'est qu'elle est libre de toute condition subjective »[2].

Les normes de la compréhension ne doivent se laisser réduire ni à la fonction d'outil ni à l'arbitraire des impressions, des affinités, des sentiments. La discussion avec Dilthey et Schleiermacher aura pour cadre la recherche d'un étalon à la fois spécifiquement esthétique et herméneutique et indépendant de toute démarche rationnelle au sens strictement méthodique du terme. À supposé que les sciences de l'esprit et les arts ne parviennent pas à faire la preuve de ce crédit méthodique *sui generis*, elles prennent le risque d'être inféodées à des fins qui ne sont pas les leurs et qui font violence à leur destination propre, ce qui se produit « lorsqu'elles sont évaluées en fonction de la valeur de puissance que représentent leurs connaissances d'un point de vue social, politique, religieux ou autre »[3]. En l'absence de critères objectifs et constants d'évaluation en sciences (notamment humaines), la collusion des intérêts scientifiques avec ceux du pouvoir et l'influence de pressions extérieures sur les orientations de

1. GW3, p. 77, « Signification de la *Logique* de Hegel » (1968), HP, p. 72.
2. GW3, p. 74, HP, p. 67.
3. GW2, p. 38, « La vérité dans les sciences humaines » (1953), PH, p. 65. La question est d'autant plus aiguë dans l'ère contemporaine où dominent des attendus économiques, des intérêts de groupe, des dynamiques sociales qui font pression sur la recherche scientifique et les objectifs qui y seront encouragés – alors que, en même temps, il est clair que nous continuons d'avoir besoin d'autre chose que d'organiser ou d'appliquer des procédés.

recherche ne pourront que s'amplifier[1]. C'est donc la faiblesse de l'assise des sciences humaines qui favorise l'emprise du pouvoir sur la recherche et d'une recherche « positiviste » sur la pensée, notamment, mais pas seulement, à travers les médias et les appareils d'information. On peut cependant envisager un changement de cap en corrigeant précisément la détermination des modes de justification du savoir, qui sont autant de moyens de résister à la « corruptibilité » de la raison. De là la nécessité de ne pas sacrifier totalement, au nom du principe de la finitude, les concepts de raison et de rationalité, c'est-à-dire la prétention des sciences de l'esprit et de l'art à guider un processus de pensée conscient de lui-même, attentif au savoir en sa totalité et à l'importance de ses prérogatives spécifiques[2].

La cohérence de la pensée herméneutique tient pour une large part au fait que ses critères se donnent à travers une médiation historique, une tradition, un héritage au sein desquels ils ont déjà été mis à l'épreuve et théorisés. La force de la « méthode » des sciences humaines est, on l'a dit, de toujours prendre en compte l'élément langagier et historique dans lequel les questions sont prises. La compréhension peut alors se définir comme appropriation appropriée : *appropriation*, car elle assimile un objet qui par définition nous est d'abord étranger, *appropriée*, parce que l'attitude herméneutique suppose un sens du contexte, de la situation, de la disposition dans laquelle se trouvent le soi et l'autre, c'est-à-dire une certaine qualité de lien qui permet d'arriver à l'entente (ce que, dans la première partie de *Vérité et méthode*, Gadamer visera à travers la notion de tact). Elle exige aussi qu'on pose un regard neuf sur des concepts (l'autorité par exemple) que certaines postures, soutenues par exemple par les Lumières – la

1. GW2, p. 42, PH, p. 69 et GW2, p. 91, « L'histoire des concepts comme philosophie » (1970), PH, p. 137.

2. Les sciences humaines exercent leur influence à travers des institutions publiques et sociales, comme la famille ou l'école, et leur influence est telle que le risque d'une corruption de la pensée se situe autant dans les contenus transmis que dans le vecteur même de la transmission, car il est spécialement difficile d'exercer une attention critique sur des contenus qu'il s'agit d'abord d'« assimiler ». Comparant la connaissance à une marchandise, Platon explique qu'on peut faire appel à quelque expert pour vérifier la qualité du produit qu'on a acheté, avant de l'incorporer : « le savoir, quant à lui, on ne peut l'emporter dans un récipient à part ; il est, au contraire, inévitable, une fois qu'il a été acheté, de le recevoir directement dans l'âme elle-même et de s'en aller instruit par lui – que ce soit pour notre malheur ou pour notre bien » (*Protagoras*, 314 *ab*). Gadamer reprend ce passage en l'appliquant aux données actuelles de la transmission : « <Platon> voit bien le statut ambigu qui grève le savoir consacré aux *logoï*, à cheval entre la sophistique et la vraie philosophie. Mais il reconnaît aussi la signification toute particulière qui revient ici à la bonne décision » (GW2, p. 43, « La vérité dans les sciences humaines » (1953), PH, 71).

recherche d'indépendance intellectuelle, la hantise du préjugé et de la superstition – ont discrédités. Tenir compte de ce qui vient du passé ne veut pas dire se soumettre à des pensées qui n'auraient pas besoin d'être réexaminées : « L'essence véritable de l'autorité repose bien plutôt sur ceci qu'il peut ne pas être déraisonnable, voire qu'il peut être exigé par la raison elle-même de présupposer en l'autre une supériorité de connaissance qui dépasse notre propre jugement »[1]. On n'est pas plus libre dans la désobéissance que dans l'obéissance, la pertinence d'un contenu de pensée ne dépend de la façon dont on se rapporte à lui que si l'adhésion est soutenue par une expérience, une fréquentation des problèmes, une prudence. Fondamentalement, « il n'y a pas de moyen permettant de distinguer ce qu'il y a de vrai ou de faux <dans les sciences humaines>, sinon celui dont elles se servent elles-mêmes : les *logoï*, les discours. C'est néanmoins dans ce moyen que peut se loger la plus haute expérience de vérité susceptible d'atteindre les hommes. Ce qui les rend problématiques constitue en réalité leur véritable distinction : elles sont des *logoï*, des discours, « seulement » des discours »[2]. La question essentielle devient celle-ci : comment le lien entre art et langage parvient-il à tisser la vérité de l'art et des sciences de l'esprit et finalement à justifier l'universalité de l'herméneutique philosophique ?

L'HUMANISME RÉACTIVÉ : FORMATION, TACT, SENS COMMUN

Le retour aux Grecs a une histoire et un avenir, c'est aussi un carrefour, mais Heidegger et Gadamer n'ont pas en l'espèce suivi la même voie. « Le rccours de Heidegger aux Grecs, écrit Gadamer, était tout sauf un retour nostalgique inspiré par l'humanisme. C'est, au contraire, l'insuffisance de cette tradition qui l'inquiétait. Cela a trouvé son expression sémantique dans des barbarismes comme ceux d'"historicité" ou de "facticité", ou encore dans une nouvelle intelligence du terme traditionnel d'"existence", dans la foulée de Kierkegaard »[3]. Le rapport de l'herméneutique à l'humanisme est aussi diversement interprété par les deux penseurs, car l'objectif du long passage de *Vérité et méthode* consacré aux concepts fondamentaux de l'humanisme vise, à l'instar du retour général aux Grecs, une appropriation éthique de la sphère esthétique. Il a par ailleurs une fonction critique

1. GW2, p. 39, « La vérité dans les sciences humaines » (1953), PH, p. 66-67.
2. GW2, p. 43, PH, p. 71, et aussi GW2, p. 108-109, « Herméneutique classique et philosophique » (1968), PH, p. 107-108.
3. GW3, p. 396, « Le retour au commencement » (1986), CH, p. 245.

lorsque Gadamer transporte dans l'époque contemporaine, à propos de la méthode, l'opposition de l'humanisme à la scolastique qui rappelle celle de Platon aux Sophistes. La première partie de *Vérité et méthode* a pour titre : « Dégagement de la question de la vérité : l'expérience de l'art ». Ce titre indique une provenance ou une origine : la vérité *vient* de l'œuvre d'art[1]. L'humanisme sert de transition de la question méthodique à la question esthétique dans la mesure où il manifeste lui-même une démarche rétrospective, un retour à la langue grecque, à une certaine érudition, à une distribution originale des savoirs dans laquelle la rhétorique n'était pas oubliée.

Chez Herder, la formation (*Bildung*) signifie l'« élévation (*Emporbildung*) à l'humanité ». Au sens premier, il s'agit de la « manière proprement humaine de développer les dispositions et les facultés naturelles que l'on possède »[2]. Le terme a connu des enrichissements importants avec Kant et Hegel, sa portée va en réalité bien au-delà du simple développement des facultés, par exemple dans la tradition mystique selon laquelle l'homme doit déployer en lui-même un mouvement d'élévation de l'image de Dieu. La *Bildung* définit un concept spirituel d'élévation qui justifie son ascendant sur le sens biologique du développement naturel (*Form*). Les moyens et la fin s'unifient dans la formation comme la *mimesis* authentique associe nécessairement le modèle et la copie (*Vorbild* et *Nachbild*). Hegel a particulièrement insisté sur la dimension d'appropriation de la formation qui implique une rupture avec l'immédiat et le naturel. Si le point de départ de la formation est l'extériorité de soi à soi ou le fait de se rendre étranger pour devenir ce qu'on a à être, il y a nécessairement dans la formation un mouvement d'universalisation. La capacité de détachement a aussi un effet moral lorsqu'on doit prendre sur soi, différer le moment de prendre position ou parti, tenir une distance pour parvenir à l'action la plus appropriée. Le particulier ne peut donc être à lui-même sa propre mesure, c'est l'impossibilité pour lui de se juger et de se déterminer immédiatement qui rend nécessaire l'appropriation. Le soi doit se libérer de lui-même pour élever son être à une conscience supérieure (c'est pourquoi dans la logique hégélienne la destruction immédiate se distingue de la destruction qui conserve). Gadamer reconnaît dans cette disposition la trajectoire qu'emprunte l'esprit historique lorsqu'il se réconcilie avec lui-même et se

1. Gadamer souligne fréquemment que la question de la justification de l'art est aussi bien actuelle que très ancienne, ce qu'il s'est attaché à montrer dès l'essai de 1934, *Platon et les poètes* (*Plato und die Dichter*, repris dans les GW5, p. 187-211).

2. GW1, p. 16, VM, p. 26.

retrouve dans l'altérité : comme notre regard sur le passé est forcément préfiguré par cette distance et cette étrangeté, tout ce qui s'hérite, tout ce qui provient d'une autre source que le présent ou la demande la plus immédiate possède par nature un caractère formateur. Rorty relie fort justement le sens de la *Bildung* (formation de soi) et de la *wirkungsgeschichtliches Bewusstsein* (histoire de l'influence) : selon lui, cette dernière sert à « caractériser cette attitude qui consiste à être moins à l'affût de ce qui est dans le monde, ou de ce qui arrive dans l'histoire, que de ce que nous pouvons tirer de l'un et de l'autre à notre usage personnel. (...) Du point de vue éducatif, en ce qu'il s'oppose au point de vue gnoséologique ou technique, l'art de formuler les choses prime sur la possession de vérités »[1]. L'échappement hors de soi qui nous ramène d'autant mieux à nous-mêmes et à la connaissance de nous-mêmes est un des aspects de ce qu'on pourrait appeler l'élasticité du lien historique : comment savoir ce que nous sommes si nous ne pouvons mesurer notre être à d'autres êtres, à d'autres configurations de l'« être-soi » ? On ne sort de soi, dit Gadamer en s'appuyant sur une formule de Maître Eckhardt, que pour découvrir le « chez soi ». Or rendre présent et familier ce qui est lointain et étranger, c'est la tâche essentielle de la compréhension.

Comprendre, ce n'est pas tant supprimer la distance, un tel projet serait de toutes façons vain, que trouver la bonne distance. La notion de tact, que Gadamer met en valeur dans le travail de Helmholtz et plus généralement dans la philosophie morale anglaise, renvoie précisément à cette idée. La bonne distance par rapport à l'autre est celle qui permet de montrer l'intérêt qu'on lui porte sans le brusquer ou l'irriter. Il s'agit d'essayer de voir comme l'autre nous voit, ou plutôt de le voir comme nous voudrions être vus : l'étrangement de soi, c'est à la fois devenir autre et devenir l'autre. Gadamer en conclut que le sens commun est l'essence de la formation[2]. Les

1. R. Rorty, *L'Homme spéculaire*, *op. cit.*, p. 395. « Édifier, précise Rorty, (nous ou les autres) peut prendre la forme de l'activité herméneutique qui consiste à mettre en relations notre propre culture et une toute autre culture, ou une autre période historique, ou notre discipline et une autre qui semble poursuivre des objectifs incommensurables dans un langage incommensurable » (p. 396).

2. GW1, p. 23 et 32, VM, p. 34 et 43. Les références philosophiques au thème du sens commun sont évidemment nombreuses. Au premier rang de celles-ci, la *Science nouvelle* de Vico (par exemple dans la traduction française, par C. Trivulzio, Gallimard, 1993, p. 69-70) qui réhabilite des attitudes valorisées par les Anciens comme l'éloquence, qui n'est pas seulement un bien parler mais un parler vrai, ou la distinction entre *sophia* et *phronesis*, sagesse théorique et sagesse pratique (voir aussi G. Vico, *La Méthode des études de notre temps*, trad. A. Pons, Paris, Grasset, 1981, p. 229 *sq.*). Les interprètes humanistes des classiques latins avaient déjà insisté sur les inflexions morales de la notion de sens commun

Lumières ont donc eu le tort de ravaler le sens commun à une détermination simplement négative (rien de vraiment juste ne peut aller « contre » le bon sens), car sa signification éthique et sociale s'est progressivement dissipée à mesure qu'il a disparu des disciplines morales et esthétiques, elles-mêmes prises en charge par une raison théorique de plus en plus assurée d'elle-même. Le combat de l'herméneutique contre la tendance à l'exclusivité de la méthode et la surinterprétation théorique de la rationalité doit donc commencer par réviser la séparation entre science et esthétique, réhabiliter un art de la compréhension qui passait aussi par un art de l'éloquence et de la persuasion, renouer enfin avec l'intimité originaire entre l'harmonie éthique et le souci esthétique. Les sciences de l'esprit doivent construire leur propre méthode à partir de la manière dont est déterminé le rapport à l'autre (ce qui est spécialement requis en médecine et en politique). Le défi spécifique des sciences humaines est de partir d'un certain savoir de ce que nous sommes pour nous élever au-delà de cette connaissance, régénérer la pensée, lui donner de véritables impulsions, ce qui est infiniment plus fécond que l'audace ou l'arrogance de celui qui croit pouvoir inventer hors de tout enracinement une règle ou un concept inédits. C'est aussi la raison pour laquelle ces disciplines sont plus que d'autres confrontées à toutes formes de mystifications, car il en va chez elles d'une *connaissance* de nous-mêmes qui met en première ligne l'*être* que nous sommes. Personne n'est indifférent à la teneur de ce savoir, chacun a sur la question un point de vue, même vague, un point de vue qui, selon Gadamer, se reflète dans la nature spéculative (*speculum*) du langage.

comme bienveillance, bien-être avec autrui, sociabilité, à quoi Gadamer rattache le thème de l'humour chez Shaftesbury (sens de la plaisanterie, esprit d'à-propos), l'idée de « vertu sociale » (« *sympathy* », puis « *moral sense* ») qu'on retrouve chez Hume, Hutcheson et Kant. En allemand, le sens commun a perdu ses inflexions morales et politiques, excepté dans le courant piétiste : Oetinger lui-même très inspiré par Shaftesbury, relie sens commun et vie et s'appuie sur la prédication pour mettre en évidence une méthode qui, contrairement à la démonstration mathématique, vise l'individu dans sa totalité et surtout l'affectivité en tant qu'elle peut fédérer une communauté toute entière.

CHAPITRE II

LA MISE EN ÉCHEC DE LA CONSCIENCE ESTHÉTIQUE (PREMIÈRE CRITIQUE) LE CHEMIN VERS LA VÉRITÉ DE L'ŒUVRE D'ART

LES GERMES KANTIENS DE L'AUTONOMIE DE LA SPHÈRE ESTHÉTIQUE

Pour préparer la critique de la conscience esthétique, Gadamer s'intéresse à la filiation au XVIIe siècle entre le sens commun et le jugement (*Urteilskraft*, *judicium*) qui articule le cas particulier à la règle sans procéder suivant la rigueur logique de la démonstration. On trouve notamment dans l'analyse du « *judicium sensitivum* », associé au goût chez Baumgarten[1], une préformation du jugement réfléchissant. Kant représente le tournant critique de cette évolution, son esthétique est encore imprégnée par la conceptualisation humaniste mais sur un mode évanouissant, elle amorce un mouvement d'émancipation de la sphère esthétique qui sera radicalisé dans sa version idéaliste postérieure. La faculté de juger traduit en effet moins une compétence technique qu'une capacité à saisir un ensemble, ou ce qui convient selon les cas, c'est une « exigence qui doit s'imposer à tous »[2]. En réalité, la réduction du sens commun au goût a entraîné une réduction de la signification du goût lui-même. Dès sa forme la plus sensible, le goût est un mode de connaissance qui suppose une mise à distance des demandes individuelles, d'où sa tendance, comme le dit Kant, à la « discussion sans disputation », car « on ne peut rien *décider* par preuves sur le jugement lui-même, bien que l'on puisse en *discuter* à bon

1. Cf. A.G. Baumgarten, *Metaphysique*, trad. J.-Y. Pranchère, Paris, Éditions de l'Herne, 1988, § 606 *sq*.

2. GW1, p. 37, VM, p. 48.

droit»[1]. La communicabilité universelle d'un sentiment, sur laquelle s'appuie le goût et dont la condition est précisément le sens commun, est ce qui le distingue radicalement de la simple impression privée. Pour Gadamer, le goût se définit plutôt comme ce qui ne choque pas ou n'est pas répulsif, le contraire du goût est davantage l'absence de goût que le mauvais goût qui manifeste malgré tout un «souci de convenir», de s'ajuster aux autres et de ne pas s'en tenir à l'immédiat ou à ce qui est sans «art». La convenance, contrairement au jugement déterminant, n'implique aucune contrainte factuelle mais une appropriation (savoir de soi médiatisé par l'autre) et une approximation (le vraisemblable plutôt que le vrai). La règle se forme certes dans le singulier mais en ayant en vue la communauté de jugement des hommes, le goût s'adresse à une totalité et émane d'une totalité organisée téléologiquement. De la même façon, la règle morale et la règle juridique, au gré de l'application, s'amplifient et se complètent, le particulier a ici un pouvoir d'information sur le général et pas seulement de confirmation de son contenu théorique. En conséquence, et c'était le but de la problématique initiale, on ne peut nier que le particulier, dans l'art et dans la morale, nous instruise et augmente notre connaissance, et ainsi cautionner la rupture entre la science et la réalité qui résulte de la détermination kantienne du goût.

Gadamer en conclut que, de façon indirecte, la réforme kantienne de la connaissance a pesé négativement sur la fondation ultérieure des sciences de l'esprit et qu'il va falloir rétablir ces savoirs sur d'autres bases. Tel est le sens du projet de «destruction» de la conscience esthétique. Kant a en effet à la fois refusé à l'universalité subjective du goût toute prétention à la connaissance et fait une place de choix au génie au sein des concepts esthétiques: il a ainsi, à partir de l'art, rejeté le spéculatif en dehors des sciences de l'esprit tout en les invitant, indirectement toujours, à s'inspirer des ressources méthodiques des sciences de la nature pour dégager leur propre scientificité[2]. Gadamer met en cause les tendances formalistes dérivées du criticisme kantien qui obstruent la vérité à laquelle l'art nous donne pourtant accès. Le renoncement à la connaissance (spéculative et morale) ne fait qu'exprimer un éloignement plus fondamental encore vis-à-vis d'un certain type d'être ou d'une certaine donation d'être[3]. Cet éloignement

1. Kant, *Critique de la faculté de juger*, trad. A. Philonenko, Paris, Vrin, 1989, § 56, p. 163. Sur le *sensus communis*, voir les § 20, 21 et 40, p. 126 *sq.*

2. GW1, p. 47, VM, p. 58.

3. Sur la critique de la conscience esthétique, voir la seconde conférence de *L'Actualité du beau*, «La mise en question de la conscience esthétique». Au tout début de la conférence, Gadamer explique par exemple que «le fondement kantien du jugement de goût esthétique

prend quatre formes. Premièrement, l'analyse du plaisir esthétique montre son indifférence totale vis-à-vis de l'existence de l'objet, c'est un plaisir désintéressé. Deuxièmement, la distinction entre beauté libre et beauté adhérente, que Gadamer considère comme fatale à la compréhension de l'art, cherche à isoler une beauté qui ne serait liée à aucune autre fin que la beauté elle-même, elle éloigne encore le beau de la morale et de la science, sous couvert d'une recherche de beauté pure et autosuffisante. Kant en vient ainsi à rapporter la beauté au jeu entre l'entendement et l'imagination plutôt qu'à des propriétés rattachées à la chose elle-même. Troisièmement, alors qu'il aborde la notion d'idéal de beauté, Kant revient sur le point de vue précédent et remet l'accent sur la finalité. La beauté est rattachée à la forme humaine en raison justement de son rapport particulier au concept de but, c'est-à-dire de la capacité de l'homme à fixer la mesure de toute chose, y compris de sa propre condition. Quatrièmement enfin, Kant indique que l'intérêt suscité par le beau naturel est « apparenté au moral ». C'est le célèbre passage où il affirme que « prendre un *intérêt immédiat* à la beauté de la *nature* (et non point avoir seulement du goût pour en juger) est toujours le signe d'une âme qui est bonne et que, si cet intérêt est habituel, il indique tout au moins une disposition de l'esprit favorable au sentiment moral, s'il se lie volontiers à la *contemplation de la nature* »[1]. Puisque nous sommes la source de la norme et que malgré tout la nature nous fait signe en manifestant de la beauté, c'est que l'homme est lui-même la suprême finalité : « En référence à l'idée d'une destinée intelligible de l'humanité, la nature acquiert, en tant que belle nature, un *langage* qu'elle *nous* parle »[2]. Le propos de Kant s'achève sur le concept de génie, dont la fortune ultérieure confirmera la direction prise par la conscience esthétique. Le génie, c'est la capacité à communiquer le libre jeu de l'entendement et de l'imagination à travers la production des Idées esthétiques. Ce concept aurait ici essentiellement pour but d'asseoir la fonction transcendantale de la faculté de juger : Gadamer rappelle qu'elle a pour mission de « jeter un pont » entre l'entendement et la raison, les Idées esthétiques permettant de raccorder les concepts de la nature à ceux de la liberté, le spéculatif au moral. Ce rattachement donne à la téléologie le rôle d'intermédiaire, c'est donc le nature chez Kant qui se présente comme critère, ce qui est lourd de

a priori renonce, on le sait, à croire qu'on connaisse quoi que ce soit d'un objet lorsqu'on dit de lui qu'il est beau » (GW8, p. 9, « La mise en question de la conscience esthétique » (1958), AB, p. 85).

1. *Op. cit.*, § 42. « De l'intérêt intellectuel concernant le beau », p. 131.
2. GW1, p. 57, VM, p. 68.

conséquences sur la manière dont l'art peut lui-même être déterminé. En fin de compte, la façon dont le goût est associé à la morale dépend du contexte transcendantal dans lequel Kant les a appréhendés, ce qui explique que le goût ne puisse plus servir (comme ce fut le cas du sens commun dans les traditions antérieures) à replacer l'esthétique au centre de l'expérience dans laquelle Gadamer voit la médiation du vrai. La conceptualisation esthétique peut cependant jouer en sens inverse : la reprise herméneutique de la contribution spécifique de l'art à la connaissance doit montrer comment les sciences de l'esprit peuvent produire des vérités sans être prisonnières de tendances ou sentimentalistes ou positivistes.

LE RÔLE DE L'EXPÉRIENCE VÉCUE DANS L'APORIE ET LA RÉHABILITATION DE LA RHÉTORIQUE

En accentuant sa distance vis-à-vis de la morale et de la science, l'esthétique a justement eu tendance, avec Goethe, Rousseau ou Schiller, à renforcer ses aspects « irrationnels » (sentiment, intuition). Le ressenti, l'expérience intime, le « biographique » deviennent les étalons de mesure de l'esthétique et de la compréhension comme compréhension de soi ou de l'autre comme de soi. La mise en valeur de l'instinct contre la raison, réservée à la science, apparaît comme le sillon que doit désormais creuser une philosophie malmenée en sa version systématique. L'attachement positiviste aux « données » de l'*Erlebnis* représente une autre possibilité, mais c'est en fait la même cause, ici et là, qui intervient, à savoir une séparation de l'art de son milieu propre, historique et linguistique, en lequel se médiatise pourtant la vérité sur ce que nous sommes. Le concept d'*Erlebnis* est apparu au sein de la pensée post-kantienne à la suite de la montée en puissance du concept de génie au détriment du goût : ce déplacement, déjà patent dans l'idéalisme allemand, a recentré l'esthétique sur la relation entre l'art et l'esprit et relégué au second plan la beauté naturelle. L'*Erlebnis* a principalement deux significations : premièrement, le vécu immédiat non encore interprété, deuxièmement, le résultat de l'interprétation, l'enseignement ou l'expérience qu'on en tire et qui demeure. Il est le résultat d'une transformation qui confère au vécu un sens nouveau et particulier, par exemple lorsqu'on sélectionne des moments pertinents d'une biographie. Dilthey a fait de la vie la source de toute démarche compréhensive, il explique notamment dans le texte de 1905, *Le vécu et la création poétique*, que le « point de départ de la création poétique est toujours l'expérience de la vie, que ce soit l'expérience vécue par soi-même ou la compréhension des autres hommes, du présent ou du passé, et des événements auxquels ils ont concouru. Chacune des innombrables situations de la vie par lesquelles passe le poète peut être désignée dans le sens psychologique du terme par "expérience vécue" : mais seuls les moments de son existence qui lui ont révélé une caractéristique de la vie entretiennent une relation plus profonde avec son art »[1]. Toutefois, selon Gadamer, Dilthey est toujours resté préoccupé, sans pouvoir le résoudre, par le problème d'une conciliation entre théorie et empirie, qui correspondent chez lui à différents stades de la démarche compréhensive. Il y a certes du « sens » dès les manifestations les plus spontanées de la vie, mais quelles sont précisément les données sur lesquelles les sciences de l'esprit ont à se prononcer? L'*Erlebnis* amène à l'objectivité, pour l'esprit, ce que l'esprit lui-même a produit, c'est pourquoi le vécu médiatise toute compréhension. On le verra, la condition de possibilité d'une science historique est ainsi l'humain lui-même comme celui qui existe par des actes, des créations, des objectivations. Il distingue ainsi essentiellement deux niveaux de compréhension (un troisième niveau correspond à la démarche philosophique et critique de constitution des deux premiers, c'est-à-dire à une réflexion sur les conditions mêmes de l'objectivation qui forme le matériau des sciences de l'esprit): premièrement, la compréhension immédiate, préthéorique du monde; deuxièmement, l'interprétation comme compréhension réflexive des objectivations de nos expériences dans l'art, le droit ou l'histoire. Dilthey appelle en effet « compréhension le processus par lequel nous connaissons une intériorité à partir de signes donnés par l'extérieur, par les sens »: « Mais, ajoute-t-il, même l'attention la plus extrême ne peut se transformer en un processus conforme aux règles de l'art, dans lequel est atteint un degré contrôlable d'objectivité, que si la manifestation de la vie y est cristallisée et s'il nous est toujours loisible d'y revenir. *Nous nommons interprétation un tel art de comprendre les expressions de vie durablement fixées* »[2]. Cette détermination rejoint le deuxième chapitre de la cinquième *Recherche logique* de Husserl: l'expérience vécue est marquée téléologiquement, elle a un contenu, une visée, une fin, elle n'est pas indépendante d'une projection quelconque, d'une direction, elle porte en elle l'intentionnalité qui caractérise essentiellement le comportement de la conscience. C'est précisément sur ce point que se fait la distinction entre phénomènes physiques, objets des sciences de la nature, et phénomènes psychiques, objets de la psycho-

1. W. Dilthey, *Das Erlebnis und die Dichtung*, Leipzig-Berlin, B.G. Teubner, p. 197-198, *Écrits d'esthétique* (Œuvres 7), trad. D. Cohn et E. Lafon, Paris, Le Cerf, 1995, p. 240-241.

2. W. Dilthey, « Naissance de l'herméneutique » (1900), *Écrits d'esthétique*, *op. cit.*, p. 292 et 293.

logie : « il est hors de doute, précise Husserl, que quand nous décomposons ces <vécus> complexes, nous en arrivons toujours à des caractères intentionnels primitifs qui ne peuvent se réduire, quant à leur essence descriptive, à des vécus psychiques d'une autre sorte; et il est à nouveau hors de doute que l'unité du genre descriptif "intention" ("caractère d'acte") présente des diversité spécifiques fondées dans l'essence pure de ce genre et précède ainsi à la manière d'un *a priori* la facticité psychologique empirique »[1]. L'*Erlebnis* est donc le milieu de manifestation et de rétention de la vie : un vécu n'est pas un fait instantané car il possède une durée, il ne se produit que de continuer à exister, à valoir pour la conscience et de s'y trouver travaillé, formé, assimilé[2]. Chez Natorp ou chez Bergson, le concept de vie – qui intègre des rapports constants et universels, réciproques disait Natorp – est brandi contre l'aspiration de la psychologie à la spécialisation et à l'objectivation, le tout et la partie y sont reliés de façon organique et non abstraite ou logique. Le vécu n'est pas un simple fragment découpé de la totalité que forme la vie, car leur relation est plutôt d'ordre expressif, il est une objectivation de la vie et comme le dit G. Simmel, il en est un « moment », il la marque de l'intérieur, créant une interruption qui n'a pas valeur de rupture car c'est une différenciation qui en préserve la continuité. Cette possibilité d'arrachement qui s'inscrit dans un devenir correspond à une expérience fort voisine de l'expérience esthétique, car il appartient au plus haut point à la vocation de l'art de valoir comme « vécu esthétique » et de prendre part à une « aventure » chez celui qui reçoit l'œuvre. Gadamer entend insister sur le risque d'une restriction du vécu, qui découle au départ de sa spécification gnoséologique, à des moments significatifs qui ne seraient pas envisagés de façon suffisamment ample, c'est-à-dire dans leur rapport à une continuité d'existence. Il s'agit de voir plus dans le vécu esthétique que le « plus » que représente le phénomène psychique par rapport au phénomène physique, de *distinguer* en maintenant l'*amplitude* de ce qui est à comprendre, et c'est ce que l'œuvre d'art montre de façon paradigmatique. Ainsi, l'exception de l'objet des sciences de l'esprit ne tient pas seulement à sa nature prise isolément mais à la manière dont existe en lui le lien. Un « vécu esthétique, écrit Gadamer,

1. Husserl, *Recherches logiques* V, trad. H. Élie *et al*, Paris, P.U.F., 1972, p. 169-170. Voir aussi l'appendice publié à la fin de la VIe Recherche, Paris, P.U.F., 1974, p. 274-275.

2. Gadamer relie la psychologie rationaliste au projet d'une psychologie critique chez Natorp, que celui-ci développe notamment en 1888 dans l'*Introduction à la psychologie selon la méthode critique*. Voir également la préface de Gadamer au livre de Natorp, *Philosophische Systematik*, Philosophische Bibliothek, Felix Meiner Verlag, 1958, intitulée « La signification de la philosophie selon Paul Natorp ».

inclut toujours l'expérience d'une totalité infinie. Et c'est précisément parce qu'il ne se joint pas à d'autres pour former l'unité d'une expérience qui progresse indéfiniment mais représente au contraire immédiatement le tout, que sa signification est infinie »[1]. De cette façon, la notion d'*Erlebnis* met (seulement) sur la voie d'un mouvement d'amplification que l'analyse ontologique de l'œuvre d'art va accuser.

La tentative de Dilthey ne correspond en effet pas bien à ce que Gadamer entend mettre en lumière dans l'expérience esthétique, car au lieu de faire ressortir la dimension morale et cognitive de l'art, et par là l'objectivité qui lui correspond, Dilthey creuse le fossé entre les deux aspects qu'il cherche à concilier, la description du vécu esthétique finit ainsi par le faire tomber dans l'irrationalité. C'est là l'ambiguïté du concept d'expression, pourtant supposé résumer ce qui appartient en propre à l'esthétique et l'arracher à la sphère cognitive : pour Gadamer, cette spécification se retourne contre l'art et il faudra « corriger » le tournant, paradoxalement, à la fois formaliste et subjectiviste pris par les esthétiques romantiques pour retrouver dans l'art une dimension spéculative. Par ailleurs, le primat du génie a un corrélat herméneutique dans la mesure où « considérer une œuvre d'art exige à son tour une capacité géniale, la capacité congéniale de jouir de cette œuvre en la recréant »[2]. En d'autres termes, le concept de vécu esthétique doit finalement être délaissé si l'on veut atteindre la position spécifique de l'art comme représentation qui réunit, en l'art et par lui, réalité et vérité, et le libère de la catégorisation du soi qui conduit à en raboter l'historicité.

C'est dans ce cadre qu'intervient dans *Vérité et méthode* la réhabilitation de la rhétorique. On sait que pour Gadamer la rhétorique est une des sources essentielles de l'herméneutique. C'est en elle que s'est affirmée la règle de l'appréhension du tout depuis la partie et de la partie depuis le tout, c'est-à-dire la circularité de la production du sens : « L'accord de toutes les particularités avec le tout est à chaque fois le critère de la justesse de la compréhension. L'absence d'un tel accord signifie l'échec de la compréhension »[3]. En même temps, la rhétorique se

1. GW1, p. 76, VM, p. 87.

2. GW8, p. 12, « La mise en question de la conscience esthétique » (1958), *L'Actualité du beau* (désormais cité AB), trad. E. Poulain, Aix-en-Provence, Alinea, 1992, p. 88.

3. GW2, p. 57, « Du cercle de la compréhension » (1959), PH, p. 73. Gadamer élargit la compréhension de la rhétorique en affirmant qu'elle est « la forme universelle de communication humaine; aussi détermine-t-elle aujourd'hui encore notre vie sociale bien plus profondément que ne le fait la science » (AS, p. 22, AB, p. 37).

démarque, dans sa configuration grecque, par son fondement anthropologique, car l'art du discours doit s'appuyer sur une connaissance « des âmes sur lesquelles il doit agir »[1]. L'allégorie et l'art oratoire vont pouvoir être utilisés contre l'art du vécu justement parce qu'ils ont eux-mêmes été rejetés au nom de leur relation avec un dehors et donc de leur distance vis-à-vis du seul souci esthétique. La démonstration de Gadamer emprunte ici la voie de l'histoire comparée des concepts d'allégorie (initialement rattachée à la rhétorique) et de symbole. En effet, l'allégorie et le symbole ont clairement en commun au départ d'avoir leur sens au-delà de ce qui est immédiatement manifeste, le sensible renvoie à un suprasensible caché qui est la raison d'être de l'objet. Toutefois, l'allégorie concerne davantage le discours, le *logos*, elle rend plus compréhensible et tangible une réalité qui la déborde et nécessite un appui sensible qui exprime des propriétés analogues, tandis que le symbole rend immédiatement présent le sens qu'il vise, il ne relie pas deux significations mais livre la signification *à même* la représentation sensible. Cette fonction de soutien de la compréhension explique son emploi rémanent dans le contexte religieux. Gadamer explique que la subjectivation de l'esthétique a entraîné un privilège du symbolique, dans lequel les associations figure/sens sont indéterminées, ouvertes, au détriment de l'allégorie qui repose sur des connexions plus précises et conventionnelles. C'est l'indétermination de la signification du symbole qui justifie son statut central dans l'art et la philosophie de l'art, spécialement dans les esthétiques post-kantiennes (la religion de l'art ou la pensée mythologique de Schelling). L'allégorie a fait les frais de cette évolution, étant associée à un type de rationalisation et à une tendance dogmatique dont l'esthétique cherchait à se libérer. Le rôle prépondérant de l'*Erlebnis* esthétique, de la génialité créatrice, particulièrement chez Goethe, a corroboré cette disqualification de l'allégorie au profit du symbole : le vécu devient le critère qui produit un nouvel « ordre axiologique ». On retrouve ici le principe de la résistance, qui fait de la persistance de la tradition l'aiguillon de la compréhension : parce que l'allégorie a connu une survivance historique, malgré son discrédit dans la philosophie de l'art au cours du XIXe siècle, elle peut servir d'appui pour sortir l'art de l'enclave dans laquelle s'est réfugiée la conscience esthétique[2].

1. KS1, p. 115, « Rhétorique, herméneutique et critique de l'idéologie » (1971), p. 87.
2. AS, p. 42 et 49, AB, p. 57 et 63.

Les arguments critiques de Gadamer contre la conscience esthétique convergent finalement tous vers l'idée d'abstraction, abstraction à laquelle aboutit naturellement le mouvement de pensée kantien[1] : le dogmatisme change de camp et c'est l'autorité sur laquelle s'appuie l'esthétique, en ce qu'elle entre en conflit avec l'expérience, qui est désormais sujette à caution. Interpréter suppose de rendre l'écho de la médiation entre l'œuvre et le monde, mais en déliant ces deux pôles la conscience esthétique tombe dans la vacuité. L'insertion de l'art dans la vie est une réalité avant d'être un objet d'analyse ou de contestation, le théorique ne peut pas s'imposer au pratique car il n'est probant (et vrai) que s'il en résulte. En effet, « les grandes époques de l'histoire de l'art ont été celles où, en l'absence de toute conscience esthétique et de notre concept d'art, on s'entourait de réalisations (*Gestaltungen*) dont la fonction dans la vie, religieuse ou profane, était compréhensible de tous et ne se réduisait pour personne à un objet de plaisir esthétique. Peut-on leur appliquer comme tel le concept de vécu esthétique sans mutiler leur être véritable[2] ? » Le recours à la manière grecque de penser l'art et le beau apparaît alors décisif et pleinement justifié. La vérité de l'art doit s'appuyer sur une conscience de la fusion de l'être et du connaître, seule une théorie de l'art fondée sur des coupures arbitraires, formelles et abstraites peut envisager quelque chose comme un plaisir purement esthétique[3]. L'expérience est le critère de la compréhension mais c'est une expérience qui révèle une totalité et un sens continué de la totalité dans l'histoire – à laquelle du reste l'art contemporain lui-même participe. En d'autres mots, il faut repartir de l'être de l'art, d'une existence qui comme telle est déjà un comprendre et un se-comprendre. Si

1. GW1, p. 87, VM, p. 98. Voir aussi GW8, p. 11, « La mise en question de la conscience esthétique » (1958), AB, p. 87.

2. GW1, p. 87, VM, p. 99. C'est dans cet esprit et en un sens éminemment herméneutique que Gadamer relit le thème, qu'on sait fautif aujourd'hui, de la « fin de l'art » chez Hegel : « Lorsque Hegel parlait de l'art comme de quelque chose du passé, il voulait dire, bien plutôt, que l'art ne va plus de soi et ne se comprend plus de lui-même à la manière dont il allait de soi et se comprenait de lui-même dans le monde grec et dans sa représentation du divin » (AS, p. 7, AB, p. 23).

3. Gadamer explique par exemple qu'« Aristote ne met pas dans la décision morale l'accent sur l'absoluité sublime exigée par Platon et Kant. Sans doute sait-il que l'action morale ne poursuit pas simplement avec conséquences des fins arbitrairement choisies, qu'elle est choisie pour elle-même parce qu'elle est "belle" ; mais elle reste toujours intérieure à la totalité d'un être qui la limite, qui la conditionne de multiples manières et qu'il importe de voir et de maîtriser » (KS1, p. 189, « Sur la possibilité d'une éthique philosophique » (1961), HP, p. 123).

le dialectique se reprend dans l'herméneutique, l'herméneutique se reprend elle-même d'abord dans l'ontologie de l'art.

ONTOLOGIE ET OBJECTIVATION DE L'ART

Un des plus célèbres et influents lecteurs de Gadamer, Richard Rorty, conteste la notion de vérité en mettant en cause le lien entre langage et vérité : en effet, selon sa propre lecture de l'idée que toute réalité est langagière, la question herméneutique ne peut plus se poser en termes d'adéquation entre des données transcendantes au langage et le langage lui-même. Rorty discute, sous le thème d'une philosophie de nature spéculaire, l'idée que connaître impliquerait de rejoindre une réalité extérieure au langage, de refléter la nature dans ce qu'elle n'est pas. Sur le chemin de cette contestation, il rejoint les soupçons de l'herméneutique gadamérienne vis-à-vis d'une emprise de la recherche positiviste ou empirique d'objectivité sur l'investigation philosophique; le point de vue herméneutique comme édification culturelle est donc celui qui permettrait au mieux de dépasser les formes de pensée héritées du criticisme kantien. Or Gadamer n'abolit pas dans sa pensée herméneutique l'idée d'un lien entre être et vérité ou entre réalité et interprétation : sans ce lien en effet, on risquerait de perdre le critère même de la compréhension qui repose sur le souci du contenu et de l'universel. On risquerait également de glisser vers un relativisme et un repli sur l'individualité fort éloignés de la solidarité et de l'harmonie qu'incarne le poétique comme épaississement même du surcroît d'être. L'être se comprend certes dans le langage mais il n'est pas le langage. Seulement, pour voir dans le langage une donation de contenu et le milieu d'une médiation infinie, encore faut-il distinguer des usages différenciés du langage, c'est-à-dire repérer la capacité de débordement propre à la linguisticité par laquelle elle est « plus » qu'un dire technique, référé à un dehors ou à une visée informative. Le débordement n'est donc intelligible que si l'on admet aussi que le langage peut être l'objet d'un usage et appréhendé simplement comme signe. On a affaire à des possibilités « ontologiques », issues de manières d'être du langage, qui ne sont pas équivalentes. Gadamer n'est pas nihiliste : son herméneutique repose sur une transcendance dans le langage qui signale un sens de l'hétérogénéité. L'interprétation n'est pas seulement discours *et* réalité mais une manière pour le discours et la réalité de se dépasser ou de dépasser leur propre finitude. Il appartient au dialogue de désigner le mode fini du dépassement du fini.

Gadamer ne se contente pas de préserver l'idée d'ontologie, il en fait le fil conducteur de l'enquête herméneutique dans la mesure où le langage, spécialement comme œuvre de l'art, fait « être » quelque chose et non simplement renvoyer à des objets. Le réel se comporte comme un langage, il est capable de se dépasser dans le temps et dans l'expérience, il tend au « surcroît » d'être, à une forme de conservation et de reprise de lui-même. L'expérience herméneutique est donc celle d'un être qui *se fait* être et reconnaître, le débordement s'entend comme devenir du sens. Dans une conférence de 1961 intitulée « Sur la possibilité d'une éthique philosophique », Gadamer écrit qu'« Aristote a énoncé ce qu'au fond contenait déjà la doctrine socratique et platonicienne relative au savoir de la vertu : nous ne voulons pas simplement savoir ce qu'est la vertu, mais nous voulons le savoir pour devenir bons »[1]. Le débordement n'est pas seulement solidaire de la *phronesis* mais de l'*anamnesis* et de la *mimesis* qui sont des formes de renforcement de l'être par-delà sa dimension simplement factuelle. Cette force langagière de dépassement a notamment été aperçue par Platon dans la VIIe lettre. Gadamer note que « (...) lorsque nous pensons et que nous parlons l'un avec l'autre, nous regardons aussi à travers tout ce qui est dit pour "contempler" quelque chose qui ne se trouve pas dans les mots, ni même dans les modèles ou les illustrations des soi-disant "*facts*" »[2]. « Regarder à travers » est une formule plus précise et plus juste que celle d'un « par-delà », dont l'orientation pourrait sembler trop métaphysique. Elle a également le mérite de rappeler le thème de la spéculation qui correspond exactement au souci de la totalité qui caractérise la médiation de l'interprétation et du monde : la réalité elle-même est de nature interprétative car on ne la voit « en personne », « réellement », que si on regarde à travers elle comme à travers un miroir. Le miroir lui-même ne fait voir quelque chose que si ce n'est pas lui que nous regardons mais ce à quoi il conduit notre regard. Le miroir est médiation, et c'est de cette manière que le langage est spéculatif.

Puisque la problématique ontologique se présente au sein de *Vérité et méthode* sur le fond d'une contestation radicale de la quête d'autonomie de l'esthétique, comment, après Kant, ce projet a-t-il évolué ? Gadamer considère que le projet de Schiller, qui visait d'abord à régler la béance du dualisme kantien entre pôle sensible et pôle suprasensible (ou moral), échoue à son tour car il ne produit qu'une liberté elle-même découplée de la

1. KS1, p. 179, « Sur la possibilité d'une éthique philosophique » (1961), HP, p. 109.
2. GW3, p. 410, « Le retour au commencement » (1986), CH, p. 261-262.

réalité dans un « État esthétique ». C'est précisément cette césure avec le réel en vue d'un pur « esthétique » que Gadamer critique à travers le thème de la « distinction esthétique ». Sous l'influence de la vision nominaliste du réel encore sensible au XIXe siècle, le statut de l'objet artistique et l'idée d'une vérité de l'art restent totalement embués. La conscience esthétique en vient à faire comme si la création pouvait n'être que création sans devoir quoi que ce soit à des besoins concrets, des circonstances, des obligations, des commandes, des tâches exercées dans l'urgence[1]. La césure de l'art avec la réalité et la science n'en est que plus patente. La réflexion sur l'art n'a pas à conceptualiser et à justifier sa propre fuite de l'objectivité, à laquelle elle est supposée ne pouvoir se mesurer qu'à ses dépens[2]. Il n'y a pas de perception pure ou isolable; l'expérience perceptive d'un son ou d'une image manifeste au contraire la constance du souci de la reconnaissance, de la saisie d'un contenu. En réalité, toutes les analyses inspirées par ce mouvement de subjectivation (la nouvelle mythologie, l'idéal formel, la perception pure, le génie, le vécu esthétique) aboutissent à la même aporie : l'impossibilité de s'accorder avec l'expérience que nous faisons de l'art.

À ce mouvement de subjectivation qui est aussi un mouvement de « déréalisation », Gadamer oppose une ontologie de l'art dans laquelle l'idée de débordement d'être, de quelque chose qui « ressort », va devenir centrale. Afin de déterminer le type de connaissance auquel l'art nous conduit, il faut cependant préalablement expliquer comment l'expérience esthétique, en sa discontinuité (comme être « séparé »), peut s'harmoniser avec la continuité requise pour la compréhension de notre être. Gadamer dit que nous surmontons cette discontinuité en l'intégrant à la continuité de notre propre existence, la compréhension de soi suppose cet échappement à soi – déjà rencontré à propos de la formation – qui met en jeu l'unité et la totalité des « paramètres » de la compréhension, des participants du « jeu ».

1. Le refus de toute sujétion à des fins extra-esthétiques s'est traduit notamment par le mythe de la vie de bohème, de l'artiste qui n'est qu'artiste, quel qu'en soit le prix. Or ne vivre que pour l'art c'est en réalité passer à côté de l'art, Voir AS, p. 8, AB, p. 24.

2. La pensée de Hamann représente une des versions radicales de cette subjectivation de l'art oublieuse de l'art lui-même, spécialement lorsqu'il développe, pour l'appliquer à l'esthétique, le concept de « richesse propre de sens », lequel, issu d'abord de la perception, met hors-jeu l'intervention du concept, c'est-à-dire l'un des pôles essentiels de la connaissance selon Kant. Voir GW1, p. 95, VM, p. 107. Gadamer précise que la « pure vision, la pure audition sont des abstractions sans fondement qui infligent aux phénomènes une réduction. La perception saisit toujours du sens. C'est donc donner dans un formalisme absurde, qui de plus ne peut pas se réclamer de Kant, que de chercher l'unité d'une réalisation (*Gebilde*) esthétique non pas dans son contenu mais, à l'opposé, dans sa forme » (GW1, p. 97, VM, p. 109).

Il faut pour cela dépasser une certaine conception de la temporalité comme simultanéité et montrer que la temporalité de l'expérience esthétique est associée à l'historicité de notre être, ce dont les concepts de génie et de vécu esthétique, pris dans l'immédiateté et la ponctualité de la réception, ne peuvent rendre compte. La réflexion sur la temporalité propre de l'œuvre d'art présuppose ainsi déjà la fusion des horizons dont il sera plus particulièrement question dans les développements ultérieurs de *Vérité et méthode*. Dans un texte plus tardif (1977), Gadamer explique que « la tâche qui consiste à réunir notre aujourd'hui et les choses pétrifiées que nous a léguées le passé constitue une bonne illustration de ce qu'est toujours la tradition. Elle n'est pas un entretien des monuments visant à les conserver et à les garder, mais elle opère une interaction permanente entre notre présent, ses buts et les divers passés que nous sommes également »[1]. La dé-subjectivation de l'esthétique met ainsi en scène Hegel contre Kant (et, on le verra par la suite, contre Schleiermacher) : « Nous pouvons pour cela nous réclamer des admirables conférences que Hegel a consacrées à l'esthétique. Ici s'impose magnifiquement le contenu de vérité intérieur à toute expérience de l'art et aussi réconcilié avec la conscience historique. L'esthétique devient ainsi une histoire des conceptions du monde, c'est-à-dire une histoire de la vérité, telle que l'on peut la voir dans le miroir de l'art. Place est ainsi faite fondamentalement au problème que nous avions formulé, celui de justifier qu'il y ait connaissance de la vérité jusque dans l'expérience de l'art »[2]. Par ailleurs, renvoyant cette fois à l'héritage phénoménologique, Gadamer signale que « *toute rencontre du langage de l'art est celle d'un « advenir » (Geschehen) sans fin et où elle fait elle-même partie de l'"advenir"*. C'est ce qu'il faut montrer et opposer à la conscience esthétique, comme à sa neutralisation de la question de la vérité »[3]. Il s'agit à présent de cerner de plus près l'art comme expérience, expérience de la réalité et en cela expérience véritable, car cette expérience « n'est pas sans changer celui qui la fait et nous nous interrogeons sur le mode d'être de ce que l'on apprend ainsi »[4].

1. AS, p. 65, AB, p. 79.
2. GW1, p. 103, VM, p. 115-116.
3. GW1, p. 105, VM, p. 117.
4. GW1, p. 106, VM, p. 118.

CHAPITRE III

TEMPS ET ÊTRE : ÉLABORATION ESTHÉTIQUE DU DÉBORDEMENT D'ÊTRE

LE FAIRE DE L'ŒUVRE D'ART : JEU, FÊTE, TRAGÉDIE

Le jeu représente la solution des difficultés rencontrées dans l'analyse de la conscience esthétique : il est le « fil conducteur de l'explication ontologique ». Il n'est plus seulement question de dépasser la sphère esthétique (première section) mais d'aborder l'« ontologie de l'œuvre d'art et sa signification herméneutique » (deuxième section). La manière qu'ont les concepts de s'établir, philosophiquement, ressortit nécessairement à une expérience totale à laquelle ils ont en retour à se mesurer. Le jeu n'est donc pas une posture subjective de l'artiste et du spectateur, ou la mise en scène d'un sujet face à un objet – ces deux termes, et leurs dérivés, ne sont plus appropriés à l'expérience qui nous intéresse – mais il concerne l'œuvre d'art elle-même et sa manière d'être.

Il y a tout d'abord un sérieux propre du jeu, une solennité, un respect des règles sans lesquels, comme on le dit ordinairement, « ce n'est plus du jeu ». L'amusement vient d'un sérieux qui s'oublie lui-même, mais le sérieux fait partie du jeu. Nous ne sommes pas devant le jeu comme devant un objet quelconque car il est quelque chose à quoi nous pouvons prendre part[1]. Si le

1. La participation nécessaire du spectateur au jeu est pour Gadamer un aspect décisif de la continuité qu'il voit entre l'art traditionnel et l'art contemporain : « J'aimerais donc formuler le principe suivant : que je m'occupe de personnages figurant dans des créations artistiques traditionnelles, ou que je me trouve confronté à l'exigence de la création moderne, il me faut toujours dans les deux cas accomplir un exercice de réflexion, réaliser une tâche intellectuelle. Le travail de construction à accomplir par le jeu de réflexion est une exigence qui fait partie de l'œuvre comme telle » (AS, p. 36, AB, p. 51).

joueur se délasse, c'est parce qu'il s'oublie dans un jeu qui prend l'initiative, le jeu se définit par le va-et-vient, la répétition, il n'a pas de but prédéterminé qui en fixerait la fin évidente. Ainsi, l'« objet de l'astreinte n'a donc aucune importance par lui-même : c'est l'acticité ludique elle-même qui est la raison d'être du jeu. (...) Le même infléchissement en direction de la neutralité, la même tendancielle indifférence quant à la chose, caractérise le délassement contemplatif »[1]. Du simple fait que le jeu possède une vie à lui, le joueur se repose en se reposant sur le jeu et son dynamisme particulier. Gadamer signale également l'ouverture qui accompagne le jeu, que ce soit l'ouverture à l'autre, toujours présupposée même quand on joue seul, ou l'ouverture à des possibilités, car jouer implique de se laisser surprendre et d'accepter une part d'indétermination. En même temps, les possibilités avec lesquelles ou sur lesquelles on joue ne sont pas rien, quand on joue, on joue *vraiment*, comme dans un pari, il y a un risque qui est pris au sérieux. En réalité, le risque consiste à s'abandonner à un autre, à des aléas, à des événements imprévisibles parce que le joueur « est joué » par le jeu qui, en ce sens, le dépasse. Cela ne veut pas dire que le joueur n'intervient pas, mais il joue « pour jouer », il respecte des règles sans chercher à réaliser une fin bien précise par rapport à laquelle son action aura réussi ou échoué. Le paradoxe du jeu est d'impliquer une représentation de soi qui en même temps, contrairement à ce qu'on pourrait attendre, n'implique pas la présence de spectateurs. Gadamer donne l'exemple très éclairant du sport : même lorsqu'un sport est pratiqué en compétition officielle, le jeu n'est pas là prioritairement *pour* les spectateurs, si « spectacle » il y a, c'est indirectement et à l'occasion d'un sérieux centré sur le jeu. Le sportif qui prendrait en compte le spectacle comme but de son activité biaiserait le jeu et son principe. Au théâtre, la représentation est certes davantage encore rattachée à la présence des spectateurs, mais le jeu se donne malgré tout comme dévoilement d'une vie qui n'est pas censée s'adresser à eux. Car la nécessité de « s'adresser à » en général est en fait déjà intégrée dans le jeu, on essaie toujours de faire bonne figure, de faire comme si ça comptait : par exemple, quand on répète seul une pièce ou un morceau de musique, on fait tout de même de son mieux comme s'il y avait un autre.

Lorsque le jeu devient art, Gadamer l'appelle « figure » ou « transmutation en œuvre » (*Verwandlung ins Gebilde*), il acquiert « le caractère de l'œuvre, de l'*ergon*, et pas seulement celui de l'*energeia* »[2]. La

1. *L'Éthique dialectique de Platon*, *op. cit.*, p. 67. Voir aussi GW1, p. 110-111, VM, p. 123 et AS, p. 29-30, AB, p. 44.
2. GW1, p. 116, VM, p. 128.

transfiguration n'est pas la simple modification d'une chose qui fondamentalement reste la même, elle entraîne l'advenue d'une toute autre chose. Le vrai est ce qui ressort de cette transmutation. Gadamer parle d'autonomie absolue, c'est-à-dire d'un ascendant de l'art par rapport à nous, d'une capacité à nous dominer, et en même temps c'est un absolu qui ne nous laisse pas en arrière. Le jeu « ne se mesure plus à l'aune de rien qui lui soit extérieur »[1], c'est pourquoi il fait authentiquement apparaître ce qui est. Il est « accomplissement pur » (*Energeia*), mouvement qui possède en lui sa propre fin et soulève ainsi l'être au-dessus de lui-même en révélant sa nature essentiellement éthique. C'est par exemple le cas dans la transfiguration du laid ou du disgracieux en plaisir esthétique, comme l'avaient déjà remarqué Aristote et Kant.

Toute œuvre se présente comme une question qui sollicite une réponse chez le spectateur, elle médiatise totalement la vie de l'auteur et du spectateur : l'idée de totalité de sens est inséparable de l'idée de médiation totale qui rend possible les rencontres esthétiques qui nous forment et nous transforment. Or « Médiation totale signifie que l'élément médiatisant se supprime lui-même »[2]. Il s'agit moins de convoquer indirectement la signification dialectique de la médiation hégélienne (et donc ce qu'il en est de la suppression en contexte spéculatif) que de pointer l'unité que forme l'œuvre à travers et par-delà la démultiplication de ses formes, de ses versions, de ses réceptions. Il appartient à la notion de *contemporanéité*[3] de traduire cette unité et sa capacité indéfinie de lecture et de représentation. La capacité de l'œuvre à redevenir présente n'est pas un fait ordinaire : la contemporanéité, c'est l'extériorité de l'œuvre en tant qu'elle est en même temps totalement présente à nous. Penser la temporalité de l'art, ce n'est pas le soustraire au temps ou l'inscrire dans un temps parallèle à un autre ou distinct d'un autre, mais montrer *l'insertion de cette temporalité dans l'être même de l'œuvre*. Pour cela, Gadamer s'appuie sur un motif esthétique, l'imitation ou *mimesis*, et une concrétisation exemplaire de la répétition, la

1. GW1, p. 117, VM, p. 130.

2. GW1, p. 125, VM, p. 138. Le jeu constitue une articulation essentielle entre la signification ontologique et la signification herméneutique de l'art, car « l'identité de l'œuvre réside justement en ce que quelque chose y est "à comprendre", elle réside en ce que ce qui y est à comprendre veut être compris comme ce qu'elle "veut dire" ou comme ce qu'elle "dit". C'est une exigence qui émane de l'"œuvre" et s'attend à être satisfaite. Elle exige une réponse que seul peut donner celui qui a reconnu et accepté cette exigence » (AS, p. 34, AB, p. 48).

3. GW1, p. 132, VM, p. 145. Gadamer précise que la source du concept de contemporanéité se trouve chez Kierkeggard (*Miettes philosophiques*, *Œuvres complètes* 7, trad. P.-H. Tisseau et E.-M. Jacquet-Tisseau, Paris, Éditions de l'Orante, 1973, chapitre 4, p. 55-56 et p. 62-66).

fête. Dans les deux cas, la représentation est une répétition du même. Une fête, n'importe quelle fête, est à la fois la *reprise* d'une fête (la fête première, qui a fonction de modèle) et toujours une *autre* fête : c'est pourquoi le « caractère originellement sacré de toutes les fêtes exclut manifestement les distinctions que nous connaissons dans l'expérience du temps, en présent, souvenir et attente. L'expérience temporelle de la fête est au contraire *célébration*, présent *sui generis* »[1]. La fête ne demeure elle-même que d'être toujours autre, il est donc conforme à l'essence de l'œuvre de requérir sa représentation et sa production à différents moments, dans différents contextes, elle est ce à quoi l'on revient et qui elle-même revient et répond à un autre appel[2]. Dans *L'Actualité du beau*, Gadamer insiste sur ces deux aspects : la force de rassemblement de la fête – « la fête n'est rien hormis pour celui qui y participe »[3] – et le fait qu'on se rassemble aussi sans trop savoir toujours dans quel but exactement. On fait là l'expérience d'un temps qui n'a pas à être rempli, contrairement à ces formes spécifiques et apparemment antagonistes de temps vides que sont l'ennui ou l'affairement, car « c'est le temps qui est devenu lui-même festivité dès lors que le temps de la fête est arrivé »[4]. Quel que soit le type d'œuvre (qu'il s'agisse des arts dits transitoires ou non), l'implication du spectateur comme partenaire du jeu trouve un appui dans la dimension temporelle de la réception et la manière dont l'œuvre occupe ce temps : la sculpture et l'architecture par exemple se donnent à nous dans un certain temps, elles nous demandent de les « parcourir », « elles ont toutes, elles aussi, leur rythme »[5]. Et ce temps que nous prenons est autant amplification d'une condition de compréhension de l'œuvre qu'amplification de notre être. L'art ouvre un accès essentiel à la compréhension de nous-mêmes parce qu'il prend sur lui le mouvement d'arrachement à la finitude que nous sommes et que nous cherchons à communiquer par divers biais, « peut-être est-ce cela qui correspond, au sein de la finitude qui nous est impartie, à ce qu'on appelle l'éternité »[6]. Cet étirement du temps est le caractère distinctif du jeu proprement humain : être sensible à ce qui demeure, c'est ce qui se passe dans toute expérience artistique et c'est aussi ce qui définit la

1. GW1, p. 128, VM, p. 140.

2. « L'étant, écrit Gadamer, qui n'est que dans la mesure où il ne cesse de devenir un autre est temporel en un sens plus radical que tout ce qui appartient à l'histoire. Il n'a son être que dans le devenir et le retour » (VM, p. 141, GW1, p. 128).

3. AS, p. 66, AB, p. 80.

4. AS, p. 56, AB, p. 70.

5. AS, p. 60, AB, p. 74.

6. AS, p. 60, AB, p. 74.

reconnaissance, c'est-à-dire la perception de « ce qui, dans le fugace, demeure »[1].

Gadamer met en évidence ce phénomène de captation du spectateur dans le sens initial de la *theoria* comme *pathos* ; assister à un spectacle, c'est faire l'expérience d'être totalement à autre chose que soi, s'oublier soi-même. L'oubli de soi constitue ainsi le deuxième paramètre décisif de la médiation comme neutralisation[2]. La présence dépasse le simple fait d'être donné ou re-donné, elle implique un faire, une réaction, une contribution du spectateur, autrement dit, une réception véritable de l'œuvre, dans son être ou dans sa vérité. La simultanéité justement n'implique pas un tel poids, un tel sérieux, ni une telle éminence de l'appel ; au fond, l'autonomie qu'elle favorise la conduit à manquer la mise en œuvre concrète de l'existence au sein de l'expérience esthétique et la transformation qui s'y joue. Gadamer peut alors revenir sur la difficulté initialement aperçue d'une continuité par-delà la discontinuité de la séquence esthétique ou langagière : car la possibilité de l'oubli de soi est soutenue par la continuité fondamentale de l'existence qui puise dans cette rupture une occasion de se ressaisir soi-même plus authentiquement. La « continuité de sens » est d'autant plus appelée par l'expérience esthétique que le spectateur reconnaît en elle des questions qu'il se pose, des situations qui le concernent. Le présent absolu dont parle Gadamer repose donc sur le total retrait et la totale présence à soi du spectateur : puisque tous les aspects de son existence sont en jeu, puisque tous ces aspects constituent son être, « ils en sont tous *contemporains* »[3]. La « déconcentration » est en réalité un oubli très incomplet de soi, c'est une mauvaise continuité avec ce qui précède et ce qui suit qui fait que l'on continue d'être parasité par le soi sans pouvoir « subir » le spectacle et lui laisser la parole.

C'est pour toutes ces raisons que la tragédie a chez Gadamer un statut exemplaire. Comme le disait Aristote, on ne peut définir la tragédie sans faire intervenir la position du spectateur. Sans cette participation, l'expérience artistique n'a tout simplement pas lieu, et l'on risque de tomber dans les deux écueils dont parle Gadamer dans *L'Actualité du beau.* D'une part le kitsch, qui consiste à recevoir quelque chose par avance, sans « jouer le

1. AS, p. 62, AB, p. 76, et aussi KS2, p. 172-173, « De la festivité théâtrale » (1954), AB, p. 140-141.

2. GW1, p. 131, VM, p. 143-144. Gadamer annonce la fonction médiatrice du langage en illustrant l'idée de médiation totale par la prédication, la parole qui se transmet aux fidèles, les sort d'eux-mêmes tout en les amenant à une meilleure compréhension de ce qu'ils sont ou de là où ils sont.

3. GW1, p. 126, VM, p. 139.

jeu », on « sent qu'on veut produire quelque chose sur nous. (...) C'est précisément ce vouloir qui détruit l'art. Car quelque chose n'est de l'art que lorsque cela requiert de nous qu'on participe à la construction de sa configuration en en apprenant le vocabulaire, les formes et les contenus de façon à ce que la communication ait réellement lieu »[1]. D'autre part le « snobisme esthétique » qui conduit quelqu'un à aller voir un spectacle uniquement parce que c'est untel qui joue ou qui chante, l'art s'efface devant une réputation, un commentaire extérieur, des indications secondaires. La transfiguration est au contraire ce qui installe l'œuvre dans un présent qui dure et qui est indistinctement le sien et le nôtre[2]. La caractérisation de l'art par le jeu, la fête et la représentation conduit ainsi tout naturellement au concept de fusion des horizons : l'art et spécialement le théâtre, a la force de porter le passé dans le présent, d'épaissir le présent, d'épaissir l'existence elle-même. L'art fait « exister » notre existence, en la partageant, en la mettant littéralement en *jeu*, en scène, en questions et en réponses.

CONSÉQUENCES HERMÉNEUTIQUES : ACCOMPLISSEMENT, DÉBORDEMENT ET REPRÉSENTATION

La pensée abstraite et formelle n'est finalement pas autre chose qu'une forme aiguë de pensée à distance alors que l'herméneutique repose sur le devenir proche du lointain, en elle, l'accomplissement (*Vollzug*) – concept très présent dans les premiers textes de Heidegger et dans les derniers de Gadamer – produit un rapprochement d'un certain type[3]. C'est d'ailleurs autour de l'idée de « mauvaise » distance comme illusion d'objectivité qui fait écran à l'objectivité que l'art révèle exemplairement, que Ricœur articule les trois champs de l'herméneutique de Gadamer : « celui de l'art, où la prise de la réalité esthétique sur nous précède le jugement distancié du goût; celui de l'histoire, où la conscience d'être exposé au travail de l'histoire précède l'objectivation de l'historiographie documentaire; celui

1. AS, p. 69, AB, p. 83.

2. « Là où l'art est à l'œuvre, explique encore Gadamer, ce qui n'est pas encore présent sous la forme de la cohérence fermée d'une configuration, mais ne fait que s'écouler à travers elle, se voit transformé en une configuration permanente et durable si bien que ce qui croît vers l'intérieur de cette œuvre va jusqu'à croître en même temps au-delà d'elle à travers nous-mêmes. Que "quelque chose puisse être maintenu dans l'hésitation de l'instant", voici ce en quoi consiste l'art aujourd'hui, l'art d'hier et l'art de tout temps » (AS, p. 70, AB, p. 84).

3. Cette idée est d'une certaine façon envisagée par Kierkegaard, qui a « montré que tout "savoir à distance" ne satisfait pas à la situation morale et religieuse fondamentale de l'homme » (KS1, p. 181, « Sur la possibilité d'une éthique philosophique » (1961), HP, p. 111).

du langage, où le caractère universellement langagier de l'expérience humaine précède toute méthodologie linguistique, sémiotique ou sémantique »[1]. On ne peut pas être proche de ce à quoi on s'identifie complètement ni de ce qui reste posé statiquement hors de soi. L'accomplissement concerne cette pratique et ce mouvement de l'œuvre qui transportent et amplifient le sens, ils signalent, au cœur du particulier, un sens plus originel et fondamental du commun, d'une humanité qui se rencontre. C'est là la justification essentielle de la vocation poétique et de la figure du poète comme humain archétypal. L'interprétation gadamerienne de la *mimesis* suit la même voie en rappelant que la copie n'est pas une simple reproduction du même mais un accomplissement de l'original qui le déborde, l'imitation n'est pas « répétition » (*Wiederholung*) mais « extraction » (*Hervorholung*[2]). Reste à déterminer le type de médiation à l'œuvre dans cet accomplissement à travers l'émergence progressive du dialogue comme nerf de la représentation artistique.

La médiation va en effet s'allier à la représentation (*Darstellung*) et à l'occasionnalité pour approfondir la signification temporelle et historique de l'art. La tragédie joue ici un rôle de premier plan. Si certains auteurs (R. Hamann, M. Scheler, E. Staiger) ont plutôt insisté sur la dimension non-esthétique du phénomène tragique, le fait d'avoir cerné l'essence de l'expérience esthétique comme jeu et représentation conduit Gadamer à voir dans le tragique un « phénomène esthétique fondamental »[3]. Car l'expérience esthétique est l'occasion d'une rencontre avec soi-même, la représentation renforce en réalité une présence qui est d'ores et déjà renforcement d'être (de l'être représenté dans l'œuvre et de l'être du spectateur) : ce qui produit ce renforcement, c'est le médiateur, c'est-à-dire le jeu lui-même. À travers la représentation, l'œuvre acquiert donc une dimension temporelle distincte. Cela vaut surtout pour les formes artistiques qui peuvent se produire sur une scène, c'est-à-dire pour les arts dits transitoires. Cependant, et comme mise à l'épreuve de l'essence universellement représentative de l'art, Gadamer s'intéresse d'abord aux arts plastiques et au statut de l'image. Si la fonction médiatrice est ici moins prégnante, les arguments dirigés contre la distinction esthétique ne sont-ils pas fragilisés ? Dans la représentation, Gadamer a décelé l'intervention de la *mimesis* non comme simple copiage mais comme restitution du représenté sur un mode authentique. L'image n'est pas une copie au sens du reflet qui met en valeur un

1. Ricœur, *Lectures* 2, *op. cit.*, p. 454.
2. GW1, p. 120, VM, p. 132.
3. GW1, p. 135, VM, p. 148.

objet qui le fait disparaître, ce qui a de la valeur, c'est l'image elle-même. C'est elle qui renforce l'existence du représenté car, « en toute rigueur, ce n'est que grâce à l'image que le modèle (*Urbild*) devient proprement l'original (*Ur-Bild*); autrement dit, c'est l'image seule qui permet au représenté de prendre véritablement corps en image »[1]. La représentation n'est pas une propriété exclusive de l'œuvre d'art, mais celle-ci la met en œuvre de façon plus centrale et plus pure que dans la vie ordinaire où, comme l'indiquait déjà le thème de la convenance, se manifeste aussi une tendance à la représentation. Il y a ainsi une continuité ontologique entre la représentation et le représenté que Gadamer observe également dans l'image religieuse. L'image ne vient pas gonfler « quantitativement » l'existence du modèle, elle le rend au contraire à son être le plus intime et véritable[2]. Le tableau ne peut être vu comme une réalité totalement coupée de la vie d'où il provient et où il continue de s'inscrire. C'est cet ancrage que Gadamer désigne par le concept d'*occasionnalité*[3]. La présence ou la persistance de l'occasion (immixtion d'un monde dans l'œuvre) appartient en propre à l'œuvre et elle n'est pas uniquement requise dans le travail d'interprétation. Si le modèle de l'*Erlebnis* est ici caduque (même par exemple dans l'art du portrait), c'est que la référence à l'occasion ou au contexte ne fonctionne pas comme une référence sémiologique, comme un renvoi qui impose, par la suppression du signe, l'évidence du modèle. Dans le tableau, c'est bien

1. GW1, p. 146-147, VM, p. 160. Gadamer prend l'exemple de la représentation propre aux hommes d'État, aux héros : là aussi, l'image n'accentue que ce qui caractérise déjà leur situation dans la vie « profane ».

2. L'image produit un réhaussement de l'être, sur lequel Gadamer insistera plus précisément encore dans sa conférence inspirée d'un mot de Goethe, « Le mot et l'image, "autant de vérité, autant d'être" » (1992). Un « surcroît d'être » qui n'est pas sans rappeler la célèbre interprétation par Heidegger des souliers de paysanne de Van Gogh. Gadamer n'y fait pas explicitement référence, mais c'est comme si l'« Origine de l'œuvre d'art » accompagnait de près la pensée de Gadamer lorsqu'il écrit ces lignes. Gadamer a de fait préparé un texte spécialement centré sur la conférence de Heidegger en 1960 (GW3, p. 249-261) ; il n'en est pas question ici dans *Vérité et Méthode* mais l'approche heideggerienne de la poésie ne peut manquer d'être présente à son esprit lorsqu'il aborde la valence ontologique du poème. Gadamer reconnaît en revanche explicitement son intérêt précoce pour le texte de Heidegger dans un texte de 1960, « La vérité de l'œuvre d'art », GW3, p. 252-253, CH, p. 116-117.

3. « L'occasionnalité veut dire que la signification continue à se déterminer en son contenu à partir de l'occasion dans laquelle elle est envisagée, de sorte qu'elle contient plus qu'elle contiendrait indépendamment de cette occasion » (GW1, p. 149, VM, p. 162). Cet argument vaut aussi pour des expériences qui concernent des formes d'art très contemporaines (la musique absolue) ou non figuratives : « Même en regardant l'art non figuratif, nous ne pourrons jamais faire totalement abstraction du regard que nous projetons sur les objets pour nous orienter quotidiennement dans le monde » (AS, p. 51, AB, p. 65).

plutôt la *référence au modèle* qui s'efface au profit de la *représentation*[1]. L'œuvre veut être saisie comme totalité qui inclut son occasion, laquelle n'est pas un simple point de départ pour l'élucidation d'une question qui lui serait étrangère[2]. L'occasionnalité désigne le creuset de la production de l'œuvre et la nécessité pour une œuvre de se rendre publique, d'être représentée quelque part, car l'« observateur d'aujourd'hui ne voit pas seulement autrement; il voit aussi autre chose »[3]. Cette transfiguration est telle que ce ne sont pas ceux qui côtoient le personnage figuré qui sont le mieux à même de l'apprécier; l'individualité est par là libérée de l'anecdotique, de l'« accidententel », l'occasionnalité rend possible la reconnaissance de chacun dans ce qui, au départ, lui est banalement étranger.

Gadamer passe alors d'une réflexion sur l'image à une réflexion sur le langage comme épreuve et expérience de différenciation. L'image peut d'ailleurs être définie par des positions distinctes du langage, comme intermédiaire entre la fonction de renvoi propre au signe et la fonction de suppléance propre au symbole. L'image renvoie bien à quelque chose mais, comme le symbole, à quelque chose qu'elle continue d'abriter. La symbolisation montre que même ce qui est tenu pour irreprésentable (d'où le recours au symbole) possède malgré tout une certaine disposition à la représentation; ce qui distingue toutefois l'image du symbole, c'est que le représenté justifie et explique le symbole quand l'image produit la représentation à partir d'elle-même grâce à son propre pouvoir de signification. De cette façon, l'œuvre d'art échappe à l'arbitraire qui institue le lien entre le signe et son sens[4]. Cette précision permet à Gadamer de confirmer les développements précédents en les rapportant cette fois à l'architecture, qui suppose par excellence de satisfaire un but et de ne jamais pouvoir se couper d'un contexte. Si ces deux éléments sont décisifs, c'est que l'être même de l'édifice est placé *là* parce qu'il lui appartient de produire une amplification de l'être, dans le cas contraire, son emplacement et sa finalité seraient « gérés » de façon beaucoup plus anecdotique. La mémoire

1. GW1, p. 150, VM, p. 163.

2. « L'œuvre d'art est ainsi conçue comme événement ontologique, de même que se dissout l'abstraction dans laquelle la transpose la distinction esthétique. L'image aussi est un procès de représentation. Sa référence au modèle est si peu un amoindrissement de son autonomie ontologique que nous aurions plutôt lieu, eu égard à l'image, de parler d'un accroissement d'être. » (GW1, p. 156, VM, p. 169-170).

3. GW1, p. 153, VM, p. 166.

4. L'institution est au contraire encore présente dans le symbole, qui augmente ainsi sa lisibilité, le symbole n'ayant pas toujours spontanément le sens que cette institution lui associe.

complète des circonstances de son édification ainsi que l'évolution des fins qu'il se donne enrichissent sa compréhension et sa « compréhensibilité »[1]. L'œuvre d'art est par conséquent toujours médiation d'une totalité, d'une totalité de sens[2]. Si tel est le mode d'être spécifique de l'œuvre, il ne sera pas possible de maintenir le cadre herméneutique qui découle de la conscience esthétique et du primat du vécu, le geste herméneutique ne pourra décidément plus s'identifier à un acte de reconstitution de l'acte créateur.

L'ÉTRANGETÉ EXEMPLAIRE DE L'ÉCRIT ET LA QUESTION DE L'IDENTITÉ DE L'ŒUVRE

Reste à confirmer l'ensemble de ces résultats à partir d'un type de réalisation artistique qui a la particularité de faire du langage son matériau constant : l'écriture littéraire[3]. L'analyse du débordement d'être dans l'écrit permet à Gadamer de mettre en cause le pointillisme ou le nihilisme herméneutique que Paul Valéry aurait défendu dans ses textes théoriques ; selon lui, celui qui lit ou interprète serait le véritable instigateur du sens de l'œuvre[4]. Dans ce cas, le spectateur ou le lecteur devient pour ainsi dire le créateur, dans la mesure où il n'est pas possible, selon Valéry, de déterminer des critères qui valideraient plutôt telle compréhension que telle autre : « si l'œuvre d'art, écrit Gadamer, est l'arrêt fortuit d'un processus de composition qui pourrait virtuellement continuer, alors celle-ci ne contient rien de contraignant. C'est au récepteur qu'on doit laisser le soin d'en faire quelque chose ». Voulant contrecarrer le mythe de la « production géniale inconsciente », en accordant le pouvoir de création absolue à l'interprète, Valéry « s'y emprisonne plus que jamais »[5]. Pour contester cette alterna-

1. GW1, p. 161, VM, p. 175. Gadamer dit avec une grande justesse qu'un monument qui ne serait qu'œuvre d'art serait ramené à une simple curiosité touristique, réduction qui signe en réalité une espèce de mort de l'art.

2. GW1, p. 163, VM, p. 177. Gadamer donne ainsi au décoratif un statut surélevé en ce qu'il participe pleinement de l'exception ontologique de l'art, il n'est pas un à-côté subalterne de l'œuvre dont la grandeur ne tiendrait qu'à l'unicité et à la génialité de sa création.

3. Ricœur voit dans le statut de l'écrit chez Gadamer le contrepoids paradigmatique de la méthode, autrement dit, le critère essentiel du déplacement de l'optique méthodique en direction de « la chose dite », la « chose-du-texte » (*Lectures* 2, *op. cit.*, p. 454). L'écriture était du reste au départ le « terrain commun d'exercice de la scientificité de la philologie classique et de l'exégèse biblique » (p. 452).

4. GW1, p. 100, VM, p. 112. Voir notamment chez Paul Valéry *Tel quel*, « Folio-essais », Paris, Gallimard, 1943, « Choses tues », III, p. 19 et « Littérature », p. 145-153.

5. GW8, p. 15, « La mise en question de la conscience esthétique » (1958), AB, p. 92.

tive herméneutique à la conscience esthétique, Gadamer met en avant les contraintes d'une authentique création (la création artistique n'est pas « quelque chose qui arrive à exister par hasard ») et l'idée d'identité de l'œuvre par delà la liberté interprétative des lectures. Plus précisément : l'identité qui sert d'assise à l'entente attendue dans l'acte compréhensif doit s'harmoniser avec une part de variation, car « toute œuvre réserve pour ainsi dire à chacun de ceux qui l'accueillent, une marge de liberté qu'il doit remplir »[1]. En réalité, l'identité de l'œuvre (qui n'est ni absolue ni relative) est la condition de toute saisie particulière. Même si l'œuvre se présente chaque fois dans des contextes différents, y compris lorsque nous la relisons ou en reprenons la lecture, elle nous transmet son sens « malgré tout comme étant toujours la même »[2]. À aucun moment, nous n'avons l'impression de lire autre chose, nous reprenons quelque chose que la diversité des occasions de lecture ne modifie pas, c'est pourquoi, sans cette identité, l'expérience esthétique ne serait pas possible en sa particularité même. Contre le relativisme herméneutique, Gadamer explique que l'œuvre se donne avec des contraintes qui lui sont propres et qui s'imposent aussi bien à celui qui reproduit l'œuvre (celui qui l'exécute) qu'à celui qui la reçoit. La compatibilité entre identité et liberté de lecture devient possible avec l'idée de virtualité de sens : c'est une identité qui s'appuie sur l'historicité de nos êtres communs, de nos situations d'existence, le sens de l'œuvre s'effacerait s'il ne se prolongeait dans des exécutions et des interprétations multiples et différentes. L'ouverture du sens, sa virtualité, est bien plutôt la condition de l'interprétation. Au fond, l'identité est produite et même renforcée par la diversité des représentations, elle s'affirme par un mouvement ininterrompu, c'est pourquoi l'art et la compréhension ont une nature essentiellement dialogique.

Pour illustrer ses arguments, Gadamer utilise à plusieurs reprises le même exemple, celui de la description de l'escalier où chute Smerdjakov dans *Les Frères Karamasov* : « Dostoïevski décrit cette chute d'une certaine manière. Par là je sais très précisément à quoi ressemble cet escalier. Je sais où il commence, je sais qu'il devient obscur et qu'il tourne ensuite à gauche. Ceci revêt pour moi une évidence palpable et malgré tout, je sais que personne d'autre que moi ne "voit" cet escalier comme moi. Et pourtant quiconque laisse agir sur lui cette narration écrite de main de maître "verra" de son côté cet escalier avec une grande précision et sera convaincu de le voir tel qu'il est réellement. C'est cela l'espace de liberté

1. AS, p. 34, AB, p. 49.
2. AS, p. 38, AB, p. 53.

que le texte romanesque nous laisse dans le cas présent, et nous remplissons cet espace en suivant l'évocation verbale du narrateur »[1]. Dans l'expérience de la lecture, nous ne percevons pas l'objet comme n'étant que notre objet, nous lisons le texte comme livrant toujours le même contenu. La liberté de la lecture donne figure à l'identité, cette continuation de l'œuvre qui lui permet d'agir. La capacité d'un être à agir (son efficience : l'œuvre se forme en nous formant) et à entrer en rapport avec nous (dialogue) confirme l'historicité et la linguisticité originaires de l'art et de l'herméneutique philosophique. « Je considère aussi, précise Gadamer, toute langue comme "acheminement vers l'écriture" (pour reprendre le titre que j'ai donné à un petit essai de 1983)[2]. Mais qu'est-ce que l'écriture si elle n'est pas lue ? (...) Lorsque je "lis", je n'essaie pas de réentendre en moi la sonorité familière de la voix de l'autre. Nous avons, au contraire, tous fait l'expérience qu'un texte qui nous était familier pouvait apparaître étranger lorsqu'il était lu par la voix de l'auteur qui prononçait son propre texte »[3]. Ainsi le lecteur est-il intégré à l'œuvre sans subjectivisme, c'est ce que Gadamer appelle représentation. La compréhension montre la résistance du contenu et de l'identité de l'œuvre à toute mainmise subjectiviste et psychologiste, résistance qui articule l'œuvre d'art (et la littérature) comme représentation à la « tenue debout » du poème. La justification de l'art ne peut donc pas être coupée d'une justification herméneutique à laquelle Gadamer s'attache dans le dernier temps de la première partie de *Vérité et méthode*. Il reviendra plus tard de façon plus précise encore sur le caractère normatif de l'écrit qui relie son identité et sa temporalité particulière. En effet, l'écriture est indissociable d'une lecture qui, comme processus de compréhension, ne consiste jamais à simplement épeler des mots dans une succession homogène mais à permettre une compréhension apparentée à la révélation « d'un seul coup » qui se produit lors de la contemplation d'un tableau. Lecture, tenue-debout ou identité et procès temporel singulier

1. AS, p. 35, AB, p. 50 (et aussi KS4, p. 246, AB, p. 183).

2. Voir « *Unterwegs zur Schrift ?* », GW7, p. 258-269.

3. GW10, p. 141, « Déconstruction et herméneutique » (1988), PH, p. 159. Gadamer revient sur son différend avec Derrida sur l'écriture précisément dans cet article (GW10, p. 138-147, PH, p. 155-167). Soulignons également le statut particulier que Dilthey accorde à l'écrit dans ses textes esthétiques, par exemple lorsqu'il remarque que l'« importance énorme de la littérature pour notre compréhension de la vie de l'esprit et de l'histoire tient à ce que dans la langue seule l'intériorité de l'homme arrive à une expression complète, exhaustive et objectivement compréhensible. *C'est pourquoi l'art de comprendre a son centre dans l'interprétation des traces de l'existence humaine contenues dans l'écrit* » (« Naissance de l'herméneutique », *Écrits d'esthétique*, *op. cit.*, p. 294).

(créant une discontinuité au cœur de la continuité) fondent ainsi le caractère représentatif du texte[1].

Le souci de Gadamer est désormais de relier de plus en plus nettement les résultats de l'ontologie de l'œuvre d'art à la construction d'une herméneutique nouvelle. La deuxième partie de *Vérité et méthode*, centrée sur la conscience historique, la tradition et le préjugé, mènera aux développements décisifs sur le langage comme médium fini de la compréhension. Or la littérature a justement de ce point de vue un statut spécifique comme œuvre qui repose sur la matière langagière. La poésie occupe une place assez exiguë dans le grand ouvrage alors que Gadamer a toujours vu en elle un lieu exemplaire de révélation du mode d'être de l'art. Dans *Vérité et méthode*, il est question de littérature en général et du texte. La « position limite de la littérature » est ainsi une position limitrophe et un moment de transition, car la littérature représente un défi particulier par rapport à la problématique de l'occasionnalité et de la médiation totale. En effet, elle peut s'affranchir plus facilement du « monde extérieur », étant ancrée dans le langage, ses contraintes matérielles sont assez faibles et elle est reçue selon un mode de réception propice à l'isolement : la lecture. Gadamer va montrer comment le contenu est toutefois représenté dans la lecture comme acte de compréhension qui engage pareillement le monde auquel le lecteur appartient – ce qui corrobore le rapprochement entre herméneutique et rhétorique[2]. Le livre s'approprie un monde comme le monde s'approprie le livre. Même s'il y a une différence entre le monde qui a vu germer le texte et le monde qui intègre l'œuvre, cette différence ne rend pas le texte irrecevable et inintelligible : à preuve, la possibilité de traduire une œuvre et donc de transmettre le contenu *représenté*. Ricœur insiste sur ce point lorsqu'il renforce le processus de familiarisation impliqué dans toute interprétation banale par l'idée d'une appropriation dont la condition est la représentation : « surtout, précise-t-il, en caractérisant l'interprétation comme appropriation, on veut souligner le caractère "actuel" de

1. GW2, p. 351 et 357, « Texte et interprétation » (1983), p. 221 et 229.

2. Dans l'art oratoire, la « lumière <des> arguments submerge l'auditeur qui, saisi par la force persuasive du discours, ne peut pas et ne doit pas parvenir à la réflexion critique. Inversement, la lecture et l'interprétation de l'écrit sont si éloignées et détachées de l'auteur, de son état d'esprit, de ses intentions, et de ses tendances inexprimées que l'appréhension de la pensée du texte prend le caractère d'une production indépendante, plus semblable à l'art de l'orateur qu'au comportement de son auditeur. On comprend ainsi ce que j'ai montré sur quelques points et ce que Dockhorn a vraiment établi sur une base plus étendue : l'art de l'interprétation emprunte très largement ses moyens à la rhétorique » (KS1, p. 117, « Rhétorique, herméneutique et critique de l'idéologie » (1971), HP, p. 89).

l'interprétation : la lecture est comme l'exécution d'une partition musicale ; elle marque l'effectuation, la venue à l'acte, des possibilités sémantiques du texte »[1]. La lecture est d'autant moins un procédé qui isole qu'elle met constamment en œuvre la totalité de sens dont il était question à propos du jeu : « lire, ce n'est pas seulement épeler, ni faire un relevé des mots les uns après les autres, c'est avant tout effectuer constamment le mouvement herméneutique orienté par l'attente du sens de la totalité. Cette attente n'est comblée qu'en fin de parcours, lorsqu'on parvient à donner un sens à l'ensemble à partir de chacun de ses éléments singuliers. Qu'on pense à ce qui se passe lorsque quelqu'un lit à haute voix un texte qu'il n'a pas compris. Personne d'autre ne peut alors comprendre ce qu'il lit »[2]. Le mode de transmission de la vérité en littérature vaut pour tout contenu véhiculé par le langage (y compris les textes scientifiques[3]), c'est pourquoi la perspective gadamérienne sort du strict plan esthétique, certes pour stigmatiser les séparations impliquées dans la conscience esthétique mais aussi pour préparer le mouvement d'universalisation propre à l'herméneutique philosophique.

L'écriture est à la fois produite par l'esprit et ce que l'esprit doit déchiffrer, affronter, dépasser, se rendre familier. La familiarité est à la fois première et seconde : première en ce que, dans l'écriture, une marque d'un esprit se laisse immédiatement percevoir, et seconde, car l'interprétation s'applique à un objet dont le sens n'est pas immédiatement évident. L'idée que le texte n'est pas seulement résistance au familier, ou plutôt que l'incompréhension n'est pas le point de départ constant de l'herméneutique, est une trace du parrainage hégélien, plutôt que schleiermacherien, de Gadamer. Sans doute s'agit-il de ramener la dialectique au dialogue et de faire du langage un seuil, mais en continuant de résister à toute neutralisation cognitive qui leur serait systématiquement jointe. « Il n'y a rien, affirme Gadamer, qui soit aussi étranger et qui exige autant la compréhension que l'écrit »[4], mais il n'y a rien non plus qui nous parle autant, et qui parle autant de nous. Gadamer ne pourrait dire, avec Hegel, que le sens est toujours déjà là et conquis depuis la présupposition de l'absolu qui détermine négativement la compréhension de l'humain, seul, par lui-même, mais il ne peut non plus se satisfaire d'une subjectivation totale du processus du comprendre. Le concept d'esprit chez Gadamer, sans rejoin-

1. P. Ricœur, *Du Texte à l'action*, *op. cit.*, p. 171.
2. AS, p. 37, AB, p. 51.
3. VM, p. 181, GW1, p. 167.
4. VM, p. 182, GW1, p. 168.

dre l'esprit hégélien, joue tout de même de sa force propre contre un sujet auquel serait exclusivement rapporté création et interprétation : car « pouvoir aller ainsi, avec l'horizon d'un futur ouvert et d'un passé non répétable, c'est l'essence de ce que nous appelons "esprit" »[1]. Gadamer veut aussi dire par là qu'il n'y a pas de liberté de l'esprit sans mémoire, on ne se libère pas en se délestant des choses mais en se les appropriant ou en les différenciant. Dans la reproduction psychologique ou industrielle au contraire, et pour des raisons différentes, l'altérité est insuffisamment médiatisée, que ce soit par la tendance à la reconstitution qui voudrait annuler la distance temporelle, ou par l'illusion de l'immédiateté et d'une mise à disposition de l'objet dans la distribution de masse.

La question de savoir si la lecture participe du sens au même titre que la réception d'une œuvre musicale ou théâtrale suppose de pénétrer davantage dans la détermination philosophique de l'herméneutique. Parce que le souci de Gadamer est le prolongement de l'esthétique dans la linguisticité (et réciproquement), il met au second plan l'exception du chef d'œuvre par rapport à la textualité en général. L'étrangeté du texte, c'est en effet l'étrangeté du langage en général comme milieu de compréhension ; en même temps, c'est toujours à propos de langage que se posent la question herméneutique et la question de la transmission du contenu. Et si le texte littéraire permet de définir tout texte, ce n'est pas en allant de l'espèce au genre ou du particulier au général : ce lien est directement inspiré de la *phronesis*, d'une manière de déterminer l'être qui échappe au seul mouvement inductif. La démarche herméneutique consiste à suivre une piste. La vérité du texte et du discours philosophique s'entend aussi de cette manière.

1. AS, p. 12, AB, p. 27.

DEUXIÈME PARTIE

L'EXPÉRIENCE HERMÉNEUTIQUE DANS LES SCIENCES DE L'ESPRIT : LA TRADITION COMME HORIZON

CHAPITRE PREMIER

L'ANALYSE TÉLÉOLOGIQUE DE L'HISTOIRE ET LA TÂCHE HERMÉNEUTIQUE SELON LA CONSCIENCE HISTORIQUE (SECONDE CRITIQUE)

Au début du second volet de *Vérité et méthode* Gadamer rattache l'histoire au débordement d'être qui appartient à l'art comme représentation : parce que l'histoire produit elle-même une forme de débordement, elle pourra participer à la légitimation philosophique de tout savoir. La représentation d'un but de l'histoire « émerge sans cesse des représentations téléologiques de l'action sociale. Si la réflexion herméneutique se contente de considérations générales sur l'impossibilité pour l'homme de jamais franchir la limitation de son lieu propre, elle est stérile »[1]. La finalité de l'histoire qui, selon Gadamer, gouverne toutes les sciences de l'esprit, est la deuxième figure du débordement du fini par lui-même dont on a vu qu'il était la condition du « comprendre » que nous sommes. Il considère que la critique de la thèse hégélienne de la rationalité de l'histoire a eu des effets décisifs sur la détermination de la tâche herméneutique, que ce soit chez les représentants contemporains du renouveau de l'herméneutique (spécialement chez Dilthey) ou chez Habermas, qui fait converger sa critique de la réflexion (c'est-à-dire selon l'acception que Gadamer donne à ce terme, la pensée idéaliste) vers une critique des idéologies et la dissipation de « l'illusion engendrée par le langage »[2]. Gadamer reproche

1. KS1, p. 120, « Rhétorique, herméneutique et critique de l'idéologie » (1971), HP, p. 94. Heidegger avait déjà aperçu la question téléologique de façon essentielle dans son herméneutique de l'existence.

2. KS1, p. 122, HP, p. 96. Gadamer précise ceci : « J'ai cherché dans la puissance du langage, en mesure de porter toute compréhension, la preuve manifeste de la médiation continuelle en laquelle reste vivante la tradition de la société. Habermas m'objecte que la

cependant à Habermas de vouloir aboutir à une coïncidence optimale entre la compréhension du sens (affranchie d'orientations idéologiques implicites) et l'action : d'abord parce que pour lui l'expérience du sens reste utile et féconde là même où une telle clarification ne serait pas totale (inversement, l'ouverture accompagne la compréhension même lorsqu'elle est suffisamment assurée d'elle-même), ensuite parce qu'une telle approche du problème aboutit à cantonner l'herméneutique dans le domaine restreint de la « tradition culturelle ». On ne peut véritablement affirmer l'universalité de l'herméneutique qu'à partir de déterminations du comprendre qui vont au-delà des sphères dans lesquelles se manifestent les contraintes de la pratique sociale. La critique de la conscience historique se répète ainsi dans l'herméneutique des sciences sociales : le risque qu'elles induisent toutes deux est de voir dans la tâche herméneutique une levée du faux ou de l'illusoire, c'est-à-dire un passage de la mécompréhension à la compréhension authentique, sans reconnaître l'apport positif de ces contenus de sens (cela vaut aussi pour les contenus identifiés par le travail psychanalytique), et donc de la ramener à un certain art de l'élucidation qui mettrait des limites à l'universalité de la compréhension. La récurrence chez Gadamer des motifs esthétiques, et plus précisément son insistance sur le mot et l'image, le langage et la « plasticité », le lieu et la représentation, mettent en avant un « fonctionnement » ontologique commun qui vaut également pour les objets historiques, car le symbole est aussi une manière de configurer l'histoire et la mémoire. En effet, « ce sont bel et bien les arts qui coadministrent tout l'héritage métaphysique de notre tradition occidentale. Les sciences humaines entretiennent des liens réciproques très étroits avec la réceptivité et la sensibilité esthétiques et c'est d'ailleurs ce qui leur permet de revendiquer une authenticité philosophique propre »[1]. Gadamer s'attache à « un ordre plus universel encore qui permet à l'art d'être porteur de vérité » et à travers lequel les arts prennent part, comme les sciences de l'esprit, à la *formation* de notre culture.

réflexion fait subir une métamorphose profonde à l'élément de la science. Tel serait précisément l'héritage inamissible que nous aurait légué l'idéalisme allemand, après l'avoir reçu de l'esprit du dix-huitième siècle. Quand bien même l'expérience hégélienne de la réflexion ne pourrait plus s'accomplir dans une conscience absolue, l'"idéalisme du langage" qui n'irait pas au-delà de la pure "tradition culturelle" de son appropriation et de son développement herméneutique, n'en resterait pas moins un triste aveu d'impuissance en face de la totalité réelle qui serait le contexte de vie de la société, tissé non seulement par le langage, mais par le travail et le pouvoir. La réflexion herméneutique devrait se convertir en critique de l'idéologie » (KS1, p. 121, HP, p. 95).

1. GW8, p. 373, « Le mot et l'image – "autant de vérité, autant d'être" » (1992), PH, p. 185.

La démarche de Gadamer aboutit à revaloriser le concept d'absolu là où la conscience historique et les sciences contemporaines de l'esprit ont eu tendance à le congédier et, à l'inverse, à introduire de la virtualité là où elles se sont laissées aller à une pente presque dogmatique, sous une forme positiviste par exemple ou en absolutisant certaines conditions de compréhension[1]. Ce sont les aspects fondamentaux et universels du langage qui, bien que venant après coup dans le mouvement de *Vérité et méthode*, permettent de saisir le rôle de la tradition et de la médiation historique du sens dans les sciences de l'esprit. Il ne s'agit donc pas de porter la compréhension à une clarification absolue du sens ou d'imputer au langage des errances ou des illusions qui peuvent renvoyer aussi à une sous-estimation de notre propre pouvoir « sur » lui (ce qui biaiserait ce que Gadamer appelle la « vigilance critique »). « En définitive, explique Gadamer, le langage n'est pas du tout un miroir; ce que nous apercevons en lui est non pas un reflet de notre être, mais l'interprétation (*Auslegung*) et l'achèvement (*Auslebung*) de ce qu'il en est de nous dans les liens réels du travail et du pouvoir aussi bien qu'en tout autre lien qui constitue notre monde. Le langage n'est pas le sujet finalement trouvé et anonyme de tous les processus et de toutes les actions qui se déroulent dans la société et dans l'histoire, le sujet qui s'offrirait lui-même, avec la totalité de ses activités et de ses objectivations, à nos regards d'analystes; il est, au contraire, le jeu dans lequel nous sommes tous partenaires, sans qu'aucun de nous n'ait préséance sur les autres. Tout le monde "y a son tour" et ne cesse pas de faire avancer le jeu »[2]. Quel est alors le rôle du préjugé dans la légitimation philosophique? Gadamer demande si « nous comprenons seulement lorsque nous mettons à nu quelque chose qui tient du subterfuge ou quand nous démasquons des prétentions trompeuses ». Selon lui, « Habermas semble le présupposer. Du moins semble-t-il que, pour lui, la réflexion montre sa puissance dans la seule mesure où elle se livre à cette activité, et son impuissance lorsque nous restons pris dans le tissu du langage et que nous continuons à le tisser »[3]. Savoir si l'herméneutique a essentiellement

1. C'est par exemple ce que Gadamer reproche à Habermas: « Habermas déclare: "L'herméneutique se heurte pour ainsi dire de l'intérieur aux murs du contexte de la tradition". Il y a en cela quelque vérité si l'on marque ainsi l'opposition à un "extérieur" qui, au lieu de pénétrer dans notre monde compréhensible ou incompréhensible mais à comprendre, subsiste dans l'observation qui s'assure de changements (et non d'actions). Mais il me semble que l'on fasse ainsi de la tradition culturelle un absolu. On veut seulement comprendre ce qui se laisse comprendre. C'est en ce sens qu'il faut entendre la proposition: "L'être que l'on peut comprendre est langage" » (KS1, p. 122, HP, p. 97-98).

2. KS1, p. 123, HP, p. 98.

3. KS1, p. 123, HP, p. 99.

une tâche corrective (passage de la mécompréhension à la compréhension optimale) ou libératrice (l'affranchissement vis-à-vis des illusions), tâches qui maintiennent finalement une tendance à l'adéquation (intention/compréhension chez Schleiermacher; sens/action chez Habermas), sera un des enjeux critiques majeurs de la réflexion de Gadamer sur les sciences de l'esprit.

Le premier volet de cette tâche passe par une relecture de la conscience historique et des apports, contrastés, des études historiques au projet d'universalisation de l'herméneutique. Gadamer cherche à concilier l'ouverture impliquée dans l'expérience herméneutique avec la conservation nécessaire à tout acte de transmission : être *en dette* et être *ouvert* relèvent en réalité d'un même foyer et d'une même condition, la finitude humaine. S'il faut témoigner, conserver pour dépasser ce qui a été conservé et laisser le dialogue toujours ouvert, c'est que la connaissance prend la forme d'un chemin qui par définition est à la fois inachevé et en même temps déjà maintes fois et depuis longtemps emprunté. La relecture de la tradition se veut ainsi autant reprise que dégagement de perspectives nouvelles, ce que Gadamer met en pratique en démultipliant les points d'accroche de ce regard en arrière (*Rückblick*) qui vaut comme mode organisateur du texte et de la pensée – par exemple, lorsque ce chemin remonte de Dilthey à Ranke en revenant sur Fichte et Hegel. Le tour de force de la partie centrale de *Vérité et méthode* consiste à répéter dans la conscience historique le geste destructeur appliqué à la conscience esthétique, ce qui permet de réinvestir des déterminations méconnues ou disqualifiées de la pensée historique (préjugé, tradition et sens de l'histoire). Il ne faut donc pas voir dans les développements consacrés à l'histoire et aux sciences de l'esprit un discours simplement parallèle à ceux que Gadamer vient de consacrer à l'art, ce serait manquer la continuité problématique qui anime la transition de l'art à l'histoire et de l'histoire à la linguisticité. L'art fournit un étalon pour mesurer, en dehors du « diktat » de la quantification et de l'ambition positiviste, ce qu'il y a d'absolu et d'objectif dans des sciences envahies par la tentation relativiste et psychologiste.

De là l'importance des dernières pages de la première partie confrontant Hegel et Schleiermacher : comprendre nous demande d'intégrer plutôt que de reproduire, mais l'intégration permet aussi – Gadamer rompt sur ce point avec Hegel – de penser tout apport de connaissance sous forme de *dialogue*. Si l'homme est dialogue avant d'être « sujet » ou « conscience », c'est qu'on ne peut passer outre l'altérité qui le forme et forme toute pensée. L'analyse ontologique de l'art a introduit une mémoire dans la perception de l'œuvre qui la rattache nécessairement à un monde qui est, aussi lointain puisse-t-il nous paraître au départ, toujours un monde humain et donc toujours un aspect de notre questionnement et de notre avenir. L'art est un événement de sens dans la mesure où il recèle comme un réservoir de paroles qui se communique au-delà de son cadre culturel et historique. La distance temporelle est ce que nous franchissons non en tentant de retrouver une disposition créatrice originelle mais en laissant l'œuvre rejoindre notre présent sans jamais dissoudre toute la distance. En conséquence, l'*éthicité* de l'art et spécialement de la poésie ne pourra être absente de la fondation du comprendre et des éléments historiques qui y participent ; il n'est pas anodin pour cette raison que le discours fondateur de Gadamer s'appuie de nouveau en bout de course sur le concept de *phronesis* et le problème de l'application.

DE L'ESTHÉTIQUE À L'HERMÉNEUTIQUE : INTÉGRATION CONTRE RECONSTRUCTION

La problématique historique est posée dans le dernier paragraphe de la première partie de *Vérité et méthode* à travers une critique du principe de reconstitution de l'intention de l'auteur comme aiguillon de toute compréhension. Dans un texte très contemporain de *Vérité et méthode*, Gadamer montre que la reconstitution ne doit pas avoir pour conséquence une restriction de l'horizon compréhensif qui ferait tomber dans l'irrationnel ou un « vide » herméneutique l'excroissance de sens qui ne rentre pas dans le champ de l'adéquation intention/compréhension. « Comprendre, écrit-il, ce n'est jamais simplement reconquérir ce que l'auteur "visait", qu'il s'agisse du créateur d'une œuvre d'art, du responsable d'une action, du rédacteur d'un texte de loi ou autre chose encore. Le *mens auctoris* ne limite pas l'horizon de compréhension au sein duquel peut et même doit nécessairement se mouvoir l'interprète quand il veut vraiment comprendre au lieu de simplement réfuter. On en trouve le témoignage le plus sûr, il me semble, dans le langage. (...) Celui qui comprend et qui cherche à développer sa compréhension n'est pas astreint à la contrainte qui est celle du traducteur qui doit se plier mot pour mot au texte qu'il a à traduire. Il jouit de la liberté qui est celle du parler véritable et qui consiste à dire ce qui veut être dit. Il est vrai que toute compréhension reste seulement en chemin (*unterwegs*). Elle n'arrive jamais à terme. Il n'en demeure pas moins qu'une totalité de sens est présente dans le libre exercice (*Vollzug*) qui consiste à dire ce qui veut être dit, mais aussi ce que l'interprète veut dire. La compréhension qui s'articule de façon langagière possède un libre espace autour d'elle, qu'elle remplit en répondant constamment au mot qui l'interpelle, espace libre qu'elle remplit, mais qu'elle n'épuise pas»[1]. Il faudra ainsi prendre au sérieux ce que Lessing appelait un « gouffre » entre des vérités intemporelles et des vérités historiques.

Gadamer présente la thèse de Schleiermacher de manière liminaire : comprendre, c'est restituer le sens premier ou originel d'une œuvre, l'acte herméneutique est l'inversion du processus rhétorique d'expression de la pensée[2]. Schleiermacher parle du «point d'accrochage» (*Anknüpfungs-punkt*) que l'interprète doit deviner en retrouvant l'état d'esprit du créateur. Le concept hégélien d'intégration suppose au contraire l'assomption de la contingence historique et psychologique dans le regard englobant et récapitulateur de l'esprit. Seul l'esprit – c'est d'ailleurs une des raisons de la présence singulière de ce concept dans les textes de Gadamer – donne à la vie ses significations les plus hautes, il est la source de tout sens, ce qui fait que rien n'*est* jamais complètement pour rien. Pour Hegel, le sens est toujours présent parce que rien ne s'arrête jamais, si ce n'est la compréhension du sens en une totalité qui a en même temps à se rendre effective, et parce que le sens est totalisé en l'esprit, il ne peut pas ne pas s'exprimer incessamment. Gadamer cite un passage du début de la Religion manifeste qui décrit le désarroi de la conscience malheureuse devant la perte du divin : «– Ainsi donc, le destin ne nous donne pas en même temps que ces œuvres le monde de cet art, le printemps et l'été de la vie soucieuse des bonnes mœurs et de la coutume dans laquelle elles ont fleuri et mûri, mais uniquement le souvenir voilé de cette effectivité. C'est pourquoi ce que nous faisons en jouissant d'elles n'est pas une activité de service divin par laquelle adviendrait à notre conscience la vérité parfaite qui est la sienne et qui la comblerait, mais c'est une activité extérieure, celle qui, par exemple, essuie les gouttes de pluie ou la fine poussière déposées sur ces fruits, et qui à la place des éléments intérieurs de l'effectivité environnante, productrice et spiritualisante du souci des bonnes mœurs, dresse le vaste échafaudage des éléments morts de leur existence extérieure, du langage, de l'historique, etc., non pour y engager sa vie, mais uniquement pour se les représenter en soi-même»[3]. Hegel montre ici ce qu'il en est des œuvres qui ne sont

1. GW3, p. 207-208, « La théologie de Marbourg » (1964), CH, p. 62.

2. Schleiermacher explique que le « fait que <l'herméneutique et la rhétorique> aillent ensemble consiste en ceci que tout acte de comprendre est l'inversion d'un acte de discours ; <et ce parce que> toute pensée qui <,à chaque fois,> est au fondement du discours doit parvenir à la conscience » (*Herméneutique*, « L'abrégé de l'herméneutique de 1819 », trad. C. Berner, Paris, Le Cerf, 1987, p. 115).

3. Hegel, *La Phénoménologie de l'esprit*, trad. B. Bourgeois, Paris, Vrin, 2006, p. 615-616, voir GW1, p. 172-173, VM, p. 186-187.

qu'œuvres, du langage qui n'est que langage, et l'extrême extériorité de leur existence coïncide avec celle d'un commentaire qui n'est plus que le sinistre entretien d'une dépouille. L'abstraction, ou l'absence de médiation, c'est le mort, le pétrifié, l'isolé, et aussi la faiblesse d'une interprétation qui enfermerait les œuvres dans leur stricte existence d'œuvres, ce qu'elles deviennent en quelque sorte comme objets de musées, où elles sont privées du monde qui leur donne vie et sens.

Gadamer ne relève pas que dans ce passage Hegel inscrit le langage dans un élément historique lui-même frappé d'extériorité, car il cherche avant tout à opposer à la sécheresse de la pratique extérieure de conservation une compréhension de l'histoire où « l'esprit se verrait en elle représenté (*dargestellt*) sur un mode supérieur ». Ce qui compte, c'est la solidarité entre la représentation qui caractérise l'œuvre d'art et l'activité de l'esprit qui rejoint la vie de l'œuvre et par laquelle le mouvement historique prend pleinement part à la création de sens. L'esprit est capable de revenir à lui malgré la distance temporelle, d'intégrer ce qui lui est étranger tout en restant accessible du simple fait d'avoir répondu un temps à des demandes spirituelles. Hegel a su voir dans le passé non une matière à restaurer mais une médiation et une intégration, l'esprit historique étant lui-même « la *médiation réfléchie avec la vie présente* ». Hegel « a raison de ne pas concevoir cette médiation réfléchie (*denkende*) comme une relation extérieure et ultérieure, mais de la placer au même niveau que la vérité de l'art lui-même »[1]. Quand bien même Gadamer ne peut suivre Hegel jusqu'à la présupposition dernière de l'absolu – qui en réalité donne seule un sens authentiquement hégélien à la phrase précédente : car il n'y a de vérité de l'histoire et de l'art pour Hegel que du point de vue d'une vérité qui n'est plus ni historique ni artistique –, il n'en valorise pas moins en lui l'appréhension de l'art dans sa vérité ou l'idée qu'il n'y aurait pas d'art sans vérité de l'art. Gadamer reconnaît, de façon fort originale, que c'est toute la philosophie qui, chez Hegel, tient lieu d'herméneutique. En ce sens, Hegel « l'emporte fondamentalement sur la conception de l'herméneutique de Schleiermacher. La question de la vérité de l'art nous a contraint nous aussi à une critique de la conscience esthétique comme de la conscience historique dans la mesure où notre question est celle de la vérité qui se manifeste dans l'art et dans l'histoire »[2]. Dans cette intention, Gadamer va montrer en quoi les projets de Schleiermacher et de Dilthey représentent

1. GW1, p. 174, VM, p. 188.
2. *Ibid.*

des versions inabouties de leur propre tentative d'universalisation de l'herméneutique.

PRÉPARATION DE LA CRITIQUE DEPUIS LA PRÉHISTOIRE DE L'HERMÉNEUTIQUE

La deuxième partie de *Vérité et méthode* – « Extension de la question de la vérité à la compréhension dans les sciences de l'esprit » – repose globalement sur deux motifs : un motif méthodologique, qui s'appuie sur la manière dont Heidegger a justifié la nécessité d'un retour à l'histoire de la métaphysique pour en faire resurgir l'impensé essentiel; et un motif « téléologique » qui renvoie à la question du sens de l'histoire telle qu'elle a été posée, même si ce fut en partie de façon fautive selon Gadamer, par Hegel. « Là nous avons une seule théorie qui est convaincante à certains points de vue mais qui comporte des points très douteux; la seule théorie qui peut nous expliquer la possibilité de trouver un sens, d'interpréter le vrai sens de l'histoire, c'est à mon avis la philosophie de Hegel. Parce que là, Hegel a dit: il y a le point où le plan, l'horizon et l'activité d'un grand homme convergent, sont identiques avec les tendances universelles d'une époque »[1]. L'objectif de Gadamer ne sera pas seulement, comme l'envisageait Dilthey, de définir les conditions de possibilité d'une science du particulier mais d'insister sur l'universalité dont le particulier lui-même est porteur: d'où la fonction méthodique de l'ontologie de l'art et de la signification éthique du jugement réfléchissant, où le particulier participe constamment à la saisie de l'universel. La référence à Hegel intervient ainsi sur le terrain de la vérité historique pour s'opposer à l'optique de l'école historique et servir d'appui à la continuité herméneutique entre art et sciences de l'esprit.

Au départ, l'herméneutique se développe avec l'effort des Grecs de l'époque classique pour retrouver le sens littéral et originel des textes d'Homère et résoudre des difficultés d'ordre linguistique: interpréter revenait à faire passer le contenu du texte d'une forme linguistique dans une autre afin de le réactualiser[2]. Le terme d'*hermeneuein* désigne en grec deux

1. « Le problème herméneutique » (1970), HP, p. 48. Gadamer analyse dans les pages qui suivent les prolongements de la pensée hégélienne de l'histoire chez R. G. Collingwood (1889-1943). On pourra se reporter sur ce point au chapitre « Nature and action » dans *The principles of history, and other writings in philosophy of history*, Oxford University Press, 1999, p. 78-110.

2. Peter Szondi rappelle que la légitimation du statut « canonique » des textes anciens s'est produite dès ces premiers travaux de restauration du sens. Par ailleurs, en plus du

mouvements, l'un qui va de la pensée au texte, en suivant le mouvement de l'énonciation que l'art rhétorique en général vise à clarifier et optimiser. Le deuxième livre de l'*Organon* d'Aristote, *De l'interprétation*, porte d'ailleurs essentiellement sur ces questions et plus précisément sur les propositions, c'est-à-dire les « discours dans lesquels réside le vrai ou le faux »[1] (il analysera les autres formes de discours dans la *Poétique* et la *Rhétorique*). L'autre mouvement va du texte à la pensée et correspond au sens le plus habituel que nous associons à l'interprétation. Ces deux processus forment finalement une unité qui justifie les liens évidents entre rhétorique et herméneutique, les règles de l'une étant nécessairement impliquées dans le travail de l'autre : non seulement l'herméneutique apparaît comme l'inversion du trajet rhétorique d'expression des pensées, mais elle s'appuie aussi sur le rapport du tout aux parties auquel se plie l'art du discours. Le terme d'herméneutique n'apparaît cependant que tardivement, au XVIIe siècle, avec Johann Conrad Dannhauer qui l'utilise pour désigner l'art de l'interprétation en 1654 dans un titre d'ouvrage : *Hermeneutica sacra sive methodus exporendarum sacrarum litterarum* (*L'herméneutique sacrée, c'est-à-dire la méthode pour interpréter les textes sacrés*). Gadamer souligne la concomitance entre l'apparition de ce terme et l'émergence du concept moderne de la science : désormais, on « possède non seulement l'art de l'interprétation, <mais> on est aussi capable de le justifier théoriquement »[2]. Le processus interprétatif peut alors commencer à faire valoir ses droits dans l'élaboration des savoirs.

Dans sa « préparation historique », qui remonte aux premières formes d'herméneutique chez les Pères de l'Église et les premiers réformateurs, Gadamer entend traquer ce qui pourrait corriger la charge anti-dogmatique menée par Dilthey, héritée de Schleiermacher, dont se nourrit la conscience historique. Plus exactement, l'herméneutique philosophique doit se récon-

dégagement du sens littéral (*sensus litteralis*), émerge déjà une attention au sens allégorique, c'est-à-dire au sens spirituel (*sensus spiritualis*), sous la forme par exemple d'un contenu anticipateur qui permet de transporter le sens ancien dans la conscience présente (une tendance particulièrement vivace dans le christianisme primitif et médiéval). De là la première distinction entre l'interprétation grammaticale et l'interprétation allégorique : l'une, centrée sur les mots, l'autre sur des signes qui doivent redevenir signifiants et porteurs d'une signification nouvelle. La tension entre ces deux conceptions, notamment dans la Réforme, aboutit à disqualifier l'allégorie au nom du sens littéral (voir « L'herméneutique de Schleiermacher », *Poésie et poétique de l'idéalisme allemand*, traduction dirigée par J. Bollack, Paris, Gallimard, 1975).

1. Aristote, *De l'interprétation*, trad. J. Tricot, Paris, Vrin, 1997, 4, 17a 3-5.

2. « Herméneutique classique et philosophique » (1968), PH, p. 87. L'herméneutique accentue d'ailleurs sa dimension technique en se laissant par exemple apparenter à la logique et à la sémantique chez C. Wolff qui réserve un chapitre à l'herméneutique dans sa *Logique*.

cilier avec des missions que la hantise de la dérive dogmatique a recouvertes, tout en retenant dans le projet romantique ses apports spécifiques et importants. Quel est l'arrière-plan général de cette critique de la critique diltheyenne ? La nécessité d'un art de comprendre s'est d'abord imposée à partir de la rupture des théologiens de la Réforme avec la revendication du caractère incontournable de la tradition, jouant ainsi le principe du « *sui ipsius interpres* » contre le « quadruple sens de l'Écriture » notamment repris par saint Augustin dans *La genèse au sens littéral*[1]. Non seulement la *Doctrine chrétienne* apparaît comme une des toutes premières théories de la lecture, qui reconnaît l'importance du cercle de la compréhension qui va des choses aux signes pour revenir aux choses, mais l'idée de la supériorité de l'esprit sur le signe devient avec saint Augustin un thème « spéculatif » et herméneutique. L'interprétation de l'excédent de l'esprit par rapport à la lettre constitue un point de divergence très précis entre Gadamer et Hegel, puisque pour le premier, la co-extension du langage et de la raison (sans réduction de l'un à l'autre) permet de maintenir le sens de l'universel (contre la position de Rorty par exemple, et toute tendance relativiste en général) alors que pour le second, la différence du langage et du sens est portée dialectiquement par le sens (contre toute position symboliste et formaliste de type kantien).

Par ailleurs, cette fois dans le champ philologique, l'herméneutique va contribuer à restaurer la littérature classique et à satisfaire ses ambitions humanistes. Dans les deux cas finalement, il s'agit de retrouver un texte original et de lever son aspect d'étrangeté, avec chaque fois pour conséquence un retrait de l'explication allégorique. Le premier protestantisme accorde toutefois encore une place importante à la rhétorique, c'est

1. « Dans tous les livres saints, écrit Augustin, il importe de distinguer les vérités éternelles qui sont inculquées, les faits qui sont racontés, les événements à venir, les règles d'actions qui sont prescrites ou conseillées. Dans le récit, la question est donc de savoir si tout doit être seulement entendu en un sens figuré ou s'il faut également revendiquer et défendre l'authenticité des faits. Qu'aucun passage ne doive être entendu en un sens figuré, nul chrétien n'osera le prétendre, s'il est attentif à la parole de l'Apôtre : *Toutes les choses leur arrivaient en figures* (I, *Cor*. X, 11) et à l'explication qu'il donne du verset de la Genèse : ils seront deux en une seule Chair (*Gen*. II, 24) où il voit un grand mystère, signe de l'union du Christ et de l'Église (*Ephes*. V, 32) » (*La Genèse au sens littéral*, livre I, trad. P. Agaësse et A. Solignac, Paris, Desclée de Brouwer, 1972, p. 83). Dans son ouvrage *Sur la Doctrine chrétienne*, il expose les principes d'interprétation qui permettent de comprendre le sens de ces quatre ordres de choses. Il insiste notamment sur la triade foi-espérance-charité (voir la conclusion du premier livre dans la trad. M. Moreau, Institut d'Études augustiniennes, 1997, p. 127-135). Signalons aussi, toujours dans la doctrine chrétienne, le très beau passage sur la nécessaire séparation des signes et des choses qui implique celle du sens propre et du sens figuré, p. 247.

spécialement le cas chez Melanchton[1]. Et parce que la technique de lecture instaurée par Luther et Melanchton ne peut pas reposer exclusivement sur le postulat de l'univocité de la parole biblique, elle compense ses obscurités en mettant en avant le contexte et la contribution de chaque partie à un sens unitaire (le *scopus*). Certaines contradictions dans l'herméneutique protestante – notamment son rapport ambigu à la tradition, laissant un ascendant à des articles de foi qui supplantent la lecture littérale supposée s'imposer d'elle-même – seront ainsi mises en lumière par Dilthey d'une manière que Gadamer met lui-même en cause en contestant les présupposés méthodiques de sa critique, car « dans la compréhension de l'écrit (…) nous nous mouvons dans la dimension d'un sens qui est en lui-même compréhensible et qui ne requiert en tant que tel aucun retour à la subjectivité de l'autre. La tâche de l'herméneutique est d'éclairer cette merveille de la compréhension qui n'est pas une communication mystérieuse des âmes, mais une participation à un sens commun »[2]. Le mouvement romantique a vu dans l'art interprétatif une arme puissante contre le dogmatisme en général et le texte qui « fait autorité », faisant au passage reculer le postulat de l'unité auquel la réforme s'était attachée. Gadamer est particulièrement attentif au fait, en même temps, que quelqu'un comme Friedrich Ast, le prédécesseur de Schleiermacher, cherchait à repérer des voies de conciliation entre l'Antiquité et le christianisme, à voir dans le passé un éclairage possible du présent en s'attachant à une compréhension centrée sur le contenu et l'accord dont il peut faire l'objet. Ce point de vue pourtant essentiel aurait été abandonné dans le projet d'herméneutique universelle de Schleiermacher qui défend l'idée d'une transparence à soi de l'objet interprété grâce à un acte divinatoire qui neutralise l'étrangeté du texte. Selon Gadamer, la remontée à l'intention ne doit pas conduire à voir dans la tradition un ensemble de textes obscurs, complexes et propres aux malentendus, et à négliger le principe de l'« anticipation de la perfection » qui affirme que « seul est compréhensible ce qui représente vraiment une unité parfaite de sens »[3]. Comprendre une tradition pour Gadamer, c'est la rendre de nouveau accessible et pouvoir rendre son sens de nouveau présent en discriminant ce qui a pu l'opacifier, la dissimuler. Sous

1. Voir « Rhétorique et herméneutique » (1976), KS4, p. 152-154, LV, p. 181-183 et « Herméneutique classique et philosophique » (1968), GW2, p. 96-97, PH, p. 91 et GW1, p. 179, VM, p. 193. Le *Tractatus theologico-politicus* de Spinoza accusera le mouvement de rationalisation de la lecture critique de la Bible en glissant d'une histoire miraculeuse irrationnelle à la compréhension de la foi aux miracles.

2. GW2, p. 58, « Du cercle de la compréhension » (1959), PH, p. 74.

3. GW2, p. 62, PH, p. 79.

l'influence de Schlegel, Schleiermacher a donc développé une herméneutique de l'individualité, mais l'effort de distanciation par rapport à l'aspect normatif de l'herméneutique a entraîné chez lui l'effritement justement de la capacité cognitive de l'interprétation et le privilège d'une démarche empathique, c'est-à-dire la répétition de la production originelle fondée sur la co-génialité de l'auteur et de l'interprète[1]. Dès lors que le thème de la création inconsciente apparaît de plus en plus nettement comme l'assise commune de toutes les sciences humaines, le mouvement d'amplification dont bénéficie le comprendre au début du XIXe siècle aboutit finalement à une évaluation partielle, ou sous-estimée, du rapport des disciplines de l'esprit à la vérité. On ne doit pas en effet perdre de vue que « "comprendre veut d'abord dire se comprendre mutuellement, s'entendre". La compréhension est d'abord un accord (*Einverständnis*[2]) ». Ce qui est prépondérant aux yeux de Gadamer, c'est la prise en compte de la totalité de sens et de l'intelligibilité du tout comme fil conducteur de l'explication du texte, ce qui veut dire que l'information historique, aussi nécessaire soit-elle lorsque le contenu n'apparaît pas évident par lui-même, n'intervient qu'en second lieu et seulement lorsque la compréhension bute sur des difficultés que le lecteur ne peut pas postuler d'emblée. Autrement dit, la nécessité de retrouver les intentions de l'auteur s'impose seulement lorsque nous ne parvenons justement pas à le suivre, lorsque nous sommes heurtés par son opinion : bien comprendre consiste à être d'accord non en ce qu'on est du même avis que l'autre mais parce qu'une entente se produit *sur* « la chose même ». Une pensée philosophique, une proposition artistique vaut d'abord pour elle-même et pour ce qu'elle a à dire[3].

La mise en cause de la tradition et de l'autorité dans la perspective romantique ouvrait la voie au primat du souci historique dans la mise à découvert de la vérité des sciences de l'esprit. Pourtant, les sciences de la nature elles-mêmes ont su conquérir leur autonomie (même si elles se sont finalement détachées du savoir issu de l'exégèse biblique et de la tradition) tout en s'appuyant sur les développements de la philologie, à travers notamment la reconnaissance du caractère *naturel* de l'interprétation (appliqué à l'Écriture sainte et à la nature elle-même) et d'une activité de

1. GW2, p. 98-99, « Herméneutique classique et philosophique » (1968), PH, p. 93-94.

2. GW1, p. 184, VM, p. 198. Gadamer prend appui sur le chapitre VII du *Tractatus théologico-politicus* de Spinoza qui met en parallèle l'interprétation de la Bible et l'interprétation de la nature.

3. Gadamer voit d'ailleurs dans la tendance à prendre systématiquement en compte la vie et la situation personnelle des auteurs une extension excessive de paramètres qui devraient rester secondaires (GW1, p. 185, VM, p. 199).

déchiffrement prenant en compte le contexte. Gadamer valorise spécialement chez Bacon l'importance qu'il accorde à une procédure patiente et graduée, qui diversifie les observations, exerce l'acuité de l'esprit pour éviter un passage précipité du cas particulier à la règle[1]. De la même façon, la formation de la méthode des sciences historiques est moins linéaire et uniforme qu'on a pu le dire après coup[2]. La position d'un auteur comme Chaldenius par exemple ne peut être mise à profit des développements ultérieurs de l'herméneutique romantique qu'à condition de minorer la distinction qu'il a opérée entre la compréhension, qui reste attachée au *contenu* lui-même, et l'interprétation qui intervient quand on constate un manque de clarté ou des ambiguïtés patentes dans le texte. Là aussi, « ce qui importe d'abord et avant tout à la *compréhension*, c'est encore la compréhension de la chose, l'intelligence du contenu – il ne s'agit pas encore d'une démarche historique, encore moins psychologique »[3]. Gadamer cherche au cœur de la préformation de l'herméneutique moderne des contenus qui préparent sa critique de l'historicisme ; ce faisant, il intègre dans sa propre méthode la richesse de sens de la tradition et ce qu'on peut en retenir *objectivement*, c'est-à-dire comme participant de l'objectivité, à redéfinir, des sciences philosophiques et historiques.

SCHLEIERMACHER : LE PREMIER PAS VERS L'UNIVERSALISATION

Les textes de Schleiermacher, qui n'a d'ailleurs jamais publié d'herméneutique à proprement parler, ne sont pas d'un accès facile. Ses cours sur l'herméneutique ont été édités une première fois en 1938 par Friedrich Lücke d'après des notes manuscrites d'étudiants. En 1974, Heinz Kimmerle présente une édition revue de ces cours à partir de manuscrits originaux : ce texte a été traduit en français d'abord par Marianna Simon aux éditions Labor et Fides (Genève, 1987), puis par Christian Berner aux éditions du Cerf en 1987, qui lui ajoute le manuscrit d'August Twesten

1. Cette approche réflexive et synthétique de l'induction est notamment abordée par Bacon dans le *Novum Organum*, trad. M. Malherbe et J.-M. Pousseur, Paris, P.U.F., 1986, p. 78.

2. Gadamer pense surtout à J. Wach et à sa présentation de l'histoire de l'herméneutique dans *Das Verstehen, Grundzüge einer Geschichte des Hermeneutischen Theorie im 19. Jahrhundert*, 3 volumes, Tübingen, J.C.B. Mohr (Paul Siebeck), 1926, 1929, 1933 (GW1, p. 186, VM, p. 201).

3. GW1, p. 186, VM, p. 201.

(« L'herméneutique générale de 1809-1810[1] »). L'édition française contient ainsi les deux seuls textes sur l'herméneutique que Schleiermacher ait publiés de son vivant, c'est-à-dire les discours de 1829 prononcés à l'Académie de Berlin. Il a par ailleurs rédigé en 1799 son texte le plus célèbre, *Sur la religion*; ses discours sur la *Dialectique*[2] (1836) et l'*Esthétique* (1842) n'ont été publiés qu'après sa mort.

Pour la première fois avec Schleiermacher – qui se distingue par là des approches encore sectorisées de F. Ast et de F.A. Wolf –, la compréhension prend une dimension plus universelle, elle embrasse toutes les disciplines historiques au lieu de se fragmenter dans des domaines d'application distincts, théologique, juridique et philologique. Constituer une herméneutique générale implique de penser son rapport à la dialectique et à la philosophie[3], ce qui ne veut pas encore dire penser l'herméneutique elle-même comme philosophie. Seulement, au-delà du fait que cette universalisation n'est pas totalement aboutie, elle a également le tort selon Gadamer de se concentrer essentiellement sur les aspects formels de la compréhension ou sur ses procédés. L'unité formelle de l'herméneutique remonte à l'obscurité et à l'étrangeté qui caractérise toute pensée qu'on veut comprendre : l'universalité de la mécompréhension coïncide avec l'universelle étrangeté du contenu, de l'autre, de l'individualité. Schleiermacher procède à une analyse méthodique de ce mouvement en distinguant un double aspect dans la compréhension : une compréhension spontanée, intuitive, qui le plus souvent se produit sans règle particulière, et une compréhension consciente, qui se prémunit par avance contre toute déviance de sens. C'est cette seconde posture, donc le postulat de la mécompréhension, que Schleiermacher universalise en y annexant en quelque sorte la première. Puisque comprendre est un acte qui s'applique d'abord à des textes, quel que soit leur contenu spécial, l'herméneutique peut être divisée en deux branches, qui chacune réinjecte à sa façon le principe rhétorique de la liaison du tout et des parties. Premièrement, l'interprétation *grammaticale*, qui prend en compte la liaison du discours avec la totalité de la langue et

1. Sur les questions d'établissement des textes de Schleiermacher concernant l'herméneutique, nous renvoyons à la très précise présentation de Christian Berner qui précède sa traduction.

2. Traduite par C. Berner et D. Touard, Paris, Le Cerf, 1995.

3. « Puisque <dans l'herméneutique>, écrit Schleiermacher, l'art de discourir et l'art de comprendre se font face, mais que discourir n'est rien d'autre que la face externe de la pensée, l'herméneutique entretient un lien avec l'art de penser et <est> donc philosophique » (« L'Abrégé de l'herméneutique de 1819 », *op. cit.*, p. 114).

met l'accent sur le discours comme « <élément> extrait de la langue »[1]. Deuxièmement, l'interprétation *psychologique* ou technique qui considère le discours « comme une réalité produite par le sujet pensant[2] », c'est-à-dire comme expression d'un vécu particulier. Ces deux aspects sont constamment imbriqués dans tout comprendre, et ils s'étendent, au-delà des textes, aussi loin que l'expression même des pensées[3]. Par là, l'herméneutique se rend digne d'une « *Kunstlehre* » (doctrine d'un art en général).

Schleiermacher a par ailleurs su déceler l'intervention prioritaire du dialogue dans la compéhension, aussi bien sur le plan dialectique (orienté vers la connaissance), que sur le plan esthétique (dans la communication et la participation à un mouvement créatif commun). Derrière l'universalité de la mécompréhension se dessine l'universalité de l'individualité, c'est pourquoi on ne peut rejoindre l'opinion de l'autre qu'en partant de notre propre individualité et en s'y référant par comparaison. Le principe de la *co*-génialité suppose de pouvoir transposer une individualité dans une autre, de comprendre l'autre à partir de ce qui le fait être et penser de telle ou telle manière. Schleiermacher fait ainsi intervenir en parallèle le procédé comparatif et le procédé combinatoire. Certes, la totalité à laquelle Schleiermacher se réfère dans les deux branches majeures de l'herméneutique (le tout de la langue et le tout du sujet pensant) renvoie à un cercle « mobile », qui peut gagner en extension en fonction des contextes eux-mêmes relativement vastes auxquels se réfère la démarche compréhensive, mais son souci est de limiter, ou de relativiser, cette tendance indéfinie en

1. *Ibid.*, p. 115. Schleiermacher ajoute que « partout il y a construction d'un fini déterminé à partir de l'infini indéterminé. La langue est un infini, parce que chaque élément peut être déterminé d'une façon particulière par les autres » (p. 116).

2. *Ibid.*, p. 115. C'est par rapport à deux aspects essentiels de l'homme lui-même que se détachent ces deux orientations du comprendre : car « tout homme est d'un côté un lieu dans lequel une langue donnée prend une forme qui lui est particulière, et son discours ne peut être compris qu'à partir de la totalité de la langue. Mais, <d'un autre côté, > il est aussi un esprit en développement constant, et son discours n'est qu'une des réalités produites par cet esprit, en liaison avec toutes les autres ».

3. Dans *Les Discours de l'Académie*, Schleiermacher explique qu'il « n'y a pas lieu non plus de limiter l'herméneutique aux seules productions littéraires ; en effet, il arrive souvent, dans une conversation, que je me surprenne à faire des opérations herméneutiques : quand, au lieu de me contenter d'un degré ordinaire de compréhension, je cherche à découvrir la manière dont a bien pu chez mon interlocuteur s'accomplir le passage d'une idée à une autre, ou à dégager les idées, jugements ou intentions qui font que, il s'exprime comme il le fait et non pas autrement. Les faits de ce genre (...) montrent assez, à mon sens, que la solution de la tâche, pour laquelle nous recherchons justement la théorie, n'est nullement liée à l'état du discours que l'écriture fixe pour l'œil, mais se trouve chaque fois qu'il s'agit de percevoir, par l'intermédiaire des mots, des idées ou des séries d'idées » (« Les Discours prononcés à l'Académie » (1829), *op. cit.*, p. 162).

insistant sur la possibilité de parvenir à une compréhension parfaite. La co-génialité empathique doit saturer une compréhension confrontée au caractère inépuisable de l'individualité. Dans ces conditions, la véritable distance à franchir est moins celle de l'histoire – qui sépare un lecteur donné du « premier lecteur » – que celle de l'altérité de l'auteur : comme le processus de reconstitution n'est pas une stricte identification au processus créatif, il va jusqu'à constituer un surcroît de compréhension qui justifie l'idée – repris ensuite par August Boeckh, Hermann Steinthal et Dilthey – que comprendre un auteur c'est le comprendre mieux et davantage qu'il ne s'est lui-même compris. La compréhension met en lumière un implicite qui échappe à l'auteur et c'est par là que l'herméneutique produit un gain de connaissance[1].

La critique du subjectivisme entreprise par Gadamer n'est toutefois pas une opération aussi simple qu'elle paraît, car il ne s'agit pas seulement de montrer les points faibles d'une démarche qui a de fait connu des révisions importantes dans le développement contemporain des sciences sociales, politiques et historiques, mais de renverser ces éléments critiques en arguments positifs qui ré-enracinent ailleurs la nécessité d'une vérité philosophique. En effet, l'universalisation de l'herméneutique depuis l'art n'est pas une universalisation de l'esthétique comme mode de lecture ou art créatif : le fonds linguistique et dialogique commun à toutes les productions humaines n'est pas invoqué pour brouiller les différences essentielles qui spécifient chaque domaine, comme tend à le faire l'importation du modèle herméneutique de la co-génialité dans le champ historique. Pour Gadamer, le souci historique consiste « à confronter son propre horizon à celui du passé »[2]. Le thème de l'application du passé au présent, un des apports essentiels de l'herméneutique piétiste, rappelle que c'est aussi comme tel que ce qui est étranger a quelque chose à dire au présent. Le débat entre Gadamer et Schleiermacher concerne ainsi essentiellement le statut qu'ils donnent au contenu exprimé : à s'attacher principalement au contenu comme résultat d'un vouloir-dire ou d'une intention, Schleiermacher aurait négligé la vérité du contenu. Mais a-t-il véritablement sous-évalué cette question ? S'en est-il tenu à la vérité de la reconstitution au détriment

1. Dilthey reprendra la question en parlant à propos de la poésie d'une compréhension de sa « forme intérieure » dans « Naissance de l'herméneutique », *Écrits d'esthétiques*, *op. cit.*, p. 291-294 (GW1, p. 197, VM, p. 212-213). Gadamer considère également que l'auteur, et spécialement le poète, n'est pas le mieux placé pour percer à jour son geste créatif, qu'il ne possède aucun privilège herméneutique. Plus généralement sur le concept d'expression et la critique de la psychologisation, voir « *Exkurse* » I-VI (1960), GW2, p. 384-386.

2. GW2, p. 105, « Herméneutique classique et philosophique » (1968), PH, p. 103.

de la vérité intrinsèque du contenu déterminé? Dans la Postface de 1972, Gadamer reconnaît lui-même la partialité de sa relecture de l'histoire de l'herméneutique, et spécialement de Schleiermacher[1]. Pour Jean Grondin, la réduction psychologiste de Gadamer mésestime l'aspect dialectique (et dialogique) de la pensée de Schleiermacher, la dialectique étant « l'art de l'entente mutuelle » qui se substitue aux tentatives manquées de fondation ultime par la tradition[2]. Pour Gadamer, l'essentiel reste, en dehors de l'inscription de notre finitude au cœur de la méthode dialectique (qui, elle, a le souci de la connaissance des choses), que Schleiermacher soit revenu sur la « naïveté » de la compréhension spontanée et inconsciente en soulignant la nécessité pour l'interprète de partir toujours du postulat inverse, c'est-à-dire le risque ou la possibilité de la mécompréhension qui non seulement justifie dans son principe le geste interprétatif mais l'accompagne en continu. Gadamer accentue l'idée que, dans ces conditions, le génie était naturellement appelé à devenir le modèle du comprendre comme venue à la conscience d'un processus inconscient. Il considère que Schleiermacher s'est peut-être un peu avancé, en parlant de « *Kunstlehre* » à propos de la démarche herméneutique, sans doute pour compenser sa propre tendance à accentuer l'activité divinatoire, et cela en raison de l'impossibilité stricte à encadrer l'interprétation de façon rigoureusement technique. Le système dialectique de Schleiermacher vise bien l'unité de l'être et de la pensée en pointant par ailleurs une différence entre le langage et l'art (qui ne peut jamais être totalement compris contrairement à certaines formes linguistiques), mais le projet de Gadamer cherche au contraire à penser la dimension philosophique du comprendre en joignant le cognitif au représentatif et en faisant saillir une entente et une identité de l'œuvre qui révèlent la possibilité d'être la plus haute du fini au cœur de l'extension ininterrompue du dialogue.

1. GW2, p. 462-466, « Postface » (1972), AC1, p. 103-106.

2. Il explique que l'effort de reconstitution de la dimension intérieure « est tout le contraire d'une négligence ou d'une mise entre parenthèses de la teneur de la vérité. En effet : une restriction de la prétention de vérité a plutôt lieu si l'on fait abstraction de ce vouloir-dire ou de ce discours intérieur, qui porte tout acte de langage. On n'a accès à la vérité qu'en adoptant ici une attitude herméneutique, c'est-à-dire en perçant le dogmatisme superficiel du plan grammatical pour entrer dans l'âme du discours » (J. Grondin, *L'universalité de l'herméneutique*, Paris, P.U.F., 1993, p. 97).

LE SOUCI MÉTHODIQUE DANS LES SCIENCES HISTORIQUES : HEGEL ET DILTHEY

Le but de Schleiermacher n'était pas tant de fonder méthodiquement les sciences de l'esprit que de mobiliser les apports de celles-ci en direction de l'étude de textes particuliers, notamment des textes de la tradition biblique. Les conséquences de ce renouveau sur l'assise méthodique des sciences historiques étaient encore à dégager. Pour ce faire, il fallait prendre en compte l'extension possible de l'objet d'étude de la libre production d'une individualité à l'histoire en son universalité et en sa totalité. L'école historique (L. Ranke et J. G. Droysen) présente son projet comme un projet en creux, explicitement opposé à Hegel. Elle entend tenir ferme l'exigence de scientificité tout en contournant la manière hégélienne de l'attacher à une rationalité idéaliste et absolue; la philologie a ainsi fourni une assise méthodique, comme herméneutique, aux études historiques. Si la compréhension de l'histoire ne peut pas dépendre de ce que Gadamer désigne comme « construction apriorique de l'histoire », c'est que le matériau de l'historien est seulement constitué par les faits (en quoi elle se montre fidèle au mot d'ordre du positivisme) qui seront interprétés à partir d'un contexte total, dont les limites ne sont en même temps pas aisées à déterminer. Le postulat de départ est l'idée d'une totalité à interpréter, elle-même pensée sur le modèle de la totalité que forme un texte. Jusqu'où la transposition de l'exercice philologique dans le travail historique peut-elle être menée? « Pour notre part, écrit Gadamer, nous ne prétendons nullement, comme Dilthey, que tout événement (*Geschehen*) soit une configuration de sens aussi parfaite qu'un texte lisible. Si nous avons fait de l'histoire une philologie en grand, ce n'était pas pour la concevoir comme histoire de l'esprit »[1]. On bute en effet immédiatement sur un problème de délimitation, puisqu'il ne s'agit plus de travailler à l'intérieur des cadres décrits par un texte particulier mais dans un contexte dont les frontières sont par nature indéfinies. Puisque la source de la compréhension historique est formée par la tradition elle-même, c'est à partir d'elle et d'elle seule qu'il faudra parvenir à la compréhension et maintenir l'idée d'un éclairage du particulier à partir du tout. Cet éclairage peut donc servir d'assise à l'enquête historique sans réintroduire un concept d'histoire universelle dont la formulation idéaliste est d'emblée proscrite. C'est la fragilité et la précarité de ce positionnement qui fait surgir le problème du relativisme.

1. GW1, p. 345, VM, p. 362.

La thèse hégélienne est en effet à la fois ce que l'école historique doit affronter, en restant cohérente avec ses propres postulats, et ce que Gadamer instille par vague dans son discours critique pour libérer sa propre entreprise de légitimation de l'impasse historiciste, de ses contradictions, et des solutions bancales qu'elle tente d'apporter à des exigences incompatibles : un relativisme rampant et une tendance paradoxale à renouer avec le principe téléologique. Car bannir l'optique téléologique conduit à une forme de nivellement dans lequel chaque époque a une importance égale, perd ce qu'elle a de spécifique et donc de proprement historique. Comme le dit Ranke, depuis le point de vue d'un entendement infini, les différentes époques ne peuvent plus être hiérarchisées, il justifie ainsi le thème de « l'effacement de soi » ou de l'oubli de soi de l'interprète. Gadamer utilise ici de nouveau l'idée de simultanéité, déjà intervenue dans la critique de la conscience esthétique, pour qualifier le point de vue transcendant depuis lequel tous les temps se valent[1]. Il va de cette façon pouvoir mettre en évidence les apories qui bloquent l'ambition épistémologique de l'école historique.

La lecture de ces passages de *Vérité et méthode* est rendue complexe par la collusion des références et des déplacements que Gadamer lui-même leur fait subir. Cela vaut aussi notoirement pour sa compréhension de la philosophie hégélienne de l'histoire. En effet, les termes utilisés par Gadamer pour la résumer ne correspondent pas exactement à sa lettre, surtout lorsqu'il parle de « construction apriorique de l'histoire ». Car la présupposition du sens, qui coïncide avec celle de l'absolu, n'a pas chez Hegel le statut de principe *a priori*, et, en réalité, rien chez Hegel n'est construit « *a priori* » pour autant qu'il soit effectivement *construit*. Il est intéressant cependant de voir Gadamer revenir frontalement sur la défiance principielle de la conscience historique vis-à-vis de la compréhension hégélienne de l'histoire et ainsi arracher ce thème à la désuétude à laquelle la fin du XIXe siècle et l'époque contemporaine l'ont condamnée. Il s'agit du reste, avec la version tragique de la « fin de l'histoire », d'un des motifs hégéliens les moins bien compris. L'idée que la raison prédéterminerait l'histoire, en l'obligeant à suivre un progrès donné d'avance et écrasant sous lui le jeu libre des initiatives personnelles et la facticité de l'événement a eu la vie longue, en raison de la difficulté spécifique que représente la compréhension du spéculatif chez Hegel mais aussi sans doute de l'influence du traitement heideggerien de la question, dont Gadamer semble s'être largement inspiré. Le plus souvent, cette lecture fautive – Gadamer

1. GW1, p. 214, VM, p. 230.

a d'ailleurs repéré certains glissements d'interprétation dans la lecture heideggerienne de Hegel en dehors de la problématique historique, glissements qu'il met au compte de la démarche d'élaboration, par Heidegger, de sa *propre* philosophie[1] – consiste à lire le thème hégélien de la totalité de sens depuis l'entendement, comme construction du sens donnée d'avance et broyant l'imprévisible. Ce qui est en jeu ici, c'est bien une certaine interprétation de la liberté : or Hegel dissocie justement geste libre et geste imprévu, l'esprit intègre du jeu, de l'invention, la totalité n'est pas le résultat d'une nécessité mécanique. Les idées d'arrêt, de fixation à l'avance de la chose sont des déterminations temporelles, non conceptuelles, elles sont impropres à décrire l'achèvement absolu du sens. Pour Hegel, seul ce qui est fini peut s'arrêter ou se donner d'avance une solution. Il n'y a donc pas de « fin de l'histoire », dès lors qu'on cesse de confondre abstraitement, en suivant Hegel, l'achèvement du sens avec celui du déroulement temporel en lequel l'esprit se reconnaît, s'accomplit et se conserve, rendant effectif l'ordre qu'il pose conceptuellement comme logique ou discours du soi. Autrement dit, l'esprit s'effectue bien tel qu'il se comprend lui-même, mais cette compréhension de soi n'a pas vocation à se matérialiser dans une suspension ou une contraction du déroulement historique, elle-même donnée dans le temps. Si totalisation il y a, elle n'est pas le terme, comme finalité, d'un processus qui ne trouverait sa vérité que dans un résultat lui-même captif d'un moment de l'histoire humaine (ou dans une idée *a priori*, indépendante de toute historicité) : l'absoluité du sens intègre la totalité de l'histoire qui s'y rassemble sans dépendre d'un déploiement indéfini, en cela calqué sur une historicité seulement humaine. Pour le dire plus prosaïquement, c'est seulement à l'homme qu'il peut arriver d'attendre quelque chose, l'absolu quant à lui ne laisse *rien* à attendre, et c'est là tout l'optimisme de la philosophie de Hegel. Pour lui, la promesse est déjà tenue, le sens déjà présent, et présent éternellement. Et cette présence éternelle n'est pas non plus une sorte de programme que l'esprit se donne d'avance, qui se rendrait ensuite simplement lisible dans une suite nécessaire d'événements. En résumé, la difficulté, et en même temps la cause du contresens, consiste à permuter procès spéculatif et logique d'entendement. Ce qui est véritablement anti-hégélien, c'est de substituer à la liberté le langage de la « nécessité » là où la nécessité n'a de sens que comme production libre de l'esprit. Avec Gadamer, l'élément essentiel reste la façon dont il fait jouer la pensée hégélienne de l'histoire contre le psychologisme et le relativisme de la

1. Par exemple dans « Heidegger et le langage » (1990), GW10, p. 20, *L'Herméneutique en rétrospective*, *op. cit.*, p. 37 et « Heidegger et les Grecs » (1990), GW10, p. 42, trad., p. 61.

science historique moderne en intégrant à son projet herméneutique le souvenir, prégnant, de l'esprit universel tel qu'il anime la compréhension de l'histoire et justifie la rationalité propre des sciences de l'esprit.

Gadamer relève notamment que la transition de Hegel à Schelling a entraîné un recul du rôle directif de la philosophie dans la culture au bénéfice de la méthode des sciences de la nature qui, dans un contexte qui renoue avec le kantisme contre le versant absolu de l'idéalisme, a déterminé aussi l'histoire comme science[1]. La continuité méthodique entre l'herméneutique romantique et les sciences historiques a été plus précisément le fait de Dilthey chez qui l'herméneutique devient une véritable « épistémologie des sciences de l'esprit » qui vient parachever ce que les études historiques, avec le travail de Ranke et Droysen, avaient amorcé. Gadamer s'intéresse justement d'abord à la façon dont le passé accède au statut de modèle pour un présent alors que ce qui sert d'étalon dans le passé est en même temps pris dans un contexte non reproductible. Selon lui, que ce soit chez Humboldt, Goethe, Ranke ou même Hegel, on pense chaque fois l'histoire d'après un référent qui lui est extérieur et la transcende, un référent qui nous ramène à l'art comme dispensateur d'une harmonie accomplie à un moment donné et définitivement perdue, sous sa forme la plus accomplie, pour le présent. Le recours à un paradigme esthétique vient compléter le maintien du souci positiviste dans la recherche de fondation des études historiques. Si « la structure ontologique de l'histoire est donc téléologique », ce n'est pas parce qu'elle accomplirait de façon parfaite et totale un projet préalablement donné – car l'histoire, selon ces penseurs (Droysen, Ranke et aussi Dilthey), ne peut produire que des traductions incomplètes, partielles, imparfaites de l'idée ou de la liberté – mais parce qu'on peut malgré tout dégager en elle des continuités, des persistances, des liens qui justifient le principe même d'une connaissance de celle-ci. En d'autres termes, la possibilité des études historiques s'appuie sur des moments plus significatifs, plus « consistants » que d'autres qui sont autant d'indices d'un déploiement intelligible de l'histoire. L'interprétation historique est ainsi amenée à tempérer la possibilité de reconnaître certaines formes de progrès en se passant totalement de toute référence au *telos*.

Pour éclairer cette nouvelle difficulté, Gadamer procède à une analyse du concept de force, et de son extériorisation, de nouveau en partant de l'interprétation dialectique qu'en fait Hegel. Si la force dépasse son extériorisation, c'est qu'elle peut se déplacer, se re-produire et transposer

1. Voir KS1, p. 2, « Le problème de l'histoire dans la philosophie allemande moderne » (1943), LV, p. 56-57.

son pouvoir efficient en dehors des conditions où elle est d'abord apparue. Cette capacité de débordement, Gadamer la retrouve chez Ranke pour qui la « force vient se greffer sur la liberté »[1]. A travers le rapport de la force à son extériorisation, Gadamer rappelle que la nécessité ne congédie pas, dans la pensée hégélienne, l'exercice de la liberté, au contraire, la « résistance que rencontre la force libre relève elle-même de la liberté »[2]. La force joue ici un rôle modérateur vis-à-vis d'une conception de la liberté ramenée à la seule impulsion individuelle : dans ces conditions, les limitations rapportées au contexte ne sont pas des limitations de la liberté elle-même mais du milieu où elle doit s'exprimer et qui lui donne sa configuration propre. Autrement dit, il ne s'agit pas d'une condition négative de la liberté, la force permet au contraire « de penser la cohérence en histoire comme donnée fondamentale[3] » et elle concrétise la continuité requise pour justifier un travail rigoureux d'investigation des sciences historiques. En revanche, la cohérence des interprétations de Ranke et de Droysen devient plus fragile lorsqu'ils continuent à se placer sur le terrain de l'expérience, d'un simple « jeu de forces », et qu'ils croient pouvoir concilier leur rejet de la « construction apriorique » avec ce repérage de continuité, qu'il est, selon Gadamer, difficile de maintenir sans faire implicitement appel à l'idée de totalité et d'unité de l'histoire. En effet, l'idée de continuité historique est moins quelque chose que l'expérience pourrait établir, parce qu'elle se traduirait dans les faits, qu'une condition du travail historique, de l'idée même d'histoire universelle, qui légitime l'idée du *sens* de l'histoire. Gadamer interroge la possibilité pour une approche empirique de l'histoire de se justifier authentiquement sans intégrer des présupposés qui entrent en contradiction avec ses postulats fondamentaux. Droysen n'a pas ignoré ce problème lorsqu'il a indiqué que le propre de l'histoire est qu'elle met en jeu un matériau conscient de lui-même qui intègre une réflexion sur son évolution : la réflexivité n'est pas seulement exogène, dans la conscience historique, elle est déjà présente comme facteur déterminant des événements et de leur orientation[4]. Il précise que la temporalité historique est un

1. GW1, p. 210, VM, p. 225.
2. GW1, p. 210, VM, p. 226.
3. GW1, p. 211, VM, p. 227.
4. Gadamer se réfère essentiellement au grand ouvrage de J.G. Droysen, *Historik – Vorlesungen über Enzyklopädie und Methodologie der Geschichte* dans l'édition de R. Hübner (d'après des notes de Friedrich Meineke), München, Wien, R. Oldenbourg, réédité en 1974. Une édition revue de ce texte, établie et présentée par P. Leyh, est parue en 1977 (*Historik, Rekonstruktion der ersten vollständigen Fassung der Vorlesungen* (1857) – *Grundriss der Historik in der ersten handschriftlichen* (1857-1858) *und in der letzten gedruckten Fassung* (1882), Stuttgart, Fromann-Helzboog). Le *Précis de théorie de l'histoire*

devenir animé et déterminé par une capacité de conservation et de dépassement de ce qui s'est produit, par quoi elle se distingue complètement de la linéarité répétitive, sans conscience de soi, de la nature. En dernier ressort, la conscience de soi est fondée par l'école historique sur la source divine de la création et finalement une conception théologique de l'histoire : prendre part à l'histoire, pour Ranke, c'est participer à une vie universelle, l'histoire est une manifestation du divin. C'est aussi selon Droysen sur les « puissances éthiques » (*sittliche Mächte*) que doit porter l'attention de l'historien, non à proprement parler sur les individualités mais sur ce qu'elles expriment et signifient en participant à un projet éthique qui se continue et porte cette individualité au-delà d'elle-même. L'élément historique de la vie c'est sa contribution à une universalité « de vie » qui définit fondamentalement la destination éthique de l'homme[1].

Gadamer entend montrer que Dilthey n'a pas su dépasser les difficultés rencontrées par la tentative précédente de fondation des recherches historiques. Dilthey a été influencé à la fois par la critique husserlienne du psychologisme dans les Prolégomènes aux *Recherches logiques*[2] et par les structures de l'esprit objectif de Hegel dont il s'est d'abord approché dans ses écrits de jeunesse. Le problème de la conciliation entre la prétention à la vérité et l'empirisme de la conscience historique reste cependant un mur qu'il n'est pas parvenu à franchir. Pour Gadamer, les typologies de Dilthey, fondées sur le concept de « vision du monde », de monde vécu, sont soutenues par une « dogmatique secrète », nourrie par la recherche d'exhaustivité. Le projet méthodologique de Dilthey voudrait échapper à une double direction, celle de l'idéalisme « métaphysique » de Hegel et celle de l'interprétation panthéiste de l'individualité de Schleiermacher, ce qui le conduit

(trad. A. Escudier, Paris, Le Cerf, 2002) est une version synthétique de l'*Historik* que Droysen a publiée plusieurs fois entre 1858 et 1882. Une traduction prochaine de l'*Historik* d'après l'édition Leyh est annoncée par le traducteur du *Précis*. Aux paragraphes 15 et 48 du *Précis*, Droysen décrit la réflexivité et la continuité de l'histoire sur lesquelles prend appui la méthode historique (p. 330-331 et 346 dans l'édition Hübner et p. 48 et 73 dans la traduction française).

1. Droysen écrit que les « formes dans lesquelles se meut le travail de l'histoire sont les communautés éthiques, dont les types se trouvent inscrits comme *puissances éthiques* dans le cœur et la conscience des hommes. Chacune de ces puissances éthiques se crée sa sphère, son monde à soi ; chacune d'elles exige de tout un chacun de défendre également sa cause et de travailler pour elle, en l'invitant en même temps à élaborer – également en son sein – et à mettre en œuvre, la valeur éthique qui est la sienne » (*Historik*, éd. Hübner, *op. cit.*, p. 348, trad., p. 77).

2. En particulier dans l'introduction et les chapitres 3 à 8 (*Recherches logiques*, tome 1, « Prolégomènes à la logique pure »).

à accentuer la dimension expérimentale de son herméneutique. Pour résoudre la difficulté épistémologique propre à cette voie moyenne qu'avaient tenté d'emprunter Ranke et Droysen, Dilthey pose le problème de la fondation des sciences historiques en référence à l'entreprise kantienne : il faut donc procéder à une « critique de la raison historique » parallèle à la « critique de la raison pure »[1]. La mise entre parenthèses de la question de la finalité dans une approche purement historique conduit à réduire la conception philosophique de l'histoire de la philosophie à une « histoire des problèmes » : contre l'idée d'une articulation systématique entre les pensées telles qu'elles se présentent historiquement, le néo-kantisme a défendu l'idée d'une certaine constance historique des problèmes philosophiques[2].

De fait la période est propice, et pour quelques décennies encore, à une reprise et une montée en force de la pensée kantienne dans la question épistémologique au sens large. Pour Dilthey, le point de départ est l'identité du sujet et de l'objet de l'histoire, l'homme fait l'histoire, y participe et il est aussi celui qui la lit et la comprend, la science historique est possible parce que nous sommes des êtres historiques[3]. Les catégories à même de justifier la pensée historique – sachant que le concept d'expérience vécue est l'autre présupposition fondamentale de la connaissance historique – peuvent expliquer la transformation du vécu individuel en objet historique, c'est-à-dire, d'un point de vue méthodique, la transition de la fondation psychologique à la fondation herméneutique de l'histoire. Dilthey a cherché sur ce point un appui dans la pensée husserlienne de l'intentionnalité qui ne représente pas uniquement une détermination psychologique, une donnée

1. Dilthey, *Gesammelte Schriften*, Bd 7, Stuttgart, B.G. Teubner, 1992, 2e partie : *Die Erkenntnis des universal-historischen Zusammenhangs*, p. 261-262. Gadamer souligne que les « travaux de Dilthey avaient visiblement en commun avec la problématique de la théorie de la connaissance du néokantisme le même point de départ. Il cherchait aussi à procurer aux sciences de l'esprit un fondement philosophique indépendant en mettant en évidence leurs principes propres. Il voyait dans une psychologie descriptive et analytique le fondement de toutes les sciences de l'esprit. Dans le mémoire classique de 1892 intitulé *Idées pour une psychologie descriptive et analytique*, il dépasse la méthode des sciences de la nature dans le domaine de la psychologie et donne de cette manière aux sciences de l'esprit une conscience méthodologique d'elles-mêmes. Ainsi, lui aussi semble être conduit par la problématique de la théorie de la connaissance qui porte sur la possibilité de la science, et non sur l'être de l'Histoire. Mais en vérité il ne se borne pas à réfléchir sur notre savoir de l'histoire tel qu'on le trouve dans la science historique, il médite sur notre être humain qui est déterminé par le savoir <qu'il a> de son histoire » (KS1, p. 3-4, « Le problème de l'Histoire dans la philosophie allemande moderne » (1943), LV, p. 58-59).

2. GW3, p. 298, « L'histoire de la philosophie » (1981), CH, p. 174.

3. Dilthey, *Gesammelte Schriften*, Bd 7, *op. cit.*, p. 276-279, GW1, p. 226, VM, p. 242.

psychique réelle, mais l'unité idéale de la conscience. Le dépassement de la lecture causaliste de l'expression pouvait se référer à la distinction chez Husserl entre le système causal et la structure, laquelle correspond mieux aux manifestations de la vie psychique, car l'objet de la compréhension est une unité intelligible ou une signification, plus apparentées à ce que produit la vie qu'un élément logique.

C'est donc le concept de vie qui fonde originairement les conditions de la compréhension historique, car la vie a d'emblée une structure et un fonctionnement interprétatifs. L'intelligibilité de la vie est originaire car elle ne demande pas une tâche abstraite comme peut l'être l'application d'un appareil logique aux données de l'expérience. « Le sens de la destinée d'une vie, écrit Gadamer, est au contraire une totalité propre qui ne se forme pas à partir de la fin, mais d'un centre qui configure le sens. Ce n'est pas autour de la fin, mais d'une expérience décisive que se forme la signification de l'ensemble. Un instant peut devenir décisif pour toute une vie »[1]. Contrairement à l'idée hégélienne de fin absolue de l'histoire, Dilthey affirme le caractère illimité de la conscience historique, l'« universalité de Dilthey en tant qu'historien de l'esprit repose justement sur cet élargissement infini de la vie dans la compréhension »[2]. Gadamer reproche à Dilthey d'avoir valorisé la liberté de la compréhension en mésestimant l'importance du concept et des préjugés comme aiguillons du mouvement inerprétatif : de fait, selon un motif récurrent chez Gadamer, le pire des préjugés est de croire qu'on peut en faire l'économie. Selon lui, « (…) la liberté illimitée de la compréhension n'est pas seulement une illusion dévoilée par la méditation philosophique ; en cherchant à comprendre, nous faisons au contraire nous-mêmes l'expérience du caractère limité de la compréhension. C'est parce que la liberté de la compréhension se voit limitée que la compréhension parvient proprement à l'effectif, à savoir là où elle renonce à elle-même, c'est-à-dire face à l'incompréhensible »[3]. L'ouverture de l'incompréhensible ne coïncide pas avec celle, illusoire, du caractère illimité de la

1. KS1, p. 4-5, « Le problème de l'Histoire dans la philosophie allemande moderne » (1943), LV, p. 60.

2. KS1, p. 6, LV, p. 62. Gadamer reprend ici à son compte la critique par Heidegger du statut du donné historique dans la fondation diltheyenne de l'histoire : « Martin Heidegger a reconduit dans *Être et temps* l'historicité du *Dasein* humain à un ensemble de questions fondamentales. Il a libéré le problème de l'Histoire des présuppositions ontologiques à partir desquelles Dilthey envisageait encore la question. (…) L'historicité, c'est-à-dire la temporalité, signifie au contraire "être" en un sens plus originel que la simple présence que la science de la nature s'efforce de connaître. Il n'y a de raison historique que parce qu'il y a le *Dasein* temporel et historique » (KS1, p. 7, LV, p. 63).

3. KS1, p. 8-9, LV, p. 65.

vie qui se donne à comprendre. Le mouvement indéfini de la compréhension n'élimine pas les limites concrètes auxquelles est confronté l'interprète dans chaque acte donné de lecture. Pour cette raison, ce « n'est (...) pas un comprendre souverain qui permet un véritable élargissement de notre moi réduit à l'étroitesse du vécu comme le pense Dilthey, mais la rencontre de l'incompréhensible »[1].

Si donc le concept de vie peut servir de levier à l'universalité de l'herméneutique, par quoi il est possible de confirmer, dans l'esprit de Vico, la différence entre sciences de la nature et sciences de l'esprit, la justification de cette différence ne fragilise-t-elle pas l'affranchissement décrété vis-à-vis des positions idéalistes ? Le renforcement progressif et plus ou moins explicite du principe téléologique chez Dilthey, l'insistance, surtout à la fin de son parcours, sur le concept d'esprit, et la nécessité enfin de distinguer le donné de la nature du *produit* historique révèlent des affinités, difficiles à dissiper, avec l'optique spéculative. Il faudrait alors, selon la proposition de Dilthey lui-même, pouvoir conserver le thème de l'esprit objectif sans pour autant réhabiliter l'intégralité des réquisits idéalistes qui y sont liés. Alors, explique Gadamer, « affranchi de sa fonction unilatérale dans la raison universelle qui exprimerait l'essence de l'esprit du monde, affranchi aussi d'une construction idéelle, un nouveau concept de cet esprit objectif devient possible : en lui se trouvent contenus aussi bien le langage, les mœurs, toute espèce de forme de vie et de style de vie, que la famille, la société civile, l'Etat, le droit. Tout ce que Hegel avait appelé l'esprit absolu pour le distinguer de l'esprit objectif, l'art, la religion et la philosophie, tombera aussi sous ce concept »[2]. Le retour sur soi de l'esprit et l'idéal de conformité ne permettent pas de s'extirper du dualisme épistémologique, finalement renforcé dans le projet diltheyen, qui essaie de réunir au plan historique une unité qui ne peut plus échoir au concept et à la spéculation philosophique. L'unité supérieure que l'esprit absolu hégélien déployait dans l'art, la religion et la philosophie, « retombe » dans l'élément historique qui pourrait seul accomplir véritablement le

1. KS1, p. 9, LV, p. 65-66.

2. Dilthey, *Gesammelte Schriften* Bd 7, *op. cit.*, p. 149-150, cité par Gadamer dans GW1, p. 232-233, VM, p. 248. Gadamer décèle chez Dilthey jusqu'à la résurgence d'une figure de la transparence absolue à soi dans la description qu'il donne de la conscience historique : « La conscience historique acquiert une portée universelle en comprenant toutes les données de l'histoire comme des extériorisations de la vie dont elles sont issues ; "c'est la vie qui saisit ici la vie". En conséquence, l'ensemble de la tradition deviendra pour la conscience historique une rencontre de l'esprit humain avec lui-même » (GW1, p. 233, VM, p. 249 ; Dilthey, *Gesammelte Schriften* Bd 7, « *Der Aufbau der geschichtlichen Welt in den Geisteswissenschaften* », *op. cit.*, p. 136).

mouvement de retour plénier à soi de l'esprit connaissant, se substituant ainsi à la proposition métaphysique.

Le primat de la figure sur le concept, qui s'exprime conjointement dans l'esthétique romantique, montre un mouvement de « sécularisation » de la culture, de l'art et du sens de l'histoire, qui en fait la source de l'objectivation et de la validation des connaissances historiques. Seulement, souligne Gadamer, cet alignement de l'objectivation historique sur le faire artistique est-il véritablement justifié, le principe finaliste qui vaut pour l'artiste exprimant des intentions dans son œuvre peut-il être transposé dans le domaine de l'action historique qui s'inscrit dans un ensemble plus complexe, sans justement effacer, au nom d'une fondation qui voudrait au fond atteindre une pureté parallèle à celle du support méthodique des sciences de la nature, la multiplicité, la particularité impliquées dans la facticité de l'événement? A l'inverse, la manière dont cette particularité foisonnante est préservée, en dehors du schéma hégélien de sursomption de l'historique dans l'intemporalité conceptuelle, pèse négativement sur l'objectivité requise pour justifier la scientificité de l'histoire. La structure aporétique de la pensée de Dilthey apparaît ainsi de plus en plus nettement. Gadamer voit dans l'usage que fait Dilthey de la comparaison (Thucydide et Périclès, Luther et Ranke), davantage appropriée à l'objet esthétique, un exemple significatif de cette difficulté, qui renvoie aussi aux limites du principe de l'effacement de soi et de l'accès intuitif à la compréhension de l'autre[1]. La compréhension devient une opération d'effacement de l'écart, écart psychologique entre l'auteur et son interprète, écart historique entre le passé et le présent, et l'intelligibilité de l'histoire, pensée sur le modèle du déchiffrement d'un texte, conduit en fin de compte à la même simultanéité que celle sur laquelle reposait l'herméneutique romantique.

Dans un texte de 1968 intitulé « Herméneutique classique et philosophique »[2], Gadamer explique qu'au-delà de Schleiermacher, une nouvelle impulsion est donnée à l'herméneutique théologique avec Bultmann, qui voit dans la pensée existentiale de Heidegger le soubassement d'une interprétation fondée sur la foi et le péché. Jean Grondin signale que, selon Etsuro Makita, auteur de la colossale bibliographie des œuvres de Gadamer, c'est la lecture de l'article de Bultmann, « Le problème de

1. GW1, p. 238, VM, p. 254.
2. GW2, p. 92-117, PH, p. 85-118.

l'herméneutique» (1950[1]) qui l'a peut-être conduit à approfondir la question herméneutique. Bultmann était lui-même parti du problème de Dilthey: l'objet de l'herméneutique est une *Kunstlehre*, un art de la compréhension des extériorisations ou des objectivations de la vie fixées par écrit. Elle porte à la science la «compréhension du *Dasein* singulier et historique», elle est la connaissance scientifique de la personne individuelle, des principales formes de l'exister (*Dasein*) humain singulier[2]. Cette tâche pose le problème de la compréhension des phénomènes historiques pour autant qu'ils sont les témoins d'existences humaines singulières. Dilthey limite, factuellement, l'herméneutique à l'interprétation des objectivations fixées durablement comme «peintures de la pensée» de la culture, documents littéraires et œuvres d'art, le point délicat restant le passage de la vie individuelle de l'âme à une connaissance objective: car ce qui pousse un sujet à faire un choix n'est jamais seulement sa stricte dimension individuelle, c'est un choix qui engage l'histoire. La reformulation du problème par Heidegger a permis d'affranchir l'herméneutique de la méthode typologique de l'historicisme, à travers une critique de l'ontologie phénoménologique des essences de Husserl. L'herméneutique est désormais renvoyée à une possibilité fondamentale de l'existence humaine. À la dérive subjectiviste de l'herméneutique romantique, Gadamer opposera les résultats de l'analyse ontologique de l'œuvre d'art qui valait déjà comme socle de la force gnoséologique de la vie de l'esprit.

1. J. Grondin, *Introduction à Hans-Georg Gadamer*, *op. cit.*, p. 26. Voir R. Bultmann, *Glauben und Verstehen* t. 2, «Das Problem der Hermeneutik» (1950), Tübingen, J.C.B. Mohr (Paul Siebeck), 1993, p. 211-235.

2. *Glauben und Verstehen*, *op. cit.*, p. 211.

CHAPITRE II

LES ÉLÉMENTS HISTORIQUES DE LA COMPRÉHENSION : PRÉJUGÉ, AUTORITÉ, TRADITION

LA STRUCTURE PRÉALABLE DE LA COMPRÉHENSION

On a vu que la relecture des questions qui tournent autour de la conscience historique amenait Gadamer à revoir positivement la conception hégélienne de l'histoire qui s'avère finalement plus « profonde » « pour l'être de l'esprit et la connaissance de la vérité »[1] que celle qu'a véhiculée l'école historique. En réalité, la pensée historique moderne est elle-même influencée par des préjugés et des présuppositions qu'elle néglige d'autant plus qu'elle a parfois, sous la figure de l'« *intellectus infinitus* », brandi l'idée d'une pensée totalement pure, dépourvue de préconceptions (un esprit purement logique, et en ce sens anhistorique). En biffant cette influence du préjugé, l'école historique a non seulement tendance à absolutiser le modèle logique de compréhension mais encore à décharner la compréhension historique de sa propre historicité en revenant à des postures de l'*Aufklärung* dont elle était supposée s'éloigner[2]. La tradition, et l'autorité qui lui appartient, est un élément constitutif et immanent de la compréhension, non ce dont il faut se prémunir ou se dédouaner. Il est donc rationnel, du point de vue historique, qu'il y ait du préjugé, c'est là une

1. GW1, p. 202, VM, p. 218.

2. GW1, p. 275, VM, p. 291. Sur la présence du thème de la précompréhension dans l'histoire de l'herméneutique, voir par exemple « Rhétorique et herméneutique » (1976), KS4, p. 149-151, LV, p. 178-180. Gadamer explique par ailleurs que « l'historicité de notre existence implique que les préjugés constituent, au sens étymologique du terme, les lignes d'orientation préalables et provisoires rendant possibles toute notre expérience » (GW2, p. 224, « Le problème herméneutique » (1965), HP, p. 36).

condition et une exigence de la raison historique que Gadamer relie à l'herméneutique de la facticité. Gadamer s'appuie donc à la fois sur Hegel et sur Heidegger pour lever les ambiguïtés de l'école historique : en effet, « que la structure du *Dasein* soit d'être un projet jeté, que le *Dasein* s'accomplisse essentiellement sur le mode d'être de la compréhension, cela devra aussi valoir pour l'acte de compréhension qui se produit dans les sciences de l'esprit. La structure générale de la compréhension atteint en quelque sorte sa concrétisation dans la compréhension historique puisque les liens concrets des mœurs et de la tradition, ainsi que les possibilités d'avenir qui leur correspondent, sont ici à l'œuvre dans la compréhension elle-même. Le *Dasein* qui se projète vers son être-possible a toujours déjà "été". Tel est le sens de l'existential de l'être-jeté. (...) Tout ce qui rend possible et ce qui limite sa projection précède le *Dasein* de manière irrattrapable. Cette structure existentiale du *Dasein* doit aussi laisser sa trace dans la compréhension de la tradition historique et c'est pourquoi nous suivons d'abord Heidegger »[1]. Le point de départ de Gadamer est l'analyse heideggerienne de la « structure préalable de la compréhension », mais il se propose d'emprunter la trajectoire inverse et de dépouiller d'abord l'herméneutique « des entraves ontologiques du concept d'objectivité propre à la science »[2] pour en saisir l'historicité essentielle. Il va falloir dégager une forme d'objectivité appropriée à la connaissance de soi que produisent les sciences de l'esprit et partir du statut de la précompréhension dans ce que, à son tour, Heidegger a décrit comme cercle herméneutique[3]. L'idée de cercle herméneutique intervient ainsi de façon centrale dans toutes les tentatives significatives de définition de l'herméneutique. L'aiguillon du préjugé, c'est-à-dire ce qui permettra de le modérer, de l'aménager, de le corriger, ce n'est pas un présupposé plus radical, qui se veut justement négateur de toute présupposition en réfutant un aspect incontournable de la réalité de toute interprétation, mais la chose elle-

1. GW1, p. 268-269, VM, p. 285.

2. GW1, p. 270, VM, p. 286.

3. Pour Gadamer : « Comme la vie effective, l'Histoire ne s'adresse à nous que si sa parole s'insère dans le cadre de notre jugement préalable sur les choses, et les hommes et les temps. Toute compréhension de quelque chose de significatif présuppose en nous un réseau de tels préjugés. Heidegger a appelé cercle herméneutique cette situation de fait : nous ne comprenons que ce que nous savons déjà, n'entendons que ce que nous y mettons nous-mêmes » (KS1, p. 8, « Le problème de l'Histoire dans le philosophie allemande moderne » (1943), LV, p. 64). Dans la postface de 1972, Gadamer insiste d'ailleurs sur le rôle constant de la précompréhension (attentes, choix des thèmes ...) jusque dans les sciences les plus attachées à la rationalité méthodique. Voir aussi « Rhétorique, herméneutique et critique de l'idéologie » (1971), KS1, p. 127-128, HP, p. 105.

même, dont on a vu comment l'œuvre d'art parvenait à représenter et à instaurer, à accomplir l'existence. Le pouvoir de confirmation, ou d'infirmation, des pré-opinions revient aux « choses mêmes »[1].

Il ne s'agit pas d'oublier sa propre opinion, en voyant en elle un obstacle à la compréhension ou une source de malentendu : « Ce qui est requis, c'est uniquement l'ouverture à l'opinion de l'autre ou du texte »[2]. Cette ouverture n'est féconde que si le lecteur ne cherche pas à s'oublier lui-même pour mieux comprendre, on tient d'autant mieux compte de l'altérité de l'autre et du texte qu'on ne néglige pas ce qui constitue le soi qui va à leur rencontre : une conscience absolument neutre n'aurait rien à « s'approprier », elle deviendrait l'autre, ou le mimerait, mais ne le comprendrait pas. Non seulement l'idéal de neutralité ne correspond pas à la réalité des conditions générales de la compréhension, mais il ne convient pas non plus à la quête d'objectivité qui est sous-entendue dans toute démarche de compréhension et se produit historiquement, selon des critères toujours historiques (y compris dans les sciences de la nature) au sein des sciences de l'esprit. Le maintien de la conscience des préjugés ne signifie en rien une retombée dans le subjectivisme ou l'arbitraire, car les conceptions préalables sont simplement la condition de l'intelligibilité de l'autre, elles conditionnent la réussite de cette rencontre, non seulement lorsque ces pré-aquis sont théoriques mais aussi lorsqu'ils sont complétés par un sens pratique, une intelligence du dialogue, de la situation[3].

L'*Aufklärung* a distingué deux types de préjugés, le préjugé d'autorité et le préjugé de précipitation. Le préjugé d'autorité ne concerne pas une erreur dans l'usage de notre raison mais l'incapacité à en faire simplement usage, l'autorité ou la tradition entrant en contradiction avec la pensée rationnelle. L'interprétation du préjugé par l'*Aufklärung* manque de nuance et de discernement : il est certain que si la tradition s'impose en lieu et place d'une réflexion personnelle, elle entame l'exercice et le travail de la raison, mais ce qui importe, c'est le regard porté sur le contenu transmis. C'est donc aller plus fortement encore contre la raison que de préjuger de l'irrecevabilité de la tradition sans prendre en compte son contenu propre, comme si elle pouvait être jugée *a priori* vraie ou fausse, bonne ou mauvaise. On n'est pas plus libre en disant non qu'en disant oui,

1. GW1, p. 272, VM, p. 288.
2. GW1, p. 273, VM, p. 289.
3. Les textes de Gadamer sur la nécessité du lien entre théorie et pratique sont nombreux. Citons notamment « L'herméneutique comme philosophie pratique » (1972-1974), *Vernunft im Zeitalter der Wissenschaft*, Suhrkamp, 1976, 1986, p. 107, LV, p. 253.

on ne se rapproche pas davantage de la vérité en rompant qu'en continuant. Et s'il appartient à tout dialogue authentique de supposer que l'autre a peut-être raison, *a fortiori* cet autre peut-il être – et il l'est de façon féconde et stimulante – la tradition elle-même. Celui qui a la vérité pour souci ne considère à aucun moment qu'en apprenant *quelque chose* de quelqu'un il s'est soumis à une *personne*. C'est pourquoi Gadamer souligne que le rapport à la tradition concerne davantage des contenus que des individus (ou des sujets) et c'est par ce biais aussi que l'herméneutique se dégage du subjectivisme sans retombée dans le dogmatisme ou le paradigme logique de l'objectivité anhistorique. La compréhension et l'échange avec l'autre sont affaire de connaissance et de reconnaissance. À chaque fois l'autorité « s'acquiert », elle ne se constitue pas par décret (autrement dit, elle n'est pas seulement formelle), toute autorité doit s'asseoir sur des contenus. Ces connaissances n'ont certes pas prétention à valoir objectivement et universellement, mais elles continuent malgré tout à valoir quelque chose, et c'est cet ajout-là qui mérite qu'on s'y arrête et qu'on se mette à son écoute. La continuation de la connaissance constitue le tissu de la vérité spécifique à laquelle contribuent les sciences de l'esprit. C'est donc notre rapport à la tradition qui doit lui-même gagner en rationalité.

Sur la question du statut du préjugé et de l'autorité, Gadamer n'a toutefois pas négligé les nuances que pouvait lui apporter sa discussion avec Habermas. Il précise qu'il n'a « jamais pensé qu'il n'y ait pas de perte d'autorité ni de critique émancipatrice. Peut-on dire que la critique émancipatrice exercée par la réflexion produit la perte d'autorité ou que celle-ci se manifeste dans la critique et l'émancipation ? (...) Habermas a une vision étonnamment incomplète du processus d'apprentissage et d'éducation que j'ai invoqué (dans la perspective de l'éthique d'Aristote). Affirmer qu'ici la tradition seule fonde et doive continuer à fonder l'autorité des préjugés (ce qui, selon Habermas, serait ma pensée) est absolument opposé à ma thèse, selon laquelle l'autorité repose sur la connaissance »[1]. Gadamer entend ici se détourner de tout ce qui conduirait à rabattre ses thèses sur ce qu'il appelle la « réflexion », c'est-à-dire une conception idéaliste de la rationalité de l'histoire au sens strict. Le recours à la tradition n'est pas un impératif historique, il n'y a pas de place dans l'herméneutique pour une autorité qui se légitimerait d'elle-même. « La tradition, explique Gadamer, n'est pas une justification, en tout cas elle n'en est pas là où la réflexion en exige. Or c'est la question : où en exige-

1. KS1, p. 124, « Rhétorique, herméneutique et critique de l'idéologie » (1971), HP, p. 100.

t-elle? Partout? J'oppose à cela la finitude essentielle de l'existence humaine et la particularité essentielle de la réflexion. (...) Quand Habermas dit que "l'autorité peut être dépouillée de ce qui en elle était pur pouvoir (c'est-à-dire pour moi, de ce qui n'était pas autorité) et se résoudre dans la contrainte non violente du discernement et de la décision rationnelle", je ne sais plus ce qui nous sépare. À la rigueur, la question de savoir si, oui ou non, les sciences sociales peuvent fournir (en raison de quels progrès!) la "décision rationnelle" »[1]. La difficulté pour Gadamer est de confirmer l'autorité que porte la rationalité historique du langage sans adhérer complètement au sens absolu de la finalité et du sens qu'il croit déceler chez Hegel. Car le jeu social ne suffit pas pour lui à nous prémunir contre le relativisme déjà patent dans les herméneutiques romantiques et historicistes. Comment, cependant, le travail et l'action du langage et de l'histoire peuvent-ils véritablement exercer cette autorité, cette rationalité? La possibilité d'un exercice de la raison reste, au nom aussi d'un héritage grec conforté par l'herméneutique gadamérienne, le véritable défi de la jonction de l'être et du connaître dans tous les domaines de l'exister humain. « Sans doute, reconnaît Gadamer, peut-on discuter la prétention de Hegel à élaborer une philosophie de l'histoire. Mais il savait, lui aussi, que "les pieds de ceux qui t'emporteront sont déjà devant la porte" et, on peut le constater, en dépit de tous les désaveux que lui inflige l'histoire du monde, la pensée finale de la liberté pour tous garde une évidence contraignante qui est tout aussi indépassable que la conscience »[2].

Les savoirs issus de traditions diverses doivent ainsi trouver place dans notre présent comme nous participons à leur existence en les continuant et en développant à leur sujet des recherches, une réflexivité, des analyses comparatives, *etc.* De fait, eu égard à la question du fondement et de l'objectivité, les sciences de l'esprit bénéficient de la tradition la plus longue, la plus continue, la plus profonde, cela doit être rappelé pour signaler que ces

1. KS1, p. 125, HP, p. 101. Ainsi le langage est-il plus essentiellement le terrain de vérification de ce qui, chez Habermas, est supposé pouvoir lui échapper en jouant de dissimulation ou de manipulation. « Personne, par contre, ne démentira que l'application pratique de la science moderne transforme en profondeur notre monde et avec lui notre langage. Précisons-le : notre langage aussi. Cela ne signifie absolument pas, selon moi (quoi qu'en pense Habermas), que la conscience pourvue de son articulation linguistique détermine l'être matériel de la praxis vitale mais seulement qu'il n'y a pas de réalité sociale, avec toutes ses contraintes réelles, qui ne se montre à son tour en une conscience pourvue de son articulation linguistique. La réalité n'advient pas "derrière le dos du langage" mais derrière le dos de ceux qui nourrissent subjectivement l'idée qu'ils comprennent le monde (ou ne le comprennent plus) et elle advient aussi dans le langage » (KS1, p. 125, HP, p. 102).

2. KS1, p. 126, HP, p. 103.

contenus ont été maintes fois relus, critiqués, rediscutés, abandonnés, oubliés, réhabilités… La structure dialogique de l'histoire et de la pensée permet de dégager une forme originale de scientificité qui met en jeu le pluralisme des voix sans atomiser la pensée sur un mode nihiliste, pointilliste, sans perdre le sens profond de la continuité que le maintien de ce dialogue et la charge de vérité qui en ressort manifestent et déploient. Par cette continuité, ce qui est et reste historique échappe en même temps à un conditionnement et une investigation qui ne seraient qu'historiques. Gadamer souligne cet aspect essentiel à partir d'une analyse du concept du « classique » : « Lorsque nous qualifions une œuvre de "classique", c'est bien plutôt dans la conscience de sa permanence, de sa signification impérissable, indépendante de toute circonstance temporelle – dans une sorte de présence intemporelle, contemporaine de tout présent »[1]. Ce qui fait tenir le « classique » est quelque chose qu'il porte, il ne se légitime pas exclusivement des investigations historiques dont il peut faire l'objet, cette indépendance qui dessine une forme d'intemporalité relève encore de l'historicité de son être. Gadamer extrait ici de la pensée hégélienne de l'art le motif classique pour éclairer cette tenue par soi-même de l'objet comme objet herméneutique : « Est classique, selon Hegel, "ce qui se signifie et s'interprète ainsi lui-même" »[2]. Gadamer retient le thème de l'auto-interprétation pour arracher la réflexion de l'art et sur l'art à la mainmise unilatérale de l'historicisme, sans perdre de vue l'historicité comme seuil, coextensif de notre finitude. Il appartient à l'être historique de ne pas se laisser légitimer et connaître de façon seulement historique (et, subsidiairement, historiciste).

Par là, l'intemporalité peut être saisie comme débordement qui renvoie à l'impossibilité d'enserrer l'œuvre simplement dans son passé et son monde, à l'idée de « co-appartenance » de ce monde au nôtre et de notre monde à celui de l'œuvre. C'est pourquoi une œuvre qui a transmis un sens continue de le transmettre, et ce pouvoir-transmettre est un mouvement sans fin. En conséquence, « *Le comprendre lui-même doit être pensé moins comme une action de la subjectivité que comme insertion dans le procès de la transmission* où se médiatisent constamment le passé et le présent. Voilà ce qu'il faut faire reconnaître dans la théorie herméneutique, qui est beaucoup trop dominée par les idées de procédure et de méthode »[3]. Ainsi,

1. GW1, p. 293, VM, p. 309.

2. GW1, p. 294, VM, p. 311 (voir Hegel, *Cours d'esthétique* II, trad. J.-P. Lefebvre et V. von Schenck, Paris, Aubier, 1996, p. 11-12).

3. GW1, p. 295, VM, p. 312.

le dire de la chose même (la méthode en tant qu'elle revient à l'œuvre depuis la lecture herméneutique de la transmission du sens), la répétition (la *mimesis*) comme reproduction et appropriation, la relation tout/partie, la compréhension de soi de l'existence humaine dans les objectivations historiques et artistiques ou dans la conceptualité philosophique, la vérité de l'esprit comme débordement d'être et enfin la fusion des horizons, constituent les éléments convergents et fondateurs d'une herméneutique linguistique et philosophique. Celle-ci interprète la finitude de l'homme comme possibilité infinie de dire et de continuer à dire *ce* qu'il est essentiel de dire, ce qui ne peut être dit autrement que par l'art, l'histoire, le droit et la philosophie.

LA FUSION DES HORIZONS

Pour aborder la question de la distance temporelle, Gadamer réexamine la transposition dans l'herméneutique moderne de la règle de l'ancienne rhétorique selon laquelle le tout se comprend depuis la partie (et réciproquement), ce qui aboutit au critère de compréhension suivant : il faut que chaque fragment, chaque détail converge vers le sens assigné au tout et s'accorde avec celui-ci. L'idée de cercle herméneutique a été l'objet de deux saisies successives : avant Heidegger, et spécialement avec Schleiermacher, la précompréhension comme anticipation (affective) du sens de l'ensemble doit permettre, grâce à la transposition de l'esprit du lecteur dans celui de l'auteur, donc à l'art divinatoire, de parvenir à une compréhension transparente, libérée de tout élément étranger. La précompréhension comme allée-venue du tout à la partie s'efface dans la compréhension finale accomplie. Avec Heidegger en revanche, l'influence et le rôle positif de la précompréhension sont maintenus dans l'interprétation, ce qui permet de revenir sur l'aspect purement formel du rapport à l'autre qui a trouvé sa version exacerbée dans l'herméneutique empathique de Schleiermacher. Gadamer rappelle que la tradition qui intervient dans l'interprétation n'est pas seulement un « autre » par rapport à nous, un ensemble de pensées qui se constituerait en dehors de nous, c'est-à-dire un facteur d'étrangeté. Pour montrer que la précompréhension constitue la première des conditions herméneutiques, Gadamer analyse l'« anticipation de la perfection » comme principe de toute compréhension : l'intelligibilité d'un objet quelconque suppose une unité de sens parfaite, qui n'est remise en cause (et rapportée aux conditions d'établissement du texte, de traduction, par exemple) que lorsqu'on rencontre une difficulté majeure. Cette anticipation est bien d'une part un postulat formel général mais il ne se réduit pas à cela, il implique aussi ce que Gadamer appelle des « attentes de sens transcendantes[1] » qui se réfèrent cette fois à un contenu déterminé qu'on a en vue, et qui renvoie à la vérité de ce qui est écrit ou produit. Ce postulat inclut une double exigence : il y a d'une part l'accord entre ce qui est pensé et ce qui est exprimé, c'est-à-dire qu'on suppose que le texte qu'on lit exprime exactement ce qu'il veut dire, et d'autre part l'attente de vérité du contenu, sur lequel nous achoppons seulement lorsque quelque chose nous donne à penser que le contenu livré n'est pas entièrement recevable, alors précisément le texte se révèle comme étranger et texte de l'autre (ce qui justifie une investigation d'ordre psychologique ou historique). Dans l'anticipation de la compréhension, le principe d'une certaine objectivité du discours sur le chose est donc déjà présent[2]. Il ne s'agit pas simplement de mettre en accord ce qui est dit et ce qui est pensé, c'est-à-dire de comprendre ce que veut dire le texte, mais de toujours voir aussi dans ce qui est dit un contenu de sens, une vérité. On l'a dit, comprendre, c'est toujours moins comprendre quelqu'un que s'entendre sur quelque chose : « Ce n'est qu'à un plan secondaire que comprendre veut dire mettre en relief l'opinion de l'autre et la comprendre comme telle »[3].

Les postulats méthodiques de l'historicisme laissent également une place à l'illusion de domination qui caractérise assez généralement la posture scientiste, l'illusion que l'on pourrait surplomber nos préjugés, les identifier, discriminer toujours le préjugé et la connaissance, le « bon » et le « mauvais » préjugé, celui qui améliore ou facilite la compréhension et celui qui l'entrave. La précompréhension, comme au fond tout aspect méthodique d'un mouvement de connaissance, justement en ce qu'il est méthodique, n'est pas en soi bonne ou mauvaise pour la compréhension, et si la compréhension n'est elle-même jamais absolue et totale, c'est en raison d'une non-coïncidence (la non-coïncidence qui définit *toujours* le fini et l'historique) qui découle de l'implication des pré-requis. Mais la précompréhension est plus qu'un moment ou une condition dans un procès,

1. GW1, p. 299, VM, p. 315.

2. En effet, « de même que nous prêtons créance aux nouvelles d'un correspondant parce qu'il était là ou parce qu'il sait mieux que nous de quoi il parle, de même, face à un texte de la tradition, nous devons en principe rester ouverts à la possibilité qu'il ait une connaissance supérieure à celle que notre opinion préalable veut bien lui reconnaître. Ce n'est que lorsque cette volonté de faire valoir la vérité de ce qui est dit échoue que l'on en vient à tenter de "comprendre" le texte comme l'opinion d'autrui, c'est-à-dire de manière psychologique ou historique. Le préjugé de la perfection ne veut donc pas seulement dire qu'un texte peut parfaitement exprimer son opinion, mais aussi que ce qu'il dit est la vérité parfaite » (GW2, p. 62, « Du cercle de la compréhension » (1959), PH, p. 80).

3. GW2, p. 62, PH, p. 80.

elle participe d'ores et déjà à ce qui rend possible, rationnelle et douée d'intérêt la connaissance. La distance temporelle (et la tradition) doit être d'autant moins réduite ou annulée qu'elle forme précisément le *critère* de distinction entre les préjugés, elle est ce qui révèle la nature même de « préjugé »[1]. Si le préjugé ne jouait aucun rôle – le préjugé comme ensemble des connaissances et des attentes préalables, non dans le sens évidemment ordinaire et légitimement déprécié du jugement hâtif, simplificateur et grossier – la connaissance serait délaissée, nous n'en verrions même pas l'intérêt. Il s'agit d'une précompréhension au sens fort, d'une compréhension d'avant la compréhension, une condition logique (en un sens qui n'est plus instrumentaliste) suivant laquelle est déjà acquis le fait que la compréhension est cherchée, tentée et engagée, qu'elle réussisse finalement ou pas. On voit ici que l'influence, tacite, des présupposés méthodiques des sciences de la nature se manifeste encore lorsque c'est la compréhension comme résultat – et moins comme démarche complète, par quoi elle reste reliée à l'existence dans sa continuité, sa totalité – qui est valorisée. La recherche de coïncidence maintient l'herméneutique dans l'obligation de faire elle aussi la preuve de son souci d'efficacité. Chez Gadamer, il serait plutôt question de compréhension réussie. Car une compréhension réussie n'est pas une technique qui a fonctionné et qui a rendu spécialement service à ceux qui en ont fait usage : la réussite de la compréhension est celle du lecteur mais aussi de l'auteur, de la culture, de l'éthique, de l'histoire, de l'homme. À chaque fois qu'une compréhension est réussie, c'est, au fond, qu'on a fait « réussir » l'homme lui-même. Telle pourrait être d'ailleurs la définition de la morale, comme attitude opposée au crime « contre » l'humanité : non plus détruire l'humain en l'homme mais faire exister l'humain de et en l'homme, l'humain en soi et en l'autre.

Comprendre ne saurait en conséquence se réduire à un passage de l'inconscient au conscient, de l'obscur au transparent, de l'étranger au familier : le lieu même de l'herméneutique pour Gadamer se situe dans un entre-deux du familier et de l'étranger[2], et c'est ce que le tournant onto-

1. « C'était la présupposition naïve de l'historicisme que de croire qu'il fallait d'abord se transposer dans l'esprit d'une époque afin de penser selon ses concepts et ses représentations, au lieu de se servir des siens, dans l'espoir de parvenir de cette façon à l'objectivité historique" (GW2, p. 63, « Du cercle de la compréhension » (1959), PH, p. 81). « Souvent, ajoute Gadamer, cette distance temporelle permet de résoudre la question proprement critique de l'herméneutique qui est celle de distinguer les vrais des faux préjugés » (GW2, p. 63, PH, p. 82).

2. GW2, p. 64, « Du cercle de la compréhension » (1959), PH, p. 81.

logique de l'herméneutique, avec Heidegger, a permis de montrer en s'attachant à la temporalité du *Dasein* en sa dimension existentiale. La prise en compte de l'histoire dans la compréhension, en tant qu'elle fait advenir et ressortir quelque chose, Gadamer l'appelle *l'histoire de l'efficience* (ou de l'action, *Wirkungsgeschichte*). « *"Etre historique" signifie ne jamais pouvoir se résoudre en savoir de soi-même (Sichwissen).* Tout savoir de soi-même a pour point de départ une donnée historique préalable, qu'avec Hegel nous appellerons substance, parce qu'elle porte toute opinion et toute attitude du sujet, de même qu'elle ébauche ainsi et limite toute possibilité de comprendre une tradition dans son altérité historique »[1]. Il s'agit de montrer, « à rebours » de la *Phénoménologie de l'esprit* précise Gadamer, « en toute subjectivité la substantialité qui la détermine », c'est-à-dire non de porter le fini à l'infini, la conscience à l'esprit, mais de *situer* quelque chose en intégrant certaines limites, celles qui sont communes à celui qui regarde et à celui qui est regardé, puisque l'un et l'autre ne peuvent se soustraire à cette commune condition qui fait qu'ils sont chacun limités dans leur champ de vision. Si cet horizon désigne un ensemble de possibles pour celui qui dirige son regard, qui peut se resserrer ou au contraire s'élargir, il exprime la finitude de notre condition de pensée et d'expression, mais il n'est pas non plus un ensemble indistinct et indifférencié. Gadamer explique que celui qui « ne manque pas d'horizon » est celui qui sait hiérarchiser et distinguer les plans, qui sait regarder au-delà du plus immédiat, varier les points d'attache, apprécier la petitesse ou la grandeur de ce qu'il considère, autrement dit, non pas simplement juger mais évaluer, mesurer, interpréter. La qualité spécifique de celui qui comprend concerne la nature de son « horizon », son amplitude, sa richesse, sa densité, sa diversité, l'« ampleur supérieure de la vision ». Sans distance, tous les points de vue risquent de perdre ce qui les particularise ou ce qui en eux est fécond, la distance elle-même intègre *des* distances, des dénivelés, des angles, des strates, des parcours, des retours. Elle permet de comprendre en démultipliant les pôles de référence dont relèvent aussi les préjugés. Ces préjugés ne se présentent pas non plus comme une charge figée, ils sont soumis à des arbitrages, des inflexions issues du passé, ils ne forment pas un horizon du présent totalement coupé de l'horizon historique qui serait lui à rejoindre et à percer à jour : « *La compréhension consiste au contraire dans le*

1. GW1, p. 307, VM, p. 324. Voir aussi « Le problème de la conscience historique » (1973), KS4, p. 145-146, LV, p. 110.

processus de fusion de ces horizons soi-disant indépendants l'un de l'autre»[1].

La fusion des horizons signifie que la sortie de soi ou la projection vers l'horizon historique est aussi ce que la compréhension parvient à dépasser (Gadamer parle de *Aufhebung*), la fusion désigne un mouvement de jonction, une rencontre, elle se distingue de l'union simple (on n'aurait alors pas à parler de fusion mais simplement d'horizon unique) et de la séparation indifférente. Il s'agit d'une distance médiatisée, considérée et par là même effacée par sa projection dans le présent de notre pensée, parce que nous savons que la tradition se situe en dehors de nous tout en pouvant nous parler de notre aujourd'hui – précisément *dans la mesure* où nous ne vivons pas dans l'urgence d'une information seulement immédiate du monde, que nous avons autre chose devant nous qu'un instant qui s'ajoute à un instant. C'est ce qu'on pourrait appeler avoir un avenir. Sans cette tension qui crée l'appropriation, la situation d'un problème par ses limites, ses chocs, ses souvenirs, la médiation dialectique n'aurait pas lieu. Nous ne sommes pas le passé et en même temps nous le sommes toujours aussi, telle est la situation herméneutique à laquelle nous sommes confrontés et qu'il faut considérer en son être et son connaître. «La conscience historique, écrit Gadamer, est consciente de sa propre altérité et, pour cette raison, elle distingue de son propre horizon celui de la tradition. Mais, d'autre part, comme nous essayons de le montrer, elle n'est elle-même qu'une sorte de couche superposée à une tradition toujours agissante. Voilà pourquoi elle réunit aussitôt à nouveau les deux pôles ainsi détachés, de telle sorte qu'elle se réconcilie avec elle-même dans l'unité de l'horizon historique ainsi conquis»[2]. Il appartient à l'histoire de l'efficience de concentrer son effort sur cette fusion, qui recèle le problème essentiel de l'herméneutique, celui de l'application (*Anwendung*).

L'APPLICATION COMME PROBLÈME FONDAMENTAL DE L'HERMÉNEUTIQUE

Gadamer réaffirme l'importance de la tâche de l'application en la joignant à celle de l'interprétation, qui elle-même ne constitue pas un ajout subalterne et occasionnel à la compréhension. Il met en cause à cette occasion les catégories établies par Émilio Betti : celui-ci distingue

1. GW1, p. 311, VM, p. 328.
2. GW1, p. 311-312, VM, p. 328.

plusieurs formes d'interprétation (cognitive, normative et reproductrice) qui selon Gadamer conviennent mal à la diction propre par exemple à la poésie et à la musique, qui elles aussi n'existent que d'être interprétées, c'est-à-dire prononcées, jouées, "appliquées", car l'exécution des œuvres mêle nécessairement les trois types d'interprétation dégagés par Betti[1]. Surtout la question de l'application met de nouveau en jeu l'herméneutique juridique et l'herméneutique théologique comme modèles, car dans l'interprétation de la loi ou de la parole divine le moment de l'application ne correspond pas à une phase d'écrasement du particulier. Gadamer parle au contraire de service, l'interprétation est ce par quoi l'essentiel est « servi », elle se met à disposition de la chose pour la faire exister, la rendre manifeste et disponible : c'est de cette façon que Gadamer envisage le traitement de la question du sens et de son application dans les sciences historiques. « Notre thèse est donc que l'herméneutique historique a, elle aussi, à accomplir un travail d'application, car elle est, elle aussi, au service de la mise en valeur du sens, en comblant expressément et consciemment la distance temporelle qui sépare l'interprète du texte, de même qu'en surmontant l'aliénation de sens (*Sinnentfremdung*) survenue au texte »[2]. Gadamer se réclame sur ce point des cours de Heidegger sur le livre VI de l'*Ethique à Nicomaque* : « C'est qu'après tout, la φρονησις <prudence>, tout comme sa proche parente, la συνεσις <l'intelligence éthique>, incarne la vertu herméneutique par excellence »[3].

L'application est le thème herméneutique le plus directement affilié à la pensée éthique d'Aristote dans la mesure où elle se fonde sur un exercice (εζις) et un équilibre entre le savoir théorique et l'expertise pratique (l'attitude individuelle). Le savoir de soi renvoie à l'« être agissant » et au devoir être. Mais on ne saurait *se* faire singulièrement comme l'artisan lui-même fait ou fabrique quelque chose dont il a préalablement conçu le projet et qu'il réalise suivant un modèle avec des instruments adaptés. L'homme ne se « réalise » pas, ne s'accomplit pas comme il pourrait accomplir

1. Gadamer renvoie ici (GW1, p. 315, VM, p. 331) à deux textes de Betti : *Teoria generale dell'interpretazione* (1957), non traduite encore en français, et *Zur Grundlegung einer allgemeinen Auslegungslehre*, Tübingen, J.C.B. Mohr (Paul Siebeck), 1988, pour lequel il a rédigé une postface (« *Émilio Betti und das idealistische Erbe* »). Sur les différentes formes d'interprétation, on lira les pages 64 à 82 de ce dernier texte. Gadamer a prolongé la discussion avec Betti dans une extension à VM, « Herméneutique et historicisme » (1972), où il note qu'il a essayé de lui montrer qu'une théorie philosophique de l'herméneutique ne coïncide pas avec une théorie de la méthode (GW2, p. 394-395, AC1, p. 56).

2. GW1, p. 316, VM, p. 333.

3. GW3, p. 286, « Les Grecs » (1979), CH, p. 161.

n'importe quoi d'autre, parce qu'il ne se fait pas comme on fait un *autre* que soi. Gadamer rappelle que ce qu'on n'apprend pas (comme le savoir moral), on ne peut pas non plus l'oublier, on ne possède pas là quelque chose qui peut se perdre. Le savoir technique s'acquiert et repose sur une détermination claire de ce qui est à produire ; dans le savoir moral, il n'y a pas un temps pour le savoir et un temps pour l'application car la connaissance morale n'est pas séparable des situations concrètes auxquelles elle s'applique. Gadamer se réfère à l'usage critique qu'Aristote faisait du concept de droit naturel pour limiter l'impression que les concepts moraux sont seulement les produits de conventions : il ne s'agit pas d'arracher ces concepts à l'historicité de leur constitution mais de reconnaître que quelque chose subsiste concrètement, quelque chose « comme une nature de la chose » qui dépend elle-même de l'application. La justesse morale relève d'une prise en compte opportune et avisée de la situation qui oriente l'action : c'est pourquoi le contraire de l'exactitude morale n'est pas l'erreur mais une forme de privation ou d'aveuglement. Ne plus savoir quoi faire c'est au sens propre être désorienté. La différence entre savoir et savoir technique correspond aussi à une différence qui fait intervenir l'histoire : il est plus difficile de rattraper une « faute » morale qu'un mauvais geste technique, car on n'a pas affaire dans les deux cas aux mêmes possibilités de réitération. L'intimité entre la connaissance éthique et la situation fait qu'on doit chaque fois repenser la règle, concevoir un dispositif adapté à ce qu'on a sous les yeux. Le savoir moral constitue « peut-être la forme fondamentale de l'expérience en regard de laquelle toute autre expérience représente déjà une détérioration, pour ne pas dire une dénaturation »[1].

Le cas de l'herméneutique juridique est intéressant en ce sens. Dans chaque décision, le juriste doit relier la loi et le cas présent, ce qui revient à donner à la loi une sorte de seconde historicité, non plus celle de sa formation mais celle par laquelle elle acquiert véritablement son sens et remplit sa vocation. L'interprétation est aux prises avec une multiplicité d'applications déjà virtuellement entendue sous elle, qui se concrétise dans la diversité des situations[2]. La manière dont la compréhension médiatise le

1. GW1, p. 328, VM, p. 345.

2. Gadamer reproche ici à Savigny (*System des heutigen römischen Rechts*, 1840-1849, édité en 1981 en 9 volumes, trad. M. Ch Guénoux, Paris, F. Didot Frères, 1855-1860, en 8 volumes) et à Schleiermacher d'avoir mésestimé cette distance et cette tension entre les deux moments de la loi qui sont deux moments d'application. Là encore il s'agit de déplacer la question de l'application de son entente psychologique (retrouver l'impulsion première de la loi) à sa saisie dialectique comme expérience. C'est pourquoi la tradition se

passé dans le présent est donc commune aux disciplines théologique, juridique et philologique, disciplines que la tradition avait déjà pensées unitairement[1]. La possibilité de porter une parole passée dans le présent, de la rendre reconnaissable et acceptable par l'autre, confirme la caractère non-dogmatique du critère herméneutique que représente la chose ou la parole comme telles : c'est là le sens de l'appel de Gadamer à la notion de kerygme ou proclamation. Le kerygme avait déjà été analysé par Bultmann dans le sens de ce qu'il nomme une démythologisation de la parole chrétienne, c'est-à-dire une promotion du contenu transmis affranchi de l'élément mythologique qui l'accompagne. Pour Gadamer, la proclamation permet de joindre deux motifs herméneutiques essentiels et fédérateurs pour tous les savoirs qui font de l'application la condition d'existence de la compréhension : la *chose même* en tant que référent et la *représentation* (le fait que l'œuvre, médiation totale de sens, n'existe que d'être représentée devant un spectateur qui prend part à son jeu, à son accomplissement). Gadamer résume cette jonction en disant que « Bultmann lui-même insiste sur le fait que toute compréhension présuppose la relation vivante de l'interprète au texte et son rapport préalable à la chose transmise par le texte. Cette présupposition herméneutique, il l'appelle la *précompréhension*, parce que ce n'est manifestement pas le travail de la compréhension qui permet de l'atteindre : elle y est au contraire déjà présupposée »[2]. L'application forme le lien essentiel entre ces disciplines et c'est lui qui justifie concrètement, en préservant le sens fondamental de la totalité, l'universalisation des sciences de l'esprit et de l'herméneutique comme philosophie.

rend moins compréhensible dans une médiation qu'elle n'est médiation elle-même (GW1, p. 332, VM, p. 349).

1. Voir GW1, p. 346, VM, p. 362-363 et « Du cercle de la compréhension » (1959), GW2, p. 62-63, PH, p. 80-81.

2. GW1, p. 336, VM, p. 353. Dans « La théologie de Marbourg » (1964), Gadamer développe une analyse qui va dans le même sens : « Si l'on tient aussi compte du fait que l'unité interne de la compréhension et de l'interprétation, déjà mise en lumière par le romantisme allemand, inscrit l'objet de la compréhension, qu'il s'agisse d'une œuvre d'art, d'un texte ou de n'importe quelle autre tradition, dans la mouvance du présent, où il se met à nouveau à parler, en parlant notamment le langage du présent, alors il me semble que certaines conséquences théologiques commencent à se dessiner. Le sens kérygmatique du Nouveau Testament, qui confère à l'Évangile la forme d'application du *pro me*, ne peut plus être opposé à la quête de sens légitime de la science historique » (GW3, p. 207, CH, p. 61).

CHAPITRE III

À LA LISIÈRE DU RELATIVISME PHÉNOMÉNOLOGIE ET HERMÉNEUTIQUE DE L'EXISTENCE

L'HISTOIRE DE L'EFFICIENCE (*WIRKUNGSGESCHICHTE*)

La justification d'une pensée historique doit partir de l'impossibilité du « tout historique » auquel conduit l'historicisme. Cet arrachement à l'histoire en tant qu'il est nécessaire à l'histoire (sans quoi on finit par méconnaître l'historicité de notre être et de notre compréhension de nous-mêmes), Gadamer l'a découvert aussi chez Nietzsche dans la seconde *Considération inactuelle*. L'historicité de la compréhension n'est possible et intelligible que s'il y a aussi de l'« inconditionné », celui qui est au principe du sens éthique de l'existence.

La question de l'application a justement montré comment les herméneutiques théologique, juridique et philologique pouvaient reformer leur unité; mais cette détermination doit être complétée par ce que Gadamer appelle l'histoire de l'efficience[1] (*Wirkungsgeschichte*, que Pierre Fruchon dans *Vérité et Méthode* traduit par « histoire de l'influence » et Ricœur, qui reprend la formule *in extenso – Wirkungsgeschichtliches Bewusstsein* –, par « conscience exposée aux effets de l'histoire » dans *Du texte à l'action*, « Herméneutique et critique des idéologies »). L'application, comme la conscience de l'histoire de l'efficience, représentent les « correctifs » de l'oubli de soi (l'idéal de l'effacement de l'interprète)

1. « *L'ancienne unité des disciplines herméneutiques retrouve ses droits, si on voit à l'œuvre, en toute opération herméneutique, celle du philologue comme celle de l'historien, la conscience de l'histoire de l'influence* » (GW1, p. 346, VM, p. 362).

favorisé par la tendance méthodique de la science moderne. C'est pourquoi la compréhension n'est effective que lorsque l'universel (le texte) est appliqué, relié au soi sur un mode qui n'est plus subjectiviste. En ce sens, la compréhension n'est pas seulement une pensée de l'universel mais une action : comprendre, c'est faire en sorte que le texte, la loi, l'universel puissent exercer une action. Dans la conférence de 1965 intitulée « La continuité de l'Histoire et l'instant de l'existence », Gadamer donne une définition très précise de cette notion. « Ce que je veux dire par là, c'est d'abord que nous ne pouvons pas nous extraire de ce qui advient et pour ainsi dire lui faire face, ce qui aurait pour conséquence que le passé deviendrait en quelque sorte pour nous un objet. En pensant ainsi, nous arrivons bien trop tard pour pouvoir encore percevoir l'expérience authentique de l'Histoire. Nous sommes toujours d'emblée plongés au cœur de l'Histoire. Nous sommes nous-mêmes non seulement un maillon de cette chaîne qui se déroule, pour parler avec Herder, mais nous avons à chaque instant la possibilité d'être en intelligence avec ce qui nous vient du passé, et nous est transmis. J'appelle ceci "la conscience historique de l'efficience" car je veux dire par là d'une part que notre conscience est déterminée par l'efficience de l'Histoire, c'est-à-dire est déterminée par un advenir effectif qui ne permet pas de se poser librement en face du passé. Et d'autre part, je pense aussi qu'il importe de faire naître à chaque fois en nous une conscience de cet être-affecté (*dieses Bewirktseins*) – de même que tout passé qui vient s'offrir à notre expérience nous oblige bien à lui faire face, à assumer d'une certain manière sa vérité »[1]. Cela signifie que la compréhension historique intègre toujours le fait de notre immixtion dans cette histoire (de l'efficience), qui nous « fait » ou fait que nous sommes ce que nous sommes : la persistance de cette propriété ou de cette condition (faire l'homme en sa situation) en forme la continuité. Comme le dit Ricœur, « l'histoire me précède et devance ma réflexion. J'appartiens à l'histoire avant de m'appartenir. Or, cela, Dilthey n'a pu le comprendre, parce que sa révolution reste épistémologique et parce que son critère réflexif l'emporte sur sa conscience historique »[2].

En 1943 déjà, Gadamer récapitulait trois arguments critiques vis-à-vis de la conception diltheyenne de la compréhension historique, trois points qui selon lui sont impliqués dans toute compréhension. 1) Le rôle des préjugés; 2) l'histoire de l'efficience; 3) le caractère limité de la

1. KSI, p. 158, « La continuité de l'Histoire et l'instant de l'existence » (1965), LV, p. 80.
2. P. Ricœur, *Du Texte à l'action*, *op. cit.*, p. 375.

compréhension[1]. L'efficience de l'histoire est ce par quoi nous prenons part à cette histoire et sommes connectés aux choses afin de pouvoir mieux les considérer pour elles-mêmes et dans leurs différences respectives. L'idée de perspective ne sert pas ici à relativiser le point de vue mais au contraire à le cerner dans sa particularité non reproductible. La vérité telle que l'herméneutique permet de la déterminer suppose en conséquence un dégagement depuis cette continuité, dégagement qu'exprime aussi l'idée de présent. Gadamer clarifie ce point lorsqu'il précise, en 1965, que « c'est justement dans ce qui caractérise l'instant, à savoir d'être la discontinuité dans le cours continu de ce qui advient, que se trouve fondée la possibilité de préserver et de faire l'expérience de la continuité de l'Histoire »[2]. La condition de la vérité est que quelque chose se détache d'un ensemble différencié, qui en soutient en même temps l'existence, d'une continuité historique qui n'est pas garantie, contrairement à ce que soutenait Dilthey, par la certitude du vécu intérieur ou du sentiment. La continuité n'est pas forcée, la mémoire ne fonctionne pas comme un outil de réanimation à toute force d'un événement ou d'une pensée qui n'aurait plus de pertinence pour quiconque. Ce qui constituera le correctif ultime (du dogmatisme et du relativisme, qui n'est en fait qu'un dogmatisme qui ne s'avoue pas comme tel), c'est le dialogue : « La tradition et la transmission gardent leur sens véritable non par le maintien opiniâtre du traditionnel, mais dans la mesure où elles représentent un partenaire expérimenté et constant dans le dialogue qui nous constitue »[3]. La vérité fait durer et demeurer ce contenu qui s'est détaché sans s'immobiliser mais en continuant à nous apprendre quelque chose : une durée de la persistance de l'effet ou de l'action, en un mot, une continuité *historique*. Cette continuité intègre des ruptures, des crises, des révolutions, car Gadamer n'oublie pas que la vitalité historique ne saurait coïncider avec la tranquillité et « l'innocence de la vie organique ». Le temps lui-même pourrait se définir comme l'être même en tant qu'il agit et qu'il advient. L'efficience n'est donc pas autre chose que ce qui rend signifiant[4] : la source du sens est historique et linguistique, et c'est aux yeux de Gadamer ce que la lecture des textes de Heidegger (les premiers, sur l'herméneutique de la facticité, mais aussi les derniers) lui a spécialement enseigné. Gadamer dit du reste que la raison découle de ce mouvement de

1. KS1, p. 8-9, « Le problème de l'Histoire dans la philosophie allemande moderne » (1943), LV, p. 64-65.
2. KS1, p. 159, « La continuité de l'Histoire et l'instant de l'existence » (1965), LV, p. 82.
3. KS1, p. 160, LV, p. 83.
4. KS1, p. 9, « Le problème de l'Histoire dans la philosophie allemande moderne » (1943), LV, p. 66.

l'efficience historique et cela, sans doute, contre la représentation qu'on se fait d'une histoire qui découlerait de la raison (par exemple chez Hegel : en réalité, on l'a dit, rien au sens strict ne peut sortir de la raison qui ne soit lui-même posé en dehors d'elle, c'est l'empirisme hégélien). La raison, radicalement distincte de l'entendement, n'est pas auto-fondatrice, elle est elle-même une possibilité, et « l'Histoire est ce que toujours nous étions et sommes. Elle est la contrainte de notre destin »[1].

Gadamer reprend finalement la question des fondements de l'herméneutique historique en insistant de nouveau sur la supériorité de la pensée hégélienne (il parle ici de « philosophie de la réflexion », ce qui ne correspond pas à la qualification qu'en donne Hegel lui-même) contre les analyses de Schleiermacher et de Dilthey, auxquels il reproche de ne pas avoir su lire convenablement l'esprit de l'idéalisme spéculatif. Gadamer en valorise la cohérence en insistant sur la notion de médiation absolue de soi à soi dans laquelle l'autre est en même temps posé dans sa totale altérité avec soi. Hegel représente la réplique la plus forte aux aléas de l'argumentation, de la « sophistique », et finalement contre toute tendance formaliste de la pensée. Cette rationalité est liée à une dialectique de l'histoire à laquelle la conscience de l'histoire de l'efficience doit se confronter. Ricœur a très bien vu que le thème de l'histoire de l'efficience est le nerf stratégique de la tentative gadamérienne d'universalisation de l'herméneutique et de la critique des herméneutiques romantiques. Selon lui, la proposition de Gadamer pose deux problèmes. Premièrement, celui « de l'histoire et de l'historicité et non celle du texte et de l'exégèse qui continue de fournir ce que j'appellerais, en un sens voisin de certaines expressions de Gadamer lui-même, l'expérience princeps de l'herméneutique »[2]. Deuxièmement, celui du maintien d'une structure dichotomique patente dans le titre même de *Vérité et Méthode*. Selon lui, « cette situation initiale d'alternative, de dichotomie (…) empêche de réellement reconnaître l'instance critique et donc de rendre justice à une critique des idéologies, expression moderne et post-marxiste de l'instance critique »[3]. Il utilise en même temps le critère même de la vérité herméneutique, le sens de « la chose du texte », pour dégager une piste de dépassement de cette structure dichotomique à

1. KS1, p. 10, LV, p. 67. Et si l'histoire ne découle pas de la raison c'est aussi qu'interpréter c'est laisser l'objet *nous* interpréter : c'est ce que Gadamer montre notamment à partir du mythe, qui nous comprend plus que nous le comprenons avec netteté, nous sommes pris par l'histoire plus que nous ne pouvons la prendre depuis la raison (et surtout depuis une rationalité prioritairement méthodique).

2. P. Ricœur, *Du Texte à l'action*, *op. cit.*, p. 375.

3. *Ibid.*, p. 403.

laquelle les herméneutiques pré-heideggeriennes n'ont pu trouver de solution. Le problème pour Gadamer reste de mener à bien, pour reprendre le mot de Ricœur, l'effort de « dérégionalisation » de l'herméneutique, et Hegel représente de ce point de vue l'allier de choix, mais il s'agit aussi de ne faire peser aucune menace sur la finitude originaire du comprendre[1]. Hegel est l'interlocuteur incontournable, le plus sérieux de tous, mais il est aussi celui dont il faudra s'éloigner. En effet, le travail de l'histoire met en jeu la question de la réconciliation avec l'autre, la production d'une unité intérieurement médiatisée, c'est-à-dire la question même du spéculatif. Gadamer reconnaît toutefois que l'altérité n'est pas gommée par Hegel selon un procédé simplement formel, ce qui signale une fois encore le sérieux de sa démarche. L'altérité, l'aliénation est affaire d'expérience; et c'est sur l'interprétation de ce que veut dire « faire une expérience de la réalité », rendre *effectif*, que les chemins de Hegel et de Gadamer vont se séparer.

L'EXPÉRIENCE HERMÉNEUTIQUE

Gadamer explique que la structure de l'histoire de l'efficience, c'est l'expérience[2]. La science et la technique ont en commun une universalité rattachée au concept, mais qu'est-ce qui pourra fournir à l'expérience une dimension universelle ? Quel est le « logos » de l'expérience ? Le lien entre l'expérience et ce qui lui donne sens et unité, c'est-à-dire l'universel, Gadamer l'associe à la notion de dialectique. Il vise par là la capacité de l'expérience à peser sur l'ensemble de notre savoir, à le modifier, ainsi que son intimité avec l'historicité de l'existence. Cette interprétation n'est pas sans rapport avec celle de Hegel qui met la conscience face à son objet, à ce qui est « en-soi », et cet en-soi, qui existe pour elle, va en même temps modifier ce qu'elle est. L'expérience produit un renversement de la conscience en elle-même. Le savoir de l'objet, nouveau pour la conscience, redétermine l'objet précédent, l'objet se modifie en son être à mesure que le savoir qu'on en a s'enrichit. C'est pourquoi la vérité est en même temps une vérité de l'objet, non une vérité qui se tient en dehors de lui : ce qui est nié dans le savoir antérieur est aussi bien l'être antérieur de l'objet. Pour cette raison aussi l'être n'est vrai que s'il est pensé, et c'est en ce sens que la pensée prédétermine l'être.

1. Ricœur résume la question en écrivant que « le mot même d'horizon marque une répugnance ultime à l'idée d'un savoir où serait recueillie la fusion des horizons. Le contraste en vertu duquel un point de vue se détache sur le fond des autres (*Abhebung*) marque l'écart entre l'herméneutique et tout hégélianisme » (*ibid.*, p. 384).

2. GW1, p. 352, VM, p. 369.

Gadamer conteste cependant dans la manière hégélienne de penser le devenir historique l'idée d'absorption du fini dans l'infini de l'esprit absolu, la « digestion » de l'historique dans l'absolutisation de la conscience de soi. On a remarqué à ce propos que Gadamer importait ici des lectures qui étaient dans l'air du temps mais qui ne correspondent pas bien à la signification exacte du mouvement dialectique (ces erreurs de lecture sont du reste encore présentes chez Derrida par exemple). Pour lui, la dimension herméneutique de l'expérience tient à son ouverture – que ne manifeste pas la conscience historique lorsqu'elle n'envisage précisément les textes qu'*historiquement* –, donc à l'indétermination et au renouvellement associés à la finitude. L'expérience est expérience d'une butée, d'une limite, d'où le caractère spécifique de la souffrance qui ne nous donne pas à voir telle limite mais la conscience de notre être comme limite : elle est l'expérience d'une réalité qui s'impose et que l'on doit reconnaître. Ainsi l'« expérience véritable est celle qui donne à l'homme la conscience de sa finitude »[1]. De ce point de vue, l'expérience qui s'applique à la tradition touche un point particulier, car ce qui nous arrive ou ce qui nous instruit dans la tradition est comme un témoignage, autrement dit non pas une action immédiate mais une action reprise, rapportée, reproduite, elle est *langage*, et ce qu'elle met en relation ce sont des « interlocuteurs ». La manière dont la tradition est appréhendée nous instruit sur la façon plus générale dont l'altérité, le Tu, sont eux-mêmes pris en compte. S'il n'y a pas plus de liberté dans le rejet que dans l'obéissance, il n'y a pas non plus davantage d'activité ou d'engagement chez celui qui parle que chez celui qui écoute, se faire comprendre ne veut pas dire dominer l'autre et tordre sa pensée. Le rapport à la tradition a un profond pouvoir de formation éthique : « L'ouverture à l'autre implique donc, de ma part, que je reconnaisse la nécessité de laisser s'imposer en moi quelque chose qui s'oppose à moi, même quand il n'y a personne d'autre pour le faire valoir contre moi »[2]. En effet, l'expérience herméneutique n'est pas une expérience de l'autre mais du lien avec l'autre. C'est pourquoi la tradition, comme l'acte compréhensif en général, admet une contrainte ; réciproquement, Gadamer dit que, par la question, on entre dans un domaine « comme par effraction »[3], mais cette contrainte n'est pas seulement destin mais aussi connaissance, savoir de soi, vérité que transmet la chose en son être. Si la tradition peut participer à mon savoir, c'est qu'elle m'est en quelque sorte destinée et qu'elle

1. GW1, p. 363, VM, p. 380.
2. GW1, p. 367, VM, p. 384.
3. GW1, p. 369, VM, p. 386.

soutient l'effort de penser dans la durée : elle est la continuité nécessaire à l'événement. L'incapacité à être relié et à prendre en compte la tradition rend perméable aux sollicitations de l'air du temps, aux argumentations sans dialogue, propices au dogmatisme, aux opinions « orphelines » qui ne demandent aucune attention, parce qu'elles sont sans ancrage et dépourvues d'une authentique présence. Il n'y a pas, non plus, de racine sans perspective. Être historique, c'est donc faire l'expérience de la durée, et ne jamais tenir un être, une question ou une idée pour autosubsistants. Or l'être-en-rapport est le propre du penser dialectique. Celui-ci s'appuie sur le dialogue (ce qui fait l'actualité de la pensée de Platon, renforcée aujourd'hui mais aussi maintenue) et l'impossibilité radicale d'une pensée sans interlocuteur, d'une pensée qui n'aurait pas la forme du jeu question-réponse. Le concept de question a une portée herméneutique décisive : sans saisie de la question, la signification d'un texte reste opaque, il n'y a de texte que parce qu'il y a des questions à faire apparaître et à adresser à quelqu'un, comprendre suppose d'entrer dans un « horizon herméneutique », un horizon interrogatif[1]. En même temps cet horizon laisse la possibilité de réponses que le texte lui-même n'a pas anticipées : il se modifie, se confronte à d'autres attentes, renvoie à un horizon plus vaste, plus englobant. Cette rencontre et ce croisement des horizons interprétatifs, c'est ce que Gadamer a décrit plus haut comme fusion des horizons.

La conscience de l'histoire de l'efficience permet à Gadamer de se frayer un chemin en dehors de postures qui gomment l'historicité véritable de l'homme, que ce soit l'idéal du savoir absolu[2] ou l'historicisme : elle repose sur la fusion des horizons, par laquelle le texte et l'interprète entrent en dialogue et se médiatisent. « L'idée directrice de la discussion qui suit est que *cette fusion d'horizons qui advient dans la compréhension est l'œuvre spécifique du langage* »[3]. Le sens du dialogue est ici déjà pleinement aperçu : il est le langage en ce qu'il nous fait accéder à une conscience supérieure de ce qui nous est commun. Il n'y a pas d'entente sur une chose en dehors du langage et du dialogue. Cette chose dont il est question est bien ce à quoi on doit se conformer, ce qui guide le dialogue ou le soutient, et c'est un aiguillon qui a la même extension que notre finitude. Au fond, le dialogue authentique permet non de l'emporter sur l'autre ou d'imposer

1. GW1, p. 375, VM, p. 393. Gadamer relie cet aspect (cet « axiome » de l'herméneutique) au thème antérieur de l'anticipation de la perfection (GW1, p. 376, VM, p. 394).

2. « Une interprétation définitive semble être une contradiction en soi » (*Vernunft im Zeitalter der Wissenschaft-*, *op. cit.*, p. 100, « L'herméneutique comme philosophie pratique » (1972), LV, p. 247).

3. GW1, p. 383, VM, p. 401.

un point de vue (argumenter) mais de découvrir une réalité que chacun peut reconnaître. Savoir c'est toujours (accepter de) devenir autre que ce qu'on était.

ÉMINENCE D'UNE QUESTION : L'EXISTENCE

C'est par la double référence à Husserl et à Heidegger que s'achève la première section de la deuxième partie de *Vérité et méthode*. L'extension que Gadamer a donnée au commentaire de son dialogue avec Heidegger dans ses œuvres postérieures justifierait une prise en compte pour elle-même, et pas seulement dans le cadre de la critique de l'école historique, du moment phénoménologique et surtout de l'apport heideggerien[1]. Dans les conférences des années 80-90 dans lesquelles il revient sur son rapport à Heidegger, Gadamer insiste sur la force d'impulsion qu'il a incarnée et finalement sur la continuité qui les lie, continuité qui se traduit dans la philosophie elle-même telle qu'il la comprend désormais : car « la phénoménologie, l'herméneutique et la métaphysique ne sont pas trois points de vue philosophiques différents, mais l'expression de ce qu'est l'acte de philosopher lui-même »[2].

Il est d'abord question du « dépassement de l'interrogation épistémologique par la recherche phénoménologique » et de la continuité dans l'unité du flux de l'expérience vécue : la référence à Husserl permet à Gadamer de prolonger l'amplification de l'herméneutique à partir d'une expérience de la totalité qui excède les cadres psychologistes et affectifs dans lesquels l'herméneutique moderne avaient appréhendés le concept de vie. Il s'agit pour cela de voir la vie même comme philosophie, comme appréhension d'une totalité de sens qui déborde et renforce la visée téléologique de l'histoire. Comme le signale Husserl dans la première section des *Idées directrices pour une phénoménologie*, ce qui est donné l'est toujours avec l'horizon du monde et cet horizon est également présupposé

1. Cette extension se situe notamment dans les tomes 3 et 10 des GW.

2. GW10, p. 109, « Phénoménologie, herméneutique, métaphysique » (1983), *L'Herméneutique en rétrospective*, *op. cit.*, p. 141. Quelques années plus tard, Gadamer reconnaît encore cette continuité entre son propre projet philosophique et l'effort d'arrachement de Heidegger à l'acception métaphysique de l'être : « Le premier cours de Heidegger que j'aie entendu en 1923 portait le titre "Ontologie. Herméneutique de la facticité". Toute l'ampleur de notre thème se trouve dans ce titre de cours » (GW10, p. 61, « Herméneutique et différence ontologique » (1989), *L'Herméneutique en rétrospective*, *op. cit.*, p. 85).

en toute science[1]. Comment tenir cependant l'idée d'un monde vrai, une idée de monde infini, depuis l'infinité relative des mondes historiques? Gadamer relève que Husserl ne semble pas avoir aperçu ce risque et se met à l'affût de ce qui dans son analyse de la subjectivité manifeste les traces d'un absolu qui ferait contrepoids au relativisme du déroulement historique. En effet, tout ce qui est relatif peut se déterminer par rapport à l'absolu que représente la subjectivité transcendantale. C'est par le concept de vie que Husserl a critiqué la naïveté « objectiviste » de ses prédécesseurs, car pour lui, penser la subjectivité comme le contraire de l'objectivité reviendrait à la définir depuis des présupposés objectivistes. Seulement, les recherches de Husserl sur le vécu, comme celles qu'a menées Dilthey sur l'idée de connexion dans le vécu, suffisent-elles à rendre compte de sa dimension spéculative? On retrouve chez Husserl une tentative d'élucidation analogique, et donc finalement «psychologique», du problème, voisine de l'empathie, de la relation du toi et du moi, de l'intersubjectivité. Ainsi, Dilthey comme Husserl maintiennent une même préconception ontologique selon laquelle l'autre est objet de perception avant de devenir un « toi », par empathie. Dans les deux cas, le sens spéculatif de la vie n'est pas posé. Gadamer s'appuie ici sur la pensée de Yorck, qui fait lui-même référence au concept de vie de Darwin, et au vivant comme division originaire (*Urteilung*) : or la division originaire (le jugement) est aussi l'essence de la conscience de soi qui se maintient malgré l'alternance des facteurs qui en sont constitutifs, comme le vivant se conserve par intégration, demeure lui-même en intégrant l'étranger. L'*assimilation* est une donnée fondamentale du vivant que l'on retrouve en un sens éminent dans la conscience de soi. Le lien entre vie et conscience va d'ailleurs au-delà d'un simple rapport de correspondance : là encore Gadamer rend hommage à Hegel qui a raison de dériver dialectiquement la conscience de soi de la vie; il considère que Husserl n'a pas mené assez loin, ou au moins aussi radicalement à coup sûr, le dépassement de la subjectivité que Nietzsche a su pousser à la limite ou que Heidegger a conforté en s'intéressant à la pensée orientale.

C'est cependant le statut du concept d'existence, envisagé dans l'optique de l'amplification du comprendre, qui dans la pensée hégélienne semble insuffisant aux yeux de Gadamer : à plusieurs reprises il met en avant les textes de Jaspers, notamment *Raison et existence* et la *Psychologie des visions du monde*, ainsi que le sens nouveau que Kierkegaard a

1. Husserl, *Idées directrices pour une phénoménologie et une philosophie phénoménologique pures*, trad. P. Ricœur, Paris, Gallimard, 1950, p. 87-93 et 279-280 par exemple.

donné à l'existence, à la condition impliquée dans le fait d'exister[1]. Celui-ci s'en est spécialement pris à la dialectique de Hegel et a posé de façon particulièrement aiguë, à travers la structure du « ou bien… ou bien », le problème de la décision, de l'alternative, de la rupture et de la discontinuité en dehors de toute possibilité d'intégration ou de compensation par le truchement du concept, problème que l'idéalisme a manqué et dont il n'a pas les moyens de saisir l'acuité et le sérieux[2]. Pour Kierkegaard, Hegel est complètement passé à côté de la question de l'existence : il considère qu'il est impossible d'atténuer ou de banaliser la question du choix au nom de la médiation dialectique. Reste qu'une telle perspective pourrait conduire à la mise en cause, patente d'ailleurs dans les discours critiques des grands métarécits formulés par la pensée postmoderne, de l'idée d'un progrès de l'humanité vers la liberté.

En connectant constamment la question de l'existence à celle de la connaissance, et plus précisément de la connaissance de soi, Gadamer montre qu'il relit les courants existentialistes de la fin du XIXe siècle sans jamais perdre de vue les intuitions fondamentales des Grecs. Même chez Husserl, le « concept de compréhension de soi présuppose (…) que toutes les préconceptions dogmatiques doivent être dissoutes au profit d'une auto-production de la raison, de manière que, au terme de cette constitution de soi du sujet transcendantal, il n'y ait plus que la totale transparence à soi. Il est étonnant de remarquer à quel point l'idée husserlienne d'une phénoménologie transcendantale s'approche de cette exigence posée par Fichte et Hegel »[3]. Gadamer envisage cependant cette découverte de soi-même en intégrant le retrait de la conscience de soi tel qu'il a été pensé par Heidegger ; « En effet, poursuit Gadamer, s'il y a quelque chose que l'on ne peut retrancher à l'idée de Révélation, c'est justement que l'homme ne peut pas parvenir de lui-même à une compréhension de soi. Il s'agit d'un motif très ancien de l'expérience de la foi, qui traverse déjà la rétrospective

1. La première conférence de *Raison et existence* dresse un portrait convergent des tentatives philosophiques de Nietzsche et Kierkegaard qui va pleinement dans le sens gadamérien de la rationalité de l'ouverture herméneutique, c'est-à-dire de la critique de l'idée de système comme clôture. Le caractère ininterrompu de la connaissance de soi est encore affiné lorsque Jaspers écrit ceci : « Où que nous parvenions, l'horizon qui entoure ce qui est atteint s'éloigne et force à abandonner tout séjour définitif. Nous n'acquérons aucune position, d'où le tout fermé de l'être pourrait être contemplé dans son ensemble, et aucune suite de positions, par la totalité desquelles l'être se révélerait, ne serait-ce qu'indirectement, comme clos » (*Raison et existence* (1935), trad. R. Givord, Presses universitaires de Grenoble, 1987, p. 41).

2. GW3, p. 176-177, « Existentialisme et philosophie de l'existence » (1981), CH, p. 23.

3. GW3, p. 203, « La théologie de Marbourg » (1964), CH, p. 57.

qu'Augustin trace de sa propre vie : toutes les tentatives de l'homme afin de se comprendre de lui-même, ou à partir du monde qu'il maîtrise, sont vouées à l'échec »[1]. Il y a là une perspective apparentée à celle que Heidegger déploie dans les premières pages de la *Lettre sur l'humanisme*, lorsqu'il dit que la « pensée accomplit la relation de l'Être à l'essence de l'homme. Elle ne constitue ni ne produit elle-même cette relation. La pensée la présente seulement à l'Être, comme ce qui lui est remis à elle-même par l'Être. Cette offrande consiste en ceci, que dans la pensée l'Être vient au langage. Le langage est la maison de l'Être. Dans son abri, habite l'homme. Les penseurs et les poètes sont ceux qui veillent sur cet abri. Leur veille est l'accomplissement de la révélabilité (*Offenbarkeit*) de l'Être, en tant que par leur dire, ils portent au langage cette révélabilité et la conservent dans le langage »[2]. Ainsi la reconnaissance herméneutique de l'existence permet-elle de faire converger les critiques des herméneutiques romantiques et historicistes et celles de la réduction technique de l'agir et du langage : exister revient toujours et avant tout à faire l'expérience d'une totalité qui nous advient, nous ne nous connaissons pas à travers elle par un geste volontariste et intégralement maîtrisé. La décision elle-même, précisément parce qu'aucune connaissance scientifique ne peut véritablement l'orienter et l'assurer, n'est pas l'occasion d'une mainmise du sujet sur son entourage, elle suppose au contraire ce sens de la situation dont Gadamer parlait à propos de l'humanisme et de la morale anglo-saxonne, qui demande de se laisser « agir » par un ensemble extérieur de facteurs. Le pluralisme de la décision est aussi l'expérience d'une interaction dans la pensée qui délibère et se détermine.

DE LA PHÉNOMÉNOLOGIE HERMÉNEUTIQUE À L'HERMÉNEUTIQUE PHILOSOPHIQUE

Heidegger, qui voyait dans le travail de Gadamer l'expression d'une herméneutique philosophique plutôt que d'une philosophie herméneutique, représente la figure d'un renouvellement énergique et radical de la philosophie, une force de renversement sans égale[3]. Ce renouvellement est

1. GW3, p. 203, CH, p. 57.

2. M. Heidegger, *Lettre sur l'humanisme*, trad. R. Munier, Paris, Aubier, 1983, p. 27.

3. GW10, p. 199, « L'herméneutique et l'école de Dilthey » (1991), *L'herméneutique en rétrospective*, *op. cit.*, p. 251. Voir l'article « Heidegger et le langage de la métaphysique » traduit en français dans *Herméneutique et philosophie* et dans *Les Chemins de Heidegger* (sous le titre « le langage de la métaphysique »). Cet article est la reprise d'un article publié dans les mélanges offerts à K. Löwith (1976) sous le titre : « Heidegger et Hegel » (KS3), à ne

spécialement patent dans le « tournant » dont Heidegger parle dans la *Lettre sur l'humanisme* ou dans sa reprise de la question de l'œuvre d'art qui montre l'inadaptation de l'ancienne conceptualité esthétique à ce qu'une lecture ontologique de l'art met à découvert : « Assurément, c'était aussi de nouveaux thèmes que la pensée de Heidegger mettait maintenant au centre – l'œuvre d'art, la chose, le langage – qui indiquaient des tâches de pensée pour lesquelles la tradition de la métaphysique ne disposait pas d'une conceptualité adéquate. L'essai sur l'œuvre d'art avait souligné avec la plus grande insistance l'insuffisance conceptuelle de ce que l'on appelle l'esthétique, alors que le problème de la chose représentait tout un défi pour la pensée, mais pour lequel ni la philosophie, ni la science ne disposaient de moyens appropriés »[1]. Heidegger a su donner une nouvelle norme à la pensée dans une époque submergée par la raison calculatrice et transformatrice et les tendances relativistes et formalistes du néokantisme[2]. C'est l'éminence du souci de l'art, du poétique et du philosophique, la redécouverte du langage dans toute son amplitude d'évocations (y compris extra-philosophiques) ainsi que la facticité comme détermination fondamentale de l'exister humain – c'est-à-dire comme corrélat de la différence ontologique[3] – qui intéressent surtout Gadamer. Toutefois il n'a pas repris ou révisé systématiquement les concepts fondamentaux de la pensée heideggerienne (notamment la question de l'être) et le problème herméneutique est massif chez Gadamer alors qu'il occupe une place assez ténue dans le propos de Heidegger. La proximité entre les deux philosophes, tout en étant très affirmée sur certains points, n'est pas aussi éclatante qu'on pourrait le croire. Dépasser la métaphysique, pour Gadamer, c'est la surmonter, et ce dépassement renvoie aussi aux Grecs, aux fondateurs de la pensée

pas confondre avec l'article « Hegel et Heidegger », issu de *Hegels Dialektik. Sechs hermeneutische Studien*, *op. cit.*, p. 99-112, traduit dans AC1, p. 185-200.

1. GW3, p. 280, « Le chemin vers le tournant » (1979), CH, p. 151-152.

2. Sur l'appui précoce que Heidegger a d'abord trouvé dans Dilthey pour amorcer son propre virage de pensée, voir « Souvenirs des premiers commencements de Heidegger » (1986), GW10, p. 8, *L'Herméneutique en rétrospective*, *op. cit.*, p. 23 et « Herméneutique et différence ontologique » (1989), GW10, p. 62, trad., p. 86.

3. Comme cela se produit souvent, Gadamer présente ce corrélat de façon assez anecdotique, au cours d'une expérience personnelle : « Ici aussi, je me souviens d'une conversation avec Heidegger qui date de cette première période, donc de 1924 environ. Gerhard Krüger était présent. Nous interrogions Heidegger au sujet de la différence ontologique, la distinction entre l'être et l'étant, et voulions savoir quand, où et comment cette distinction se fait au juste. La réponse de Heidegger en fut presque une d'étonnement et aurait dû nous donner à penser : "Mais la différence ontologique n'est pas quelque chose que *nous* faisons. Ce n'est pas nous ici qui distinguons entre l'être et l'étant" » (GW10, p. 10, « Souvenirs des premiers commencements de Heidegger » (1986), *L'Herméneutique en rétrospective*, *op. cit.*, p. 26).

métaphysique, qui incarnent encore le fondement de la science moderne. Mais apprendre à surmonter ce n'est pas oublier quelque chose. « On y reste pour ainsi dire même lorsqu'on l'a surmontée. Il est particulièrement vrai pour Hegel que, d'une manière singulière, on reste en lui »[1].

La question essentielle est finalement moins, comme le dira Sartre, de savoir comment une philosophie peut rendre l'existence humaine possible, malgré sa facticité, que de voir comment elle peut la rendre compréhensible et relier au cœur de la finitude l'être et le sens. Contre le reproche de certains lecteurs pour lesquels le thème de l'éthique n'aurait pas été suffisamment développé par Heidegger, Gadamer rappelle que le *Dasein* est co-originairement « être-avec », « *Mit-Sein* », ce qui est pleinement cohérent avec l'impulsion du tournant heideggerien et l'idée que le point de départ de la philosophie n'est plus la conscience de soi qui s'applique à l'être mais justement l'être lui-même : « (...) la terre ne désigne pas seulement ce que les rayons de la lumière ne parviennent pas à pénétrer. L'obscurité qui recouvre est aussi abritante, car c'est d'elle que tout jaillit jusqu'à la lumière, comme un mot sort du silence. Ce que Kierkegaard avait opposé à la transparence à soi du savoir absolu, à savoir l'existence, et ce que Schelling avait appelé l'immémorial qui précède toute pensée, cela fait partie de la vérité de l'être lui-même. Son symbole poétique en a été pour Heidegger l'évocation de la terre chez Hölderlin »[2]. C'est sa capacité à émerger comme existence, à « lever la tête », qui distingue le *Dasein*. Mais émerger veut dire aussi être capable d'entourer, de préserver, de mettre l'être à l'abri, dans la pensée et le poème. La philosophie a pour tâche de faire ressortir cette spécificité, c'est-à-dire la « constitution ontologique du *Dasein* », de la maintenir éveillée et en mémoire. La présence du *Dasein* se manifeste de telle sorte que son oubli même, son recouvrement, continue d'en relever, seule une présence qui se fait sentir peut aussi persister par son absence ou son éloignement. C'est pour Gadamer le sens de l'interprétation heideggerienne du mot de Nietzsche « Dieu est mort »[3]. Celui qui est en attente de quelque chose est plus proche de cette chose que celui qui essaie d'en prouver l'existence, parce qu'il prend en compte la nature de la présence qui peut se retirer ou se cacher aux regards. « Heidegger aimait beaucoup invoquer le mot d'Héraclite, "la nature aime à se cacher". Ce mot n'invite pas à une attaque ou à un assaut, mais à une attente. Rilke avait raison, dans son *Malte* et dans ses *Élégies*, de déplorer l'incapacité à

1. *Hegels Dialektik. Sechs hermeneutische Studien*, *op. cit.*, p. 99, « Hegel et Heidegger » (1980), AC1, p. 186.
2. GW3, p. 328, « Être esprit Dieu » (1977), CH, p. 213.
3. GW3, p. 318, « La dimension religieuse » (1981), CH, p. 200.

attendre. C'est ainsi que le dernier Heidegger parle d'un *Andenken* <d'une pensée commémorante>, qui n'est pas seulement une pensée de quelque chose qui a déjà existé, mais qui est tout autant une pensée qui se tourne vers ce qui vient, mais qui nous permet déjà de penser à lui – même si cela viendra "comme un voleur en pleine nuit" »[1]. Le langage vient soutenir la tâche du philosophe et du poète dans la mesure où il représente une sorte de terreau où les choses « peuvent pousser », accéder de nouveau à la présence dans le jeu de l'attrait et du retrait, le langage soutient l'*être*, lui permet de percer à jour sans être entièrement dénudé. Et c'est parce que ce dévoilement ne peut pas être total que le langage peut revenir sur ses pas, revenir en arrière ou se projeter en avant, échapper à l'exigence d'adéquation entre le mot et l'idée. La métaphysique nous a appris les vertus de ce décalage, d'une visée qui n'atteignait pas sa cible, mais qui ce faisant cherchait à parler de l'essentiel.

Dans la poésie comme dans la philosophie, le langage relaie la manière dont les choses se rendent présentes, ou plutôt : le langage rend présentes les choses d'une manière qui *nous* appartient et qui se démarque définitivement de l'usage ordinairement instrumental des mots. La tâche de la philosophie, c'est de rappeler cette démarcation, de rappeler ce qu'est le rappel, le faire-exister, et de ne pas recouvrir la tendance techniciste au recouvrement[2]. Faire exister est un acte de résistance, et pas seulement de défense. Il y a quelque chose de décisif, pour la philosophie, à puiser dans la pensée de Heidegger, quand bien même, comme le dit Gadamer, on abhorrerait « toutes les formules de Heidegger comme celles d'un destin, d'un retrait, d'un oubli de l'être, etc., mais ce qu'il a vu, cela doit tout de même pouvoir être rendu visible pour peu que l'on ne soit pas aveugle, et on peut d'abord le faire voir à partir du mot. Nous voyons tous, en effet, qu'il y a des mots qui fonctionnent comme de simples signaux (même si parfois, ce qui est signifié, n'est vraiment rien), mais il y en a aussi d'autres – et pas seulement dans le discours poétique – qui sont eux-mêmes l'attestation de ce qu'ils communiquent, qui touchent pour ainsi dire de très près ce qui est, en sorte qu'ils ne sont pas remplaçables ou échangeables, puisqu'ils révèlent un « là » qui ne s'accomplit que dans le processus du discours lui-même. Chacun sait ce que veut dire ici <un discours> « vide » ou « rempli ». On peut très bien comprendre à partir du chemin de pensée de Heidegger

1. GW3, p. 319, CH, p. 201.

2. Voir sur ce point le concept d'acquiescement, auquel Gadamer oppose celui, technique, d'insistance, dans ses analyses des *Élégies de Duino* de Rilke (« *Rainer Maria Rilke Deutung des Daseins* » (1955), GW9, p. 271-281).

que c'est bien un « être » qui est ici présent ou qui reste absent »[1]. Gadamer précise à très juste titre qu'il y a une insensibilité à la pénurie de mots aussi remarquable que l'oubli de l'être. Une chose est d'oublier l'être ou le manque de mot, une autre est de méconnaître cet oubli et ce manque, de ne plus percevoir la spécificité non technique du rapport de l'homme au mot et à la pensée. Le manque de mot est une possibilité du langage qui n'est pas une simple option, un choix par défaut pour dire une chose qu'on penserait clairement : s'il n'y a pas de mot pour dire l'impensé de l'être, c'est en raison d'un manque que ne pourra jamais combler un perfectionnement de l'outil langagier, et l'effort de pensée serait au contraire amoindri s'il devait occulter la persistance en lui de l'occultation. Ce que Gadamer veut exprimer ici va bien au-delà d'une justification (relative du reste) des contorsions que Heidegger fait subir à langue. « Y a-t-il, demande Gadamer, une pensée qui puisse atteindre cet impensé ? Heidegger donne à cette pensée le nom d'*Andenken*, où l'allusion un peu douteuse au terme d'*Andacht* <office religieux> est peut-être voulue dans la mesure où l'expérience religieuse reste sans doute encore plus proche du caractère immémorial de l'être que la pensée de la métaphysique. Et ce qui vaut pour la pensée est encore plus vrai du langage de la pensée. Il peut exprimer le pensable et le pensé, mais n'a pas de mot pour dire l'immémorial de l'être. "L'être n'est que lui-même", disait Heidegger au grand désarroi des curieux de l'être »[2].

C'est par cette pensée du caché au cœur de l'être, de la mécompréhension au cœur de la compréhension, que Gadamer justifie la distance qu'il doit prendre, pour élaborer une herméneutique à la fois philosophique et linguistique, avec la conception hégélienne du savoir comme compréhension totale de soi, dans lequel l'impensé appartient à l'histoire, au fini, et à ce titre-là à l'esprit qui l'intègre à lui sans avoir à s'y abandonner (c'est-à-dire sans avoir à se laisser déterminer par la vacance). L'historicité spécifique du *Dasein* intervient dans la compréhension lacunaire de soi qui définit la posture herméneutique : c'est sur cette déprise, cette non-maîtrise que Bultmann avait déjà insisté en s'inspirant de l'ontologie heideggerienne, pour penser la foi qui fait que quelque chose « nous arrive » plutôt que nous ne faisons (ou que l'absolu fait)

1. GW3, p. 193, « Martin Heidegger à 75 ans » (1964), CH, p. 44. Heidegger disait que « le mode le plus originaire de la présence du passé n'était pas le souvenir, mais l'oubli » (GW3, p. 201, « La théologie de Marbourg » (1964), CH, p. 54).

2. GW3, p. 195, « Martin Heidegger à 75 ans » (1964), CH, p. 47. Sur la lecture par Gadamer du concept d'*Andenken* chez Heidegger voir aussi « La théologie de Marbourg » (1964), GW3, p. 200, CH, p. 53.

l'événement. Gadamer explique par là le recul, dans le dernier Heidegger, des termes d'histoire et d'historicité au profit du destin (*Geschick*), « comme pour souligner qu'il ne s'agit pas ici de possibilités de l'existant (*Dasein*) humain qu'il devrait saisir de lui-même, qu'il s'agit ici non de conscience historique ou de conscience de soi, mais de ce qui est envoyé à l'homme, et qui le détermine tellement que nulle détermination de l'homme par lui-même et nulle conscience de soi ne peuvent marcher du même pas »[1]. Dans la foi comme dans le savoir s'inscrit la facticité de l'existence humaine. La compréhension de soi est bien « le contraire le plus extrême de la possession et de la conscience de soi »[2].

Nous arrivons cependant au point où le rejet par Heidegger de la notion de sujet, qui l'aurait éloigné d'un approfondissement du projet herméneutique, est tempéré par Gadamer précisément pour ne pas suivre la voie de la facticité au prix d'un renoncement à ce que l'écart même entre les pensées hégélienne et heideggerienne de l'art doit apporter à la justification d'une herméneutique philosophique, c'est-à-dire de l'universalité de l'herméneutique. Gadamer va jusqu'à interpréter le projet de la grande logique de Hegel dans le sens d'une certaine lacune de compréhension dont est pétri tout effort compréhensif[3]. Il essaie de justifier, dans l'herméneutique philosophique, le rôle de la « perte de soi » dans le comprendre en l'associant à la grâce comme initiative qui dépend moins de l'homme que de Dieu, de même que la compréhension dépend moins de soi que d'un événement et d'une participation de l'autre. La familiarité de l'être qui se donnerait dans une transparence absolue telle que la présente Hegel a pour Gadamer « quelque chose de fascinant » ; mais c'est au sens où le débordement d'être rend justement possible un rapprochement « d'être », un rapprochement qui se produit dans le langage. Il n'y a pas ici de connaissance de soi sans la distance à soi et le dépassement de soi qui part du langage et de la finitude. Dans « Heidegger et le langage de la métaphysique », Gadamer remarque que Heidegger est plus proche de Hegel qu'on ne le dit. « Jusqu'à sa mort, écrit-il, <Heidegger> a toujours insisté pour dire qu'il lui apparaissait tout à fait inapproprié de parler d'un effondrement du système hégélien ou de l'idéalisme hégélien. Ce qui s'est effondré, ce n'était pas la philosophie

1. *Hegels Dialektik. Sechs hermeneutische Studien*, *op. cit.*, p. 107, « Hegel et Heidegger » (1980), AC1, p. 194. Voir aussi « La théologie de Marbourg » (1964), GW3, p. 204-205, CH, p. 58-59.

2. GW10, p. 140, « Déconstruction et herméneutique » (1988), PH, p. 157.

3. Voir « Signification de la *Logique* de Hegel » (1970), GW3, p. 71, HP, p. 63.

hégélienne, mais tout ce qui était venu après lui, y compris Nietzsche ! »[1] Le souci historique et une dialectique « secrète » animent les deux projets philosophiques, et c'est justement en raison de cette proximité que l'un peut servir presque directement à critiquer ou à tempérer l'autre.

Le « là » de l'homme, sa manière singulière d'être présent au monde, de se dresser ou de pouvoir se dresser, donne le lien, le lien par-delà les interstices de la pensée de l'immémorial, par-delà l'oubli de l'être qui gouverne la technique et la pénurie de mots pour dire ce qui ne peut jamais être oublié dans ce « là ». On ne trouve le chez soi et on n'en parle que depuis une certaine différence entre le soi parfaitement transparent à lui-même et le chez soi que l'on essaie de rejoindre ou de reconnaître. D'ailleurs, le « langage n'est-il pas toujours le langage de l'être-chez-soi (*Sprache der Heimat*) et le processus par lequel nous en venons à nous sentir chez nous dans le monde ? »[2].

1. GW3, p. 305, « L'histoire de la philosophie » (1981), CH, p. 182 (et aussi GW3, p. 230, « Le langage de la métaphysique » (1968), CH, p. 90).
2. GW3, p. 236, « Le langage de la métaphysique » (1968), CH, p. 99.

TROISIÈME PARTIE

UNIVERSALITÉ DE L'HERMÉNEUTIQUE PHILOSOPHIQUE : L'HUMAIN EN DIALOGUE

CHAPITRE PREMIER

L'ESSENCE DIALOGIQUE DU LANGAGE LE DÉBORDEMENT DANS LE JEU QUESTION/RÉPONSE

La transmission dialogique de la tradition et du contenu de l'œuvre d'art – le dernier temps de *Vérité et Méthode* – se présente comme le moment le plus authentiquement philosophique de l'ouvrage, car il envisage depuis la question de l'existence du langage et comme langage l'universalité philosophique de la compréhension. Gadamer écrit dans un texte de 1970 que le « problème de l'herméneutique est (…) non seulement un problème de la méthodologie des sciences humaines, non seulement un problème relevant de la discussion actuelle sur les manières scientifiques de penser et de philosopher, mais aussi un problème humain, un problème qui porte sur la possibilité même de l'existence humaine et qui peut-être en décidera un jour »[1]. Par cette formule, Gadamer réintroduit dans l'herméneutique la radicalité du geste heideggerien : il en va avec le comprendre d'une possibilité pour l'homme, de la possibilité d'une existence d'un certain type. Gadamer se montre-t-il idéaliste en disant que exister et savoir sont toujours, aujourd'hui encore, le même? Cette jonction, chez Hegel lui-même, n'était-elle pas déjà affaire d'expérience? Il est clair que Gadamer et Hegel n'accordent pas le même statut au passé comme guide du présent, parce que Hegel dépasse la linéarité historique quand Gadamer en pointe le débordement sans abandonner sa forme répétitive, c'est-à-dire le *langage comme élément transmetteur*. À ce compte-là, on pourrait même aller, en enflant une réplique de type hégélien, jusqu'à y déceler le risque d'une sacralisation ou d'une symbolisation du passé qui contrevient à tout rythme

1. « Le problème de l'herméneutique » (1970), HP, p. 46.

authentiquement spéculatif, lequel ne donne pas au passé le statut de norme mais plutôt de confirmation d'un sens toujours pensé et à penser. La fonction du langage et du passé revient chaque fois à la question plus originaire de la vérité. Dans l'herméneutique gadamérienne, la vérité est de l'ordre du vraisemblable, un vraisemblable déjà revendiqué par la rhétorique et qui contraste avec l'idéal scientifique de la preuve et de la certitude. Seule la rhétorique « fait de la science un élément de la vie en société »[1]. L'absolu herméneutique – et ses prolongements éthiques – coïncide ainsi, aussi paradoxal que cela puisse paraître immédiatement, avec une plus grande capacité de questionnement dont les sciences de l'esprit sont les garantes : car une « éthique philosophique non seulement avertie de sa propre mise en question mais qui en fait précisément son contenu essentiel (…) paraît seule en mesure de satisfaire à l'absolu de la moralité »[2].

Gadamer considère que le langage a été oublié dans les premiers pas de la phénoménologie et que cet oubli était déjà patent chez Hegel : « Même dans la dialectique et la logique de Hegel, le langage n'avait pas réussi à trouver une place de choix. Par ailleurs, Hegel a parfois fait allusion à l'instinct logique du langage dont l'anticipation spéculative de l'absolu circonscrivait la tâche de l'œuvre géniale de la Logique hégélienne »[3]. Il n'en reconnaît pas moins chez Hegel une contribution à la langue philosophique déjà très active chez Aristote. Tous deux sont parvenus à transposer l'esprit de la langue naturelle dans la conceptualisation philosophique. Heidegger a su exprimer davantage encore la « puissance originaire du langage » à la fois dans sa relecture de la langue philosophique des Grecs et le bouleversement qu'il a fait subir au langage scolaire de la métaphysique (par exemple à travers des formules comme « *es weltet* », « ça fait monde »). La formation et la reprise de la langue philosophique témoignent d'un débordement dont on a vu qu'il était constitutif de l'existence, c'est pourquoi il est central dans les structures herméneutiques que Gadamer a passé en revue dans *Vérité et méthode* : la pluralité des langues non seulement ne contrevient pas à l'excroissance dialectique du langage au-delà des limites d'une langue donnée, mais elle la conforte. « Parler, explique Gadamer, reste référé au tout du langage, à la virtualité herméneutique du dialogue en vertu de laquelle le dit est constamment dépassé. Or

1. KS1, p. 117, « Rhétorique, herméneutique et critique de l'idéologie » (1971), p. 90.
2. KS1, p. 191, « Sur la possibilité d'une éthique philosophique » (1961), HP, p. 127.
3. GW2, p. 361, « Destruction et déconstruction » (1985), PH, p. 139. Il ajoute un peu plus loin que le « langage n'avait cependant pas acquis pour autant une place centrale chez Hegel » (GW2, p. PH, p. 140).

c'est justement ainsi que le parler ne cesse pas non plus de dépasser l'ordre constitué de langage dans lequel nous nous trouvons. Par exemple, c'est dans la rencontre des langues étrangères, et particulièrement des langues dont la formation historique diffère totalement de la nôtre, que s'acquiert l'expérience du monde, qui nous marque comme nous marquent les mots qui lui correspondent »[1]. Une herméneutique linguistique sera en même temps une herméneutique philosophique à condition que le langage soit lui-même envisagé comme médiateur d'une totalité et arraché à sa seule disposition technique. L'herméneutique consistera alors en une activité critique plutôt que fabricatrice et elle pourra jouer un rôle décisif sur la tension qui, selon Gadamer, s'est accrue au XXe siècle, entre la conscience scientifique et le souci éthique et politique : cette tension « a coûté la vie à Socrate, lorsqu'il a montré que le savoir spécialisé de l'artisan ignore ce qui est véritablement digne de savoir, le Bien »[2]. Elle possède un rôle critique en ce qu'elle contribue à rectifier une compréhension de soi partielle, obscurcie ou déviante, elle permet de lever les obstacles qui brouillent l'ajustement de la compréhension de soi à nos expériences. Elle intervient pour discriminer les étalons de mesure dont nous nous servons pour nous comprendre et cela en partant toujours de l'expérience, de la chose même auxquelles le langage se réfère : c'est là l'essentiel de la démarche méthodique de l'herméneutique, non pas brandir un étalon fixe, exogène à ce à quoi il s'applique, mais veiller au caractère approprié des normes et des mesures qu'on se donne *chaque fois* pour apprécier un contenu de pensée ou un vécu. Elle veille à maintenir vive la conscience de l'historicité dans toute recherche d'évaluation et de compréhension : l'herméneutique s'évalue ainsi elle-même à travers sa capacité à diversifier et à adapter les critères de toute évaluation. La probité et la rectitude d'une norme doivent nous permettre de regarder le réel dans sa singularité, de considérer le particulier en lien avec un arrière-plan universel. La tâche critique est donc au plus haut point une tâche spéculative et réfléchissante. C'est pourquoi elle est appelée à traverser autant les limitations et les particularismes langagiers que la sectorisation disciplinaire qui fait que chacun est rivé à une tâche déconnectée de celle des autres. L'herméneutique est philosophique dans la mesure où elle représente « la forme d'accomplissement de la vie sociale humaine, qui, en

1. *Hegels Dialektik, Sechs hermeneutische Studien, op. cit.*, p. 112, « Hegel et Heidegger » (1982), AC1, p. 200.

2. KS4, p. 119, « Réplique à "Herméneutique et critique de l'idéologie" » (1971), AC1, p. 148.

dernière formulation, est une communauté dialogale »[1]. Il ne faut pas négliger le risque d'un jargon envahissant de la « réflexion » dans une société des experts où les compétences se transmettent en circuit fermé, aboutissant à une incompréhensibilité d'un certain type qui n'est pas sans conséquences sur la communication et la cohésion sociales. L'herméneutique doit intervenir sur ce plan en exerçant sa vigilance sur des formes d'échanges qui ne seraient déchiffrables que par les seuls initiés ou spécialistes, car en surestimant la vertu méthodique des langues spécialisées on risque de se défausser de la responsabilité qui suppose toujours de porter son regard au-delà du souci partiel et technique le plus immédiat.

Gadamer oppose à la conscience objectiviste des sciences le souci herméneutique de l'application, le problème fondamental de l'herméneutique consiste à élargir les conditions dans lesquelles la compréhension de soi se forme et se modifie historiquement. La philosophie est normative dans la mesure où elle tient ensemble le souci de l'universel et de l'historique, où elle décrit le langage comme dépassement ininterrompu de lui-même en vue de l'entente et de la constitution de cadres de vie appropriés à la nature de l'existence humaine[2]. Ces cadres sont ceux d'un être défini par le souci de la compréhension de lui-même, capable d'entendre dans la parole de l'autre quelque chose qu'il est lui-même à même de porter et qu'il aurait pu formuler, qui non seulement s'adresse à lui mais *le* fait parler, le porte au langage. Les questions de l'application et de la connaissance de soi se retrouvent en conséquence exemplairement imbriquées l'une dans l'autre dans le dire poétique, dans une forme d'énonciation où le « Je » du poète est aussi bien un « Tu », une médiation de l'autre véritablement comme « universel concret ». L'universalité éthique du poème, c'est que le Tu dont il s'agit n'est pas un Tu anonyme et perdu dans une masse mais au contraire un appel concret à se retrouver en un lieu bien déterminé, auquel il n'est plus souhaitable de rien ajouter ou retrancher. La perfection du poème est celle-là même d'un lieu dans lequel on peut entrer sans jamais en perturber l'harmonie et la disposition : on est pleinement accueilli là où

1. KS4, p. 122, AC1, p. 152.

2. C'est pourquoi la normativité philosophique ne peut être que virtuelle, elle ne donne pas des normes mais des possibilités d'évaluation chaque fois à reconsidérer et à approprier au contexte : « La réflexion herméneutique est limitée à la mise à découvert de chances de connaissance qui sans elle ne seraient pas perçues. Elle ne procure pas elle-même un critère de la vérité » (KS4, p. 130, AC1, p. 160). Parce que la compréhension n'est jamais saturée ou totale, ne doit-on pas plutôt reconnaître, contre la prétention à épuiser objectivement le sens, qu'il y a toujours « une infériorité constitutive de celui qui comprend en face de celui qui dit et donne à entendre ? » (KS4, p. 131, AC1, p. 161).

notre entrée est déjà prévue par une architecture identique à elle-même, mais précisément selon une identité qui ne se tient que d'être tenue par l'autre, qu'elle accueille et intègre, comme identique. C'est pour nous et par nous que se constitue l'identité accueillante de l'œuvre d'art : elle n'abrite pas autre chose qu'elle-même, parce qu'elle abrite ce que nous sommes et la façon dont nous comprenons notre propre sentiment d'exister. L'éthique herméneutique consiste ainsi toujours à associer au « qui suis-je ? » un « qui es-tu ? », à interroger le je en lien ininterrompu avec le tu, à ne pas perdre de vue qu'un « nous » est à la fois un ensemble, une totalité et une suite de points qui se regardent les uns depuis les autres[1]. Le poème est fondamentalement éthique parce que précisément pour lui la découverte de soi opère toujours comme la découverte d'un tu, de ce tu, de cet autre auquel relie le langage. Le dialogue, c'est le lien que nous sommes.

LIMITES ET PARTICULARISMES LINGUISTIQUES

La vérité dépend d'un centre médiateur, le langage, qui dans le dialogue trouve sa forme authentique. Le dialogue est moins la nature constante que la vérité du langage. La pensée elle-même se déroule sous la forme du dialogue – la référence à la célèbre définition platonicienne de la pensée comme dialogue de l'âme avec elle-même jalonne les textes de Gadamer – puisqu'on se parle comme on parlerait à quelqu'un, la pensée est aussi ce par quoi nous nous adressons à nous-mêmes et cherchons à nous comprendre. Dialoguer avec autrui est un prolongement du dialogue avec soi-même (prolongement dans lequel l'autre n'est nullement le simple instrument de la connaissance de soi), le mouvement de la compréhension et l'effort dialogique que représente la pensée ne s'interrompent pas dans la rencontre avec l'autre, comme ne s'interrompt pas l'existence de l'autre dans le dialogue intérieur. Le contenu à transmettre ne peut se conserver et se redire qu'à travers une structure qui possède un fonctionnement répétitif, réitératif, ce que toute œuvre confirme en tant que représentation et médiation d'un monde. Être c'est donc reprendre, et reprendre c'est le propre du langage. Mais c'est au langage comme *centre* et non comme outil que revient la force de liaison entre l'art, l'éthique et toutes les sciences de l'esprit. Le débordement dans la dialectique question/réponse, par quoi

1. « Vivre avec l'autre, vivre comme l'autre de l'autre, cette tâche humaine fondamentale vaut à une échelle infime comme à une échelle supérieure » (*L'Héritage de l'Europe*, *op. cit.*, p. 23).

Gadamer entend aller plus loin que Collingwood qui voyait la vertu du dialogue plutôt dans les interlocuteurs que dans la chose même, contient déjà le dépassement dans le langage de sa disposition seulement technique. Pour que le sens éthique apparaisse, il faut un souci du contenu qui ne soit pas dissocié de la forme, un engagement total de l'être dans ce qui est décidé et une perception de la totalité à laquelle cet engagement est destiné. C'est pourquoi aucun savoir mathématique ou technique ne nous dit comment *faire* en matière morale, politique ou métaphysique. L'universalité de l'herméneutique trouve ainsi sa source dans l'universalité de la médiation (de l'être et du connaître) que représente le langage : « L'universalité du caractère langagier de l'homme apparaît donc, aussi à partir de la compréhension, comme un milieu en lui-même illimité qui porte tout, non seulement la civilisation transmise grâce au langage mais absolument tout, parce que tout prend place dans la sphère de la compréhension où nous nous mouvons ensemble »[1].

Ne peut-on pas voir cependant, même si l'argument peut sembler naïf, dans les facteurs particularisants du langage (les langues particulières, les usages différenciés du langage : technique, scientifique, poétique) une limitation factuelle de l'universalité de la linguisticité ? Ici encore Gadamer fait entendre une voix empruntée à la tradition et à la manière dont l'objection y a été anticipée. Humboldt, par exemple, « interroge la diversité empirique de la structure des langues humaines. Mais il ne faut pas voir dans l'intérêt qu'il a, comme son époque, pour l'individualité, une aversion à l'égard de la généralité du concept. Il voit une relation indissoluble entre l'individualité et la nature universelle. En se plongeant dans l'individualité des phénomènes de langage eux-mêmes, on est sur la voie qui mène à la compréhension de la constitution de la langue humaine en totalité »[2].

1. KS1, p. 118, « Rhétorique, herméneutique et critique de l'idéologie » (1971), HP, p. 91. Gadamer accentue de nouveau ici le primat absolu de l'ouverture et de la possibilité herméneutique logées dans le dialogue : « Une connaissance "première" est tout aussi impossible qu'une première parole. (…) Il n'y aurait pas de tâche herméneutique si l'accord de ceux qui "sont un dialogue" n'était pas troublé et s'il ne fallait pas chercher à se faire comprendre. » Il applique remarquablement ce postulat à la dynamique philosophique au sens large : « En philosophie, un examen n'est possible à mes yeux que si l'on conduit l'entretien jusqu'au point où on en arrive à une question à laquelle on ne peut pas répondre soi-même. C'est alors qu'on peut apprendre à connaître la capacité de pensée de l'autre » (GW10, p. 274, « L'Europe et l'*oikoumenè* » (1993), PH, p. 231).

2. GW1, p. 443, VM, p. 463. « Grâce à cette méthode <l'abstraction qui ne retient que la forme> Humboldt a révélé la signification des langues humaines comme miroir de la particularité culturelle des nations ; mais, en retour, il a du même coup réduit l'universalité de la relation entre la langue et la pensée au formalisme d'un pouvoir ». Humboldt explique en

Humboldt fait bien droit à la mobilité historique de la vie de la langue mais Gadamer déplore l'abstraction de son approche, car pour lui la forme linguistique et le contenu transmis sont inséparables. Ce qui est tenu pour une restriction ou un manque (la finitude formelle face à l'illimité du tout exprimable) représente en vérité la manière dont s'accomplit l'expérience herméneutique. En effet, « si complètement que l'on adopte une mentalité étrangère, on n'oublie pas pour autant la vision propre que l'on a du monde et de la langue »[1]. Humboldt a su saisir l'importance du problème herméneutique en montrant que la vision de la langue est toujours aussi une vision du monde, il a reconnu dans « l'*energeia* langagière » ou « la réalisation vivante de la parole » l'essence même de la langue et brisé ainsi le dogmatisme des grammairiens. En choisissant de partir du concept de force, il a repris la question de l'origine du langage en l'affranchissant de ses considérations théologiques. Contre l'idée d'un monde humain qui pourrait d'abord se constituer sans langage, Humboldt rappelle à raison que la langue est d'emblée humaine, ou l'homme d'emblée « langagier ». Il y a là pour Gadamer plus qu'un renouvellement de la question de l'origine du langage : une esquisse anthropologique cruciale. C'est en effet « sur la langue que repose, c'est en elle que se montre le fait que les hommes ont un monde. (...) Le caractère originellement humain de la langue signifie donc en même temps le caractère originellement langagier de l'être-au-monde humain. Nous devrons donc nous attacher au rapport entre langue et monde afin de parvenir à l'horizon correspondant à la constitution langagière de l'expérience herméneutique »[2]. La marque distinctive des hommes c'est justement qu'ils sont les seuls à avoir « un monde ».

Ainsi la crispation sur le technique au détriment du pratique vaut-elle comme symptôme d'une compréhension fractionnée et sectorisée du langage, qui met d'abord en avant ses diverses fonctions d'information. Seulement, informer n'est pas échanger des pensées ou dialoguer et tout recul du dialogue signale un recul du souci des fins du discours et de ses possibilités de connaissance. Celui qui n'est pas capable d'entrer dans un dialogue authentique (c'est le problème du déclassement du culturel et du philosophique au profit de l'informatif) aura tendance à sous-estimer « la

effet que la langue « fait face, absolument parlant, à un domaine infini et véritablement illimité, à savoir la quintessence de tout le pensable ; c'est pourquoi elle doit faire un usage infini de moyens finis. Elle y parvient grâce à la force qui engendre l'identité des pensées et de la langue » (W. von Humboldt, *Introduction à l'œuvre sur le kavi et autres essais*, trad. P. Caussat, Paris, Seuil, 1974, § 12, GW1, p. 444, VM, p. 464).

1. GW1, p. 445, VM, p. 466.

2. GW1, p. 447, VM, p. 467.

possibilité que ce soit l'autre qui ait raison »[1] ; une société qui privilégie un tel usage de la langue entérine le déclassement de la recherche même de vérité. C'est pourquoi l'herméneutique « ne se contente pas de comprendre tout énoncé selon sa valence logique, elle la comprend comme réponse à une question, ce qui veut dire que celui qui comprend doit aussi comprendre la question et, puisque la compréhension doit ainsi gagner son sens à partir de l'histoire de la motivation, elle doit nécessairement dépasser la teneur d'affirmation qui est logiquement saisissable »[2]. La langue naturelle, historique, est la langue qui unit et renvoie à notre humanité commune, elle est autant le résultat que la condition de cette communauté d'existence. En ce sens, l'univocité absolue représente une menace pour la capacité du concept à diversifier et à conserver ses sens. Gadamer prend l'exemple du concept d'« *ousia* » qui a bénéficié de l'intégralité de son champ de signification, à partir de son sens originel comme « propriété agricole », et cela parce que cette diversité est une diversité finalisée et non arbitraire qui juxtaposerait des significations d'usage. De ce point de vue, il n'y a pas de langage de la métaphysique mais « une configuration pensée métaphysiquement de termes conceptuels qui ont été abstraits de la langue vivante »[3]. En discutant l'idée d'un langage particulier de la métaphysique, Gadamer répond à ceux, à commencer par Heidegger, qui ont considéré que son herméneutique manifestait justement une « retombée dans le langage de la métaphysique »[4]. Outre l'obscurité que Gadamer décèle dans cette expression, il conteste la spécificité de ce langage au nom de l'universalité de la linguisticité dont découle celle du comprendre. Pour lui, il « n'y a toujours qu'un seul langage, et c'est celui que nous parlons avec autrui et que nous lui adressons »[5].

Il y a ainsi une rationalité linguistique de la pensée qui contrecarre l'extériorité entre le signe et la chose désignée, c'est-à-dire une « logique » vivante de la langue historiquement comprise : car « isoler totalement un mot de son contexte langagier pour le confiner à un contenu précis qui en fait un terme conceptuel, c'est nécessairement menacer son usage

1. GW10, p. 274, « L'Europe et l'*oikoumenè* » (1993), PH, p. 230. « Quand un dialogue est vraiment réussi, alors les partenaires qui se séparent ne sont plus tout à fait les mêmes. Ils sont plus près l'un de l'autre. Parler, c'est parler l'un avec l'autre, instituant ainsi quelque chose de commun » (GW10, p. 279, PH, p. 237).

2. GW2, p. 110, « Herméneutique classique et philosophique » (1968), PH, p. 109.

3. GW2, p. 366, « Destruction et déconstruction » (1985), PH, p. 146.

4. GW10, p. 143, « Déconstruction et herméneutique » (1988), PH, p. 162.

5. GW10, p. 144, PH, p. 163.

d'une vacuité de sens»[1]. L'universalité de l'herméneutique s'entend à partir du particularisme des langues naturelles parce que chaque langue est toujours médiation et transmission d'un monde, et donc d'une communauté d'hommes : c'est un pluriel qui s'exprime malgré tout chaque fois que nous disons «je». Il y a aussi peu de premier et de dernier mot que de mot isolé ou de mot qui ne signifie que pour moi ou selon ma seule intention. Le dialogue n'est possible que parce que les mots de la langue sont toujours partagés par d'autres. «C'est la langue elle-même qui prescrit l'usage langagier. Il n'y a là aucune mythologisation de la langue, mais cela signifie qu'il y a une exigence de la langue qui n'est jamais réductible à un vouloir-dire individuel et subjectif. Que ce soit nous qui parlions, aucun de nous et pourtant nous tous, c'est là le mode d'être de ma "langue"»[2]. L'histoire de la philosophie ne peut être qu'une philosophie de l'histoire conceptuelle déposée dans les langues, une philosophie de l'action ou de l'effet de l'histoire comme déploiement conceptuel du langage. Il ne s'agit pas pour Gadamer de reprendre simplement le projet diltheyen d'une science du particulier mais de montrer que la particularité des langues constitue la voie même d'accès à la vérité sur nous-mêmes à travers le «dialogue que nous sommes»[3]. Le chemin vers la vérité conduit à élaborer ou édifier un monde, toute forme de «perte» langagière – Gadamer évoque la question de l'appauvrissement du vocabulaire qui réduit la langue à «un algorithme technique» – entraîne une perte du lien dialogique par lequel un monde se donne à connaître et à partager : «partout où nous voulons nous dire quelque chose les uns aux autres, (...) ce qui advient, c'est toujours à nouveau la langue, avec son vocabulaire et sa grammaire comme toujours, et jamais sans l'infinité intérieure propre au dialogue en cours entre quiconque use ainsi du langage et son interlocuteur. Là est la dimension fondamentale de l'herméneutique»[4].

La finitude représente une limitation positive en tant qu'elle est constitutive de l'élaboration d'un monde, elle est moins un simple manque d'être que la possibilité toujours ouverte d'une constitution supérieure d'être. Dans le dialogue, la «limitation de soi par l'autre» nous grandit au lieu de nous enfermer ou de nous diminuer. Fidèle au thème humaniste de la formation, Gadamer voit dans le dialogue le vecteur d'une élévation et d'une virtualisation de soi par le changement qui se produit «là où un

1. GW2, p. 366, «Destruction et déconstruction» (1985), PH, p. 145.
2. KS4, p. 106, «Langage et compréhension» (1970), LV, p. 162.
3. GW2, p. 230, «Le problème herméneutique» (1965), HP, p. 44.
4. GW2, p. 231, HP, p. 45.

dialogue a réussi »[1]. La tendance technique est associée à une tendance monologique qui n'est qu'un des avatars du discrédit qui a frappé le concept de vérité au sein de ce qu'on appelle la postmodernité. Car que vaut la force d'un mouvement de pensée s'il ne rencontre pas d'interlocuteur et reste uniquement concerné par son propre intérêt à court terme ? Pour qui écrit l'expert philosophique aujourd'hui, à qui est destinée sa parole ? Pour Gadamer, il est clair qu'il ne peut pas y avoir de philosophie sans perspective dialogique, sans dialogue authentique, une telle exigence ne va d'ailleurs pas sans rencontrer des difficultés inhérentes à la façon dont s'organise et se communique le discours philosophique. Il en a lui-même fait l'expérience paradoxale dans sa rencontre « ratée » avec Derrida, on y reviendra, mais il n'a pas pour autant indiqué dans son œuvre les moyens d'instaurer ce dialogue lorsque justement l'autre semble vouloir esquiver la rencontre, lorsqu'un refus de dialoguer, c'est-à-dire de penser, s'exprime dans telle institution ou tel contexte. La pensée de Gadamer « fonctionne » bien lorsque le dialogue s'installe pour ainsi dire spontanément, quand les conditions requises pour que la parole circule et que chacun se mette en situation d'entendre ce que l'autre a à dire sont remplies, plus ou moins consciemment. Mais que faire encore une fois lorsque la communication est bloquée et qu'on fait semblant de se parler ? Lorsque des individus, voire toute une société, font fonctionner le langage sur un mode strictement informatif, monologique, stratégique, faisant grossir, sans doute à leur insu, le désenchantement et la perversion qui en résultent ?

Le langage, comme le rire, suppose une distance par rapport à soi, mais cette distance n'est-elle pas aussi un cadre, un enclos ? Aristote dit que le propre de l'homme est le langage, et aussi le rire : le rire est un phénomène paralangagier et non prélangagier. Le prélangagier, le paralangagier et le supralangagier (l'indicible) constituent les limites du langage. « Je n'ai qu'un sentiment obscur de ce phénomène, écrit Gadamer, qui a déjà joué un grand rôle dans d'autres domaines de la recherche – je pense avant tout à la psychanalyse. C'est la conscience qui habite toute personne qui parle lorsqu'elle cherche le mot juste – savoir le mot qui peut rejoindre l'autre – mais qui a toujours en même temps conscience de ne pas l'avoir tout à fait trouvé. Le vouloir-dire, l'intention, va toujours au-delà ou en biais de ce qui peut vraiment être cerné dans une langue ou dans des mots qui vont rejoindre l'autre. Une recherche inassouvie du mot juste – voilà bien ce qui constitue la vie propre et l'essence du langage. Ici se manifeste donc un lien intime entre l'inassouvissement de cette recherche, de ce *désir* (Lacan), et

1. KS4, p. 113, « L'inaptitude au dialogue » (1971), LV, p. 170.

le fait que notre propre existence humaine s'écoule dans le temps et devant la mort »[1]. L'idée que l'herméneutique intègre pleinement l'impossibilité de saturer linguistiquement ce qu'on ne peut en même temps viser que par le langage est une constante de la pensée de Gadamer. La présupposition, tout aussi constante, de la recherche d'entente n'en est pas pour autant affectée, ni non plus la tradition dans son rôle formateur et normatif.

MONOLOGUE, MÉSENTENTE, ILLUSION D'ENTENTE

Gadamer est précisément entré en débat avec Habermas à propos de la possibilité de lever les charges idéologiques qui perturbent la communication, de la même façon que le travail psychanalytique révèle les traumas qui pèsent sur la conscience. Ce dialogue s'est spécialement formulé dans trois textes : les deux conférences de Gadamer, « Rhétorique, herméneutique et critique de l'idéologie » (1967) et « Réplique à "Herméneutique et critique de l'idéologie" » (1971), entre lesquelles s'intercale un texte de Habermas, qui est pour ainsi dire un commentaire de la première conférence de Gadamer, « La prétention à l'universalité de l'herméneutique » (1970), publié d'abord dans *Hermeneutik und Dialecktik* et qui sera repris dans la *Logique des sciences sociales*[2]. Gadamer reprend le paradigme psychanalytique sur lequel s'appuie Habermas pour exhiber certaines déficiences de communication lorsqu'il explique que « ce n'est pas seulement le patient, le névrosé, qui souffrirait d'une communication systématiquement altérée, quand il défend sa névrose, mais au fond il en va de même de toute conscience sociale, qui se trouve en accord avec le système social régnant et qui de ce fait apporte son appui à son caractère contraignant. Telle est la présupposition qui n'est pas elle-même mise en discussion, et selon laquelle argumente Habermas »[3]. Habermas a reproché à Gadamer de ne pas suffisamment prendre en compte les limitations qui affectent la possibilité pratique de l'entente, dès lors que la discussion ne bénéficie pas d'un éclairage réflexif suffisant sur ce qui la dévie « dans le dos » des interlocuteurs. Selon Habermas, « la compréhension que l'herméneutique a d'elle-même ne peut être remise en question qu'à partir du moment où il apparaît que le discours "normal", ou disons : sans pathologie apparente,

1. GW8, p. 361, « Les limites du langage » (1985), PH, p. 184.

2. *Zur Logik der Sozialwissenschaften*, Frankfurt am Main, Suhrkamp Verlag, 1982, *Logique des sciences sociales et autres essais*, Paris, P.U.F., 2002.

3. KS4, p. 124, « Réplique à "Herméneutique et critique de l'idéologie" » (1971), AC1, p. 154.

présente lui aussi des formes de communication systématiquement déformée »[1]. À partir de là, Habermas se demande dans quelle mesure le langage ordinaire pourrait valoir comme « ultime métalangage », c'est-à-dire jusqu'à quel point la prétention de l'herméneutique à l'universalité peut être maintenue. Habermas se focalise sur un problème de clarification et d'émancipation qui ne s'accorde pas bien avec l'efficacité normative qu'on peut attendre de la tradition. Pour lui, le sociologue est une sorte de « thérapeute social » qui parviendrait à clarifier réflexivement les sources du blocage dans la communication. Ce travail à la fois symptomatologique et thérapeutique permettrait de libérer l'échange d'une tradition dont l'herméneutique de Gadamer aurait sous-estimé la force contraignante et dont elle serait finalement restée prisonnière[2]. Aux pressions le plus souvent inaperçues de la tradition Habermas oppose un système de normes, une réflexion critique, un idéal de communication qui servent d'instrument de rétablissement de la communication sociale. Gadamer réplique que le débordement langagier intègre d'ores et déjà la possibilité de dépasser une tradition par une autre ou de la corriger : non seulement il a bien montré qu'on ne peut comprendre sans mettre en évidence des présupposés qui concernent aussi bien l'œuvre que l'interprète mais il a insisté sur l'importance d'une vigilance toujours active sur le contenu transmis qui fait de la tradition, elle-même polymorphe, l'objet d'une relecture et d'une discussion constamment renouvelées. La tradition est d'autant moins un référent absolu qu'elle ne nous parvient et ne devient à nouveau parlante que par un travail de l'histoire qui la dépasse elle-même. La tradition, comme l'œuvre d'art, ne peut à un moment donné « tenir toute seule » que parce qu'elle est soutenue de manière interactive, qu'elle remet sa persistance en jeu dans le présent de la lecture et de la réflexion. Par ailleurs, aucun acte de compréhension ne peut conduire à une absolue transparence à soi du comprendre : et ce résidu d'obscurité n'est pas le fait d'une défaillance du critère ou d'un manque d'approfondissement de l'investigation méthodique, il s'agit simplement d'une composante et d'une condition engagées dans tout effort

1. J. Habermas, *Logique des sciences sociales et autres textes*, *op. cit.*, p. 251.

2. Habermas remarque que « la conscience de la structure préjudicielle de la compréhension du sens n'est pas à confondre avec l'identification entre le consensus effectivement établi et le consensus véritable. Cette identification, en revanche, conduit à l'ontologisation du langage et à l'hypostase de la tradition. Une herméneutique dotée d'une conscience critique d'elle-même et qui distingue entre prise de conscience et aveuglement réserve une place à la connaissance métaherméneutique quant aux conditions de possibilité de la communication systématiquement déformée » (*Logique des sciences sociales et autres essais*, *op. cit.*, p. 269).

de compréhension. Gadamer renvoie du reste l'argument contre Habermas en pointant du doigt l'influence de certaines idéologies (notamment le soupçon postmoderne qui pèse sur le concept d'autorité et la tradition) dans la critique même des idéologies, critique qui ne peut donc pas se présenter elle-même comme absolument pure : on joue au fond toujours contre une tradition une autre tradition. Gadamer a du mal à cautionner l'idée que le sociologue pourrait intervenir sur la communication sociale comme un thérapeute parvient à soulager les blocages du névrosé. S'il est donc indispensable de réfléchir aux conditions optimales d'une communication sociale ou intersubjective, cette réflexion et cette vigilance relèvent de l'herméneutique et de la médiation dialogique, elles sont universelles dans la mesure où l'on ne peut les transcender : c'est « de la prétention à exprimer quelque chose que l'on puisse saisir et non d'une "conviction fondamentale" qu'il s'agit »[1].

L'inachèvement du dialogue n'est donc pas simplement promesse d'entente mais expérience d'un non-accomplissement coextensif de notre être linguistique. On ne résout chez Gadamer les difficultés rencontrées dans le dialogue qu'avec le dialogue. Soulignons que les limites dont il est question ici manifestent une espèce d'inflexion de la pensée gadamérienne du langage et, peut-être, l'idée que le langage ne peut pas toujours combler ses propres lacunes, précisément parce que la solution gît dans le problème. Pour cette raison notamment, c'est à une herméneutique d'un autre type qu'il appartiendrait de montrer que le langage n'est pas toujours le seul et unique recours contre un usage égarant du langage ou un dysfonctionnement de communication (une herméneutique qui retournerait justement dans la spéculation hégélienne). Certes, il n'y a pas d'obligation factuelle à ce que tout dialogue aboutisse à un accord ou à un apport : mais la difficulté est autrement plus grande lorsque le non-dialogue n'est plus seulement possibilité du langage mais son fonctionnement tendanciel. C'est contre ce risque que Gadamer a conçu son herméneutique philosophique. Simplement, au lieu de sortir d'une « normation » langagière du penser, Gadamer a finalement rapporté cette limitation à l'inachèvement constitutif du dialogue, c'est-à-dire, en dernier ressort, de l'herméneutique (et donc de la philosophie). « Il s'ensuit que le dialogue que nous sommes n'aura jamais

1. KS1, p. 124, « Rhétorique, herméneutique et critique de l'idéologie » (1971), HP, p. 99. Les derniers textes de Habermas semblent aller dans le sens de cette valorisation du dialogue, c'est-à-dire d'une recherche de sens moins pure et toujours objectivable, une interprétation simplement moins transparente de « l'autoréflexion de tous les intéressés, réalisée et réussie dans le dialogue » par laquelle Habermas définit l'herméneutique philosophique (*Logique des sciences sociales et autres essais*, *op. cit.*, p. 273).

de fin. Aucun mot n'est le dernier, tout comme il n'y a aucun premier mot. Chaque mot est lui-même déjà réponse et signifie toujours lui-même qu'il pose une nouvelle question »[1]. Ainsi, cherchant à barrer la route au relativisme auquel conduisait les herméneutiques subjectivistes de la fin du XIXe siècle, Gadamer n'a-t-il pas construit une herméneutique de la fatalité langagière ? Si la recherche de la vérité dépend d'une mise en place dialogique optimale, quelle force peut-on opposer à celle du monologue techniciste ? Plus précisément, quels arguments la philosophie peut-elle développer pour sortir de l'affrontement d'un langage contre un autre, de l'écrasement d'un langage par un autre, dès lors que le langage est lui-même placé en position d'arbitre ?

Gadamer a bien conscience que c'est sur ce terrain que se joue sa confrontation avec Hegel. Le statut de l'altérité intervient dans la compréhension du soi au-delà de sa particularité historique, et linguistique, mais la compréhension de soi hégélienne, qui n'est pas simplement compréhension d'un individu (par lui-même) lorsque cette compréhension est authentiquement philosophique (elle a notamment rencontré la difficulté du dialogue dans le langage pervertissant de la flatterie, qui se mue en langage du déchirement), implique justement une assomption de la rupture, de la séparation sans biffer la vertu formatrice de la discontinuité. La solution de Hegel au « mauvais » dialogue n'est pas une élimination dogmatique de celui-ci ou une correction du langage à l'intérieur du langage mais la reconnaissance de l'inscription dialectique du langage dans la culture : c'est à la rationalité de l'histoire, et plus encore de l'esprit, de lever les déchirements du langage. Selon Gadamer, l'« ambition de Hegel était de réconcilier dialectiquement la rupture avec l'altérité, voire toute altérité, afin d'acquérir la connaissance de soi dans l'être-autre. Or cela incarnerait justement le dernier accomplissement de la métaphysique et serait devenu obsolète depuis Nietzsche. Tout discours qui parlerait du sens et de la continuité de sens ne serait plus qu'une relique métaphysique. Ainsi, mon effort herméneutique en vue d'intégrer l'expérience de l'art dans la continuité de la compréhension de soi conduirait aussi à une rechute dans l'idéalisme. L'identité du soi serait en vérité une illusion »[2]. Gadamer se serait-il engagé dans une impasse de s'être rapproché de l'idéalisme absolu ou de s'en être seulement rapproché ? A-t-il suffisamment pris en compte les avertissements anti-idéalistes de son temps ou s'en est-il insuffisam-

1. GW10, p. 140, « Déconstruction et herméneutique » (1988), PH, p. 158.
2. GW10, p. 142, PH, p. 160.

ment affranchi ? Le fait est, et c'est peut-être là son impasse, qu'il a voulu poser son herméneutique entre ces deux voies.

Cette position qui, encore une fois, résume la spécificité du positionnement philosophique de Gadamer, est à la source des débats qu'il a menés notamment avec Habermas et dans une moindre mesure avec Derrida. Aussi éloigné Gadamer puisse-t-il être de la conception dialectique, hégélienne, du langage et du sens, il serait resté excessivement fidèle au principe d'identité qu'il réanime dans la réalité artistique. Gadamer a puisé le thème de la compréhension de soi dans la « théologie protestante moderne, mais aussi <dans> la tradition langagière de Heidegger » et, somme toute, il lui était apparu « naturel »[1]. Or pour Derrida, c'est justement le caractère naturel de cette attente de compréhension mutuelle qui ne va pas de soi. « On en arrive ainsi, écrit Gadamer, au problème cardinal qui accompagne tout effort herméneutique et qui se trouve sans doute à la racine du malaise que peut ressentir Derrida face à mes tentatives de pensée : l'herméneutique a beau s'efforcer de reconnaître l'altérité comme telle, l'autre comme autre, l'œuvre d'art comme un choc, la rupture comme une rupture et l'incompréhensible comme tel, mais ne concède-t-elle pas trop à l'entente et à l'accord ? C'est le reproche qu'avait autrefois élevé Jürgen Habermas contre moi en m'opposant le phénomène de l'entente distordue qui transforme l'accord en une simple illusion, voire en une manipulation »[2]. Finalement, ce sont les éléments mêmes de la critique gadamérienne des herméneutiques psychologiques qui semblent se retourner contre lui dans le discours de ses contemporains.

Les arguments de Gadamer pour fonder l'universalité du dialogue peuvent ainsi être appréhendés d'une double manière : soit dans leur *solidarité* avec la question de la finalité de l'histoire et du langage, par rapport à quoi il se détache de Dilthey en s'exposant à des objections d'inspiration nietzschéenne (Derrida) ou politiques (Habermas); soit dans leur *différence* avec la compréhension hégélienne de la rationalité de l'histoire et du statut du fini, laquelle conduit à une rechute, cette fois, dans la mauvaise infinité de la répétition dont Hegel a spécialement indiqué la nature intimement contradictoire[3]. La possibilité d'une contestation de son projet depuis Hegel apparaît plus nette encore lorsque Gadamer demande :

1. GW10, p. 142, PH, p. 161.

2. GW10, p. 142-143, « Déconstruction et herméneutique » (1988), PH, p. 161. Voir aussi « Rhétorique, herméneutique et critique de l'idéologie » (1967), GW2, p. 232, AC1, p. 123.

3. Voir notamment « Déconstruction et herméneutique » (1988), GW10, p. 143, PH, p. 162 et « Autoprésentation » (1985), GW2, p. 505, PH, p. 58.

« Quant à l'orientation sur l'universalité du "langage" et à l'insistance sur la linguisticité de notre accès au monde, que nous partageons avec Heidegger, signifient-elles un pas au-delà ou en arrière de Hegel ? »[1] Car ce pas au-delà ou en arrière n'engage pas seulement la proposition de Gadamer mais pour ainsi dire l'ensemble des philosophies contemporaines du langage. C'est dans cette direction que semble aller Rorty lorsqu'il propose une riposte herméneutique au cadre gnoséologique kantien : « Autrement dit, tout ce qu'il nous reste à faire, c'est de suivre une stratégie herméneutique vis-à-vis de nos adversaires – et tenter de montrer comment les choses choquantes, paradoxales et étranges qu'ils soutiennent s'articulent avec ce qu'ils cherchent à dire par ailleurs, et à quoi ressemblent leurs propos une fois traduits dans l'idiome de rechange que nous proposons »[2]. Ailleurs il observe « que Dewey est exactement le philosophe qu'il faudrait relire si l'on devait se détourner de Kant en faveur de Hegel et préférer l'étude du développement culturel à une "métaphysique de l'expérience" »[3]. On s'attachera cependant pour l'heure moins aux faiblesses de la critique gadamérienne qu'à la manière dont Gadamer met à profit ses propres thèmes herméneutiques pour répondre à l'objection de Heidegger et de Derrida concernant la tonalité idéaliste et métaphysique de sa pensée. Ainsi, à propos du terme de « *phronesis* », il souligne qu'à « la limitation terminologique que lui impose Aristote s'oppose l'usage courant du terme et qu'Aristote respecte aussi par ailleurs. Il est donc erroné de vouloir tirer des conséquences chronologiques de l'usage de ce terme chez Aristote. C'est un argument que j'ai autrefois eu à faire valoir contre Werner Jaeger. Il faudrait m'accorder quelque chose de semblable. Lorsque je continue à parler de "conscience", par exemple lorsqu'il est question de la "conscience du travail de l'histoire", cela n'est pas une confession de foi, ni envers Aristote, ni envers Hegel »[4]. Ainsi, lorsque Gadamer préserve l'idée de vérité et de sens des choses mêmes contre les « herméneutiques » du soupçon, pour reprendre la terminologie de Ricœur (c'est-à-dire celles qui accentuent la critique des objectivations issues de la métaphysique ou des idéologies), ce n'est pas pour fermer les perspectives interprétatives mais au contraire pour les ouvrir depuis la diversité que crée la langue elle-

1. GW2, p. 506, PH, p. 58.

2. R. Rorty, *L'Homme spéculaire*, *op. cit.*, p. 401.

3. R. Rorty, *Conséquences du pragmatisme*, trad. J.-P. Cometti, Paris, Seuil, 1993, p. 174.

4. GW10, p. 145-146, « Déconstruction et herméneutique » (1988), PH, p. 165. À propos de la discussion avec W. Jaeger, voir « Le *Protreptique* d'Aristote et l'interprétation génétique de l'éthique aristotélicienne » (GW5, p. 164-186).

même. L'objection peut sembler naïve, elle n'en est pas moins incontournable : en l'absence d'une reconnaissance de la vérité possible des énoncés, qu'est-ce qui peut donner du crédit aux philosophies du soupçon? Quelle forme de validation peuvent-elles se donner?

L'ouverture constitutive de l'herméneutique s'applique au passé, et donc aussi au passé de la langue. Il s'agit de détruire l'immobilisme conceptuel qui restreint les possibilités d'interprétation proposées par la langue, autrement dit, la destruction est libératrice et non restrictive, elle n'est pas, comme le dit Gadamer, un acte de révocation de l'histoire. Elle relaie plutôt l'idée que la langue est un réservoir mobile d'interprétations qu'il nous appartient de réinscrire dans notre présent en fonction de ce que celui-ci donne à penser. Gadamer montre par là que le geste philosophique est toujours un geste herméneutique. Par exemple, si « la puissance poétique de Platon est encore capable d'accomplir ce qu'elle a toujours fait, c'est-à-dire d'être à nouveau portée à la présence pour tout lecteur, c'est que Platon a lui-même accompli la destruction des termes sclérosés – et dans plusieurs de ses mythes, il s'agissait aussi de la déconstruction de contenus qui avaient perdu leur force d'adhésion – et c'est cette destruction qui libère la pensée »[1]. L'herméneutique et la déconstruction apparaissent comme deux voies de destruction de l'univocité du sens, avec cette différence essentielle que pour Gadamer l'horizon du sens n'est jamais occulté dans la compréhension, il est déjà présent dans tout phénomène de précompréhension sans jamais pouvoir être mis à plat exhaustivement par la conscience réflexive : « Le problème de ce lien indissoluble entre la pensée et le langage ne pouvait faire autrement que d'obliger l'herméneutique à devenir une philosophie »[2]. Outre la vérité qui découle de l'écoute des langues, la conscience de ce lien détermine la dimension philosophique du dialogue : comme il n'y a rien de plus essentiel que cette attente de sens et de compréhension, la préservation du dialogue reste le terrain ou la forme dans lesquels se donne à voir l'orientation philosophique universelle de l'homme. Le dialogue est l'indice, la preuve et le garant de notre humanité.

À propos de Heidegger, Gadamer rappelle que le « poète Friedrich Hölderlin fut son partenaire le plus proche dans ce dialogue qu'est la pensée. Sa lamentation à propos de l'abandon et son évocation des dieux disparus, mais aussi le savoir qu'il avait que "des dieux, nous avons tout de même beaucoup reçu", furent pour lui un gage que, même dans la nuit montante du déracinement total et de la distance du divin qui est en train de

1. GW10, p. 147, « Déconstruction et herméneutique » (1988), PH, p. 167.

2. « *Mit der Sprache denken* » (1990), GW10, p. 352, « Autoprésentation » (II), PH, p. 42.

s'abattre sur le monde, le dialogue de la pensée peut encore trouver son partenaire. Nous participons tous à ce dialogue. Ce dialogue se poursuit, car ce n'est qu'en lui que peut se former et se développer le langage, dans lequel nous sommes chez nous, même dans un monde de plus en plus étranger à lui-même »[1]. Il y a une dimension herméneutique dans tout acte poétique qui fait vivre l'effort de recherche du mot approprié, du vrai mot ou du mot qui touche. La carence de mots que Gadamer évoque souvent n'est pas un manque anodin mais la tension qui nous maintient dans l'ouvert. Le geste poétique de Hölderlin est par là aussi bien un geste philosophique. L'amplification philosophique du dialogue est confortée par la dialectique comme travail de la conscience historique et rappel de la tradition langagière. C'est cette dimension universelle du dialogue comme dialectique que Gadamer met en évidence à travers le thème de la « réminiscence de l'esprit qui peut nous unir ». En ce sens, la dialectique dialogique est anamnèse et débordement fondamental de notre stricte existence individuelle : c'est toujours dans l'horizon du débordement d'être que se dessinent le souci philosophique et le travail de restitution qui prend pour point de départ des langues malgré tout particulières. La particularité elle-même se définit comme élan d'outrepassement, limite qui tend au débordement de la limite. Car « être-en-dialogue veut dire être au-delà de soi, penser avec autrui et retourner vers soi comme un autre »[2].

LE DIALOGUE : DIALECTIQUE ET SPÉCULATIF

L'amplification dialectique du dialogue est d'abord une amplification historique. « Dans le contexte qui m'intéresse, écrit Gadamer, la dialectique désigne donc le vaste ensemble de la tradition de la métaphysique occidentale qui comprend aussi bien "l'élément logique" (*das Logische*) selon l'usage de Hegel que le *logos* de la pensée grecque, lequel a déjà marqué les premiers pas de la philosophie occidentale »[3]. L'universalité du

1. GW3, p. 332, « Être Esprit Dieu » (1977), CH, p. 217.

2. GW2, p. 369, « Destruction et déconstruction » (1985), PH, p. 150. L'herméneutique est ainsi le dégagement pluriel, dialogique et réflexif de la signification philosophique du langage : « Là le langage a encore une autre fonction que celle d'une désignation aussi univoque que possible du donné – et il est « donateur de soi » et introduit ce don de soi dans la communication. Dans les sciences herméneutiques, la formulation linguistique ne renvoie pas simplement à un état de choses que l'on peut, d'une autre manière, par vérification amener à la connaissance, mais un état de choses est aussi rendu perceptible dans le comment de sa signification » (GW2, p. 462, « Postface » (1972), AC1, p. 103).

3. GW2, p. 369, « Destruction et déconstruction » (1985), PH, p. 149.

dialogue, qui coïncide avec celle de la raison, est l'argument majeur de Gadamer contre le glissement historiciste et relativiste impliqué dans la proposition de Dilthey : par le dialogue, le lien philosophique est un lien immédiatement éthique et social qui se conforte, au lieu de s'affaiblir, de l'absence d'un fondement autosuffisant ou d'une fondation ultime. L'incessance de l'attente de sens est la promesse de l'incessance de la philosophie. Seul est indépassable ce qui est toujours par nature dépassable et dépassé. La dialecticité de l'interprétation repose moins sur la possibilité de corriger une lecture par une autre que sur le fait que « la parole qui rend le sens du texte en l'interprétant porte au langage la totalité de ce sens et par conséquent fait accéder en elle-même l'infinité du sens à une présentation (*Darstellung*) finie. Le fait qu'il s'agisse d'une dialectique conçue à partir du centre de la langue, et la manière dont elle se distingue de la dialectique métaphysique de Platon et de Hegel, demandent une discussion plus précise. Relayant une terminologie dont on peut montrer la présence chez Hegel, nous donnons à ce qui est commun à la dialectique métaphysique et à la dialectique herméneutique, le nom de *spéculatif*. Le terme désigne ici le type de relation correspondant à la réflexion dans le miroir. La réflexion constitue un échange continuel »[1]. Le spéculatif désigne la capacité originaire de présentation propre au dialogue : c'est par cette idée de présentation (*Darstellung*) que Gadamer émancipe le langage de sa seule fonction référentielle, là où il vise seulement à dire quelque chose à propos de quelque chose. Le langage est l'être même du concept qui se donne à entendre.

Gadamer reste très sensible à la manière dont Hegel a décrit la proposition spéculative à partir de l'image d'une oscillation entre le mètre et l'accent. Le spéculatif porte à une harmonie mobile la tension entre deux mesures différentes, tension qui heurte le plus souvent nos habitudes de lecture et de pensée. En raison de ce « freinage inhabituel » de la conscience face au discours philosophique, celui-ci est en réalité toujours spéculatif. Gadamer ne manque pas de souligner que la logique spéculative de la chose même (dont la dialectique déplie et effectue les articulations) n'est pas autre chose que le sens hégélien de la démonstrativité : c'est justement parce que nous ne nous représentons pas spontanément les choses telles qu'elles se présentent que nous fourvoyons la pensée dans une recherche d'exactitude qui n'a guère plus de valeur que l'erreur que l'entendement tente d'éradiquer. Lorsque cette errance est détectée, on pourrait croire que c'est en allant en-deçà de la représentation ou au contraire dans l'au-delà de

1. GW1, p. 469, VM, p. 491. Voir aussi GW2, p. 461, « Postface » (1972), AC1, p. 102.

la foi qu'on échappe aux fixations du formalisme d'entendement. On manque le plus souvent la rationalité authentique de peu (l'opposé d'une position erronée est le plus souvent une erreur jumelle de la première), et une déviation d'abord légère peut conduire à d'immenses fourvoiements. Pour Hegel, la rationalité n'est pas un retour aux choses mêmes mais à l'être-pensé de la chose, être, c'est toujours être-pensé, et seul l'esprit est assez ample pour prendre l'absolue *mesure* de cette existence-là, car c'est la sienne. Selon Gadamer, l'exigence de la philosophie découle du spéculatif hégélien : mais pour Hegel, ce n'est pas tant la philosophie qui conduit à une exigence, elle-même plus ou moins atteinte, que l'exigence déjà satisfaite de l'esprit qui est philosophie.

Gadamer considère que « la dialectique de Hegel se règle bien elle-même sur l'esprit spéculatif de la langue, mais selon la façon dont Hegel se comprend, il ne veut retenir de la langue que le jeu réflexif de ses déterminations de pensée et l'élever, par la voie de la médiation dialectique, à la conscience de soi du concept, dans la totalité du savoir connu », mais il conclut qu'on en reste ici « dans la sphère de "l'énoncé" » et qu'« on n'atteint pas celle de l'expérience langagière du monde »[1]. Il y a une mise en œuvre spéculative dans la tâche herméneutique précisément dans la mesure où les tentatives finies d'expression convergent vers un infini du sens qui déborde par définition la saturation envisagée dans toute simple « désignation » ou « déclaration ». Gadamer donne l'exemple éclairant du témoignage ou de l'interrogatoire dans lesquels on ne dit rien de ce qu'on pense : « Au contraire, dire ce qu'on pense, se faire comprendre, c'est maintenir le lien de ce qui est dit à l'infini du non-dit dans l'unité d'un sens et le faire ainsi comprendre. Celui qui parle de cette manière peut bien n'employer que les mots les plus usuels et les plus usés et, précisément ainsi, exprimer ce qui est non-dit et à dire »[2]. Ce n'est pas de ne plus rien « laisser à désirer », de ne « manquer de rien » que vit la communication féconde, éthique, qui nous permet de nous entendre les uns les autres sur « ce dont il s'agit », mais justement de cette vacance de la parole : l'attente est moins une absence que la condition du lien.

Le spéculatif est associé à une « relation à l'être », manifeste aussi bien dans la langue quotidienne que dans la parole poétique : « Si nous nous laissons guider par la "manière d'agir de l'esprit poétique", telle que la décrit par exemple Hölderlin, nous comprenons tout de suite en quel sens l'événement langagier de la poésie est spéculatif. Hölderlin a montré que la

1. GW1, p. 472, VM, p. 493.
2. GW1, p. 473, VM, p. 494-495.

découverte de la langue d'un poème suppose l'annulation totale de tous les mots et de toutes les manières habituelles de parler »[1]. Le débordement langagier est totalement solidaire de la médiation d'un monde lui-même formé linguistiquement : il est le lien qui permet non une expérience du langage mais une expérience « structurée par la langue ». Entrer dans le poème ou une langue étrangère nous fait voir des mondes articulés au lieu de vouer chacun de ces mondes à l'oubli ou au délaissement. La dimension spéculative du langage signifie que dans « l'événement langagier, ce n'est pas seulement ce qui persiste qui trouve place, mais précisément aussi le changement des choses »[2]. Là encore le lien dont il s'agit ne correspond pas à la relativité dont parlent les sciences de la nature à propos de leurs objets : nous ne sommes pas dans un monde comme dans un environnement qui détermine nos attitudes, de la même façon nous ne pensons pas dans une langue en constituant un monde qui y serait strictement inséré. Le monde constitué linguistiquement ne peut pas lui-même devenir objet pour nous, on ne déborde le langage qu'à l'intérieur du langage : par le langage nous « possédons un monde » mais plus encore nous y « existons » et le faisons exister. La science se donne ainsi un objet qu'elle ne peut voir qu'à condition de se souvenir que le cadre même de cette visibilité n'est pas lui-même intégralement déterminable. Ces limites de l'objectivité scientifique, Gadamer les a découvertes dans une formulation exemplaire chez Heidegger : la façon dont la langue s'approprie la chose doit être clairement distinguée de l'appréhension scientifique du « *Vorhandensein* », ce qui « est devant » et « à portée de main ». « Nous partons du fait que dans la structure langagière de l'expérience humaine du monde, il n'y a pas de *Vorhandenes* qui soit compté ou mesuré : c'est l'étant, tel qu'il se montre à l'homme, comme étant et signifiant, qui prend la parole. C'est là – et non dans l'idéal méthodique de construction rationnelle, qui domine les sciences modernes mathématiques de la nature – que l'on peut reconnaître la compréhension mise en œuvre dans les sciences de l'esprit. Si nous avons plus haut caractérisé par l'élément langagier le mode de réalisation de la conscience de l'histoire de l'influence, c'est parce que cet élément caractérise purement et simplement notre expérience humaine du monde. Pas plus que le "monde" n'y est objectivé, l'histoire de l'influence ne devient l'*objet* de la conscience herméneutique »[3]. L'herméneutique de Gadamer montre pleinement sa cohérence lorsqu'elle associe à la compréhension la reprise

1. GW1, p. 474, VM, p. 495.
2. GW1, p. 453, VM, p. 474.
3. GW1, p. 460, VM, p. 481.

constante du contenu coextensive d'une médiation justement toujours langagière. C'est déjà à ce résultat que Gadamer était parvenu dans l'analyse de l'œuvre d'art : à son propos, il est impossible de récolter assez d'informations pour pouvoir dire, comme c'est le cas pour un texte informatif quelconque, qu'on n'a plus rien à « cueillir », qu'on n'a plus besoin de cueillir. On n'épuise jamais une œuvre d'art, on ne la vide jamais. Les réponses provoquent de nouvelles questions qui appellent de nouvelles réponses, c'est ce « qui justifie qu'on demeure auprès de l'œuvre, quelle qu'en soit l'espèce »[1]. La possibilité de demeurer auprès de l'œuvre est ce qui *distingue* l'expérience esthétique. Les choses qui manifestent une absence d'art sont précisément celles qu'on trouve vides. Aucune œuvre d'art ne s'adresse aux uns et aux autres de la même manière, et nous lui répondons nous-mêmes toujours de manière différente. L'émancipation éthique vis-à-vis de « l'aspect psychologique du parler »[2], de la forme de l'énonciation comme information destinée à quelqu'un, et finalement de la connaissance comme rapport à un « donné », ne signifie donc nullement une retombée dans l'identité idéaliste et absolue du sujet et de l'objet. Le type d'érection que produit exemplairement l'œuvre d'art correspond à cette sortie hors de l'usage ordinaire des mots en laquelle se condense la dimension philosophique de l'exister humain, c'est-à-dire la possibilité d'exister en un sens éminent. De la même façon, ce qui distingue les textes littéraires, sans en faire des cas-limites de la dialectique question-réponse, c'est que ce sont des « textes éminents »[3]. Et rien ne nous donne autant le sentiment d'exister que d'être vus sous cette lumière : à la lumière de l'éthicité de l'existence, de la poésie, car ce que nous recevons est aussi bien un don de nous-mêmes.

La dimension spéculative du langage se montre dans la capacité du dialogue à saisir le particulier, l'événement, l'œuvre et la multiplicité qu'ils présentent depuis une donation plus ample d'unité et de totalité. Elle cristallise ce qui pour Gadamer fait l'essence même du langage : la médiation du fini et de l'infini, la médiation du fini qui le porte à une certaine infinité. La compréhension étant une certaine pratique du langage, l'herméneutique consiste à mettre en évidence la relation entre ce fonds qui est à la fois commencement et fin du comprendre (infini et totalité de sens) et les formes particulières sous lesquelles le contenu se médiatise. Il n'y a

1. GW2, p. 7, « Entre phénoménologie et dialectique. Essai d'autocritique » (1985), AC2, p. 16.

2. GW2, p. 475, « Postface » (1972), AC1, p. 115.

3. GW2, p. 475, AC1, p. 116.

d'être que donné par et suivant le langage et ses propres possibilités, nos possibilités d'existence sont tracées par le langage, le langage ne vient pas après coup redonner un être qui subsisterait en dehors et indépendamment de lui. Ce qui définit fondamentalement le langage, par quoi il nous ouvre précisément à l'expérience du monde, c'est cette force de débordement qui prend par exemple dans l'usage ordinaire la figure de l'oubli de soi. Gadamer illustre cet aspect à partir d'une anecdote : essayant de retrouver le sens du mot « fraise », sa fille lui fait remarquer que c'est seulement quand elle oublie « le mot » qu'elle le comprend, c'est quand on n'y prête pas attention qu'on se trouve « dans le mot » (« *drinsein im Worte* »[1]). Son auto-effacement permet au mot de signifier quelque chose, « l'oubli de soi fait intimement partie de l'essence du langage ».

L'intuition du spéculatif, comme donation de sens qui provient davantage de la chose même que d'un sujet, n'était d'ailleurs pas étrangère aux Grecs et elle s'est renouvelée historiquement. La relation entre être et pensée, notamment thématisée par Hegel au cœur de son concept de méthode, n'est pas seulement une reprise de la pensée grecque mais aussi une voie exemplaire d'accès à celle-ci. En effet, « il est littéralement plus juste de dire que la langue nous parle que de dire que nous la parlons (...) : ce n'est pas en tant que langue, grammaire ou lexique, que la langue constitue le véritable événement herméneutique, qui est à la fois appropriation et interprétation : le véritable événement herméneutique consiste dans la venue à la parole de ce qui est dit dans la tradition, c'est donc ici *a fortiori* qu'il est exact de dire que cet événement n'est pas notre action sur la chose, mais bien l'action de la chose même »[2]. Fondamentalement, le spéculatif renvoie à « l'imbrication de l'événement et de la compréhension » et à « l'appartenance mutuelle du subjectif et de l'objectif »[3] et c'est justement ce lien que menace une extension maximale des normes et des procédés favorisés par la méthode moderne.

Lorsque nous relisons les textes de la tradition nous ne reproduisons pas seulement un effort interprétatif mais nous lui adressons une nouvelle demande et recevons la sienne comme si elle nous était destinée. C'est ce lien que Gadamer désigne par le concept d'appartenance[4]. Faire exister, lire et écrire, créer, dialoguer sont le même. C'est pourquoi la question de l'application vient de nouveau en première ligne : dans la relecture nous

1. GW2, p. 85, « L'histoire des concepts comme philosophie » (1970), PH, p. 130.
2. GW1, p. 468, VM, p. 489.
3. GW1, p. 465, VM, p. 486.
4. Voir GW1, p. 466, VM, p. 487.

appliquons, une nouvelle fois, un contenu à un autre temps, mais la représentation du contenu est toujours celle d'un contenu déjà travaillé et médiatisé par la langue. La relation entre les questions et les réponses permet de conjuguer la situation du texte avec ses morsures multiples dans d'autres temps qui rappellent la constance d'une préoccupation[1].

Le langage fait ce que l'homme fondamentalement est, il permet d'universaliser l'entente présupposée et attendue dans tout dialogue authentique. Le « *langage est bien plutôt le medium universel dans lequel s'opère la compréhension même, qui se réalise dans l'interprétation* »[2]. La jonction entre l'être et le sens est éminemment présente dans le dire poétique, dans l'œuvre d'art en général mais aussi dans tout sacrement, qui court-circuite exemplairement l'usage référentiel des mots (tout comme Augustin et Thomas d'Aquin ont cherché à dépasser le *sensus literalis*). Chanter, comme le dit Gadamer, ce n'est pas désigner quelque chose, « c'est exister »[3]. Le spéculatif est finalement lui-même virtualité interprétative : partout où un dire forme une telle unité, il est une proposition interprétative, un être à interpréter qui lui-même interprète. Réciproquement, la visée d'univocité et la tendance monologique apparaissent comme des tentatives de résistance à la nature interprétative du langage. Le recul du souci éthique est aussi le recul de la reconnaissance de notre nature interprétative. Le caractère inépuisable d'une chose ou d'un texte montre qu'on a affaire à une création : le miroir du spéculatif rejoint la connaissance de soi selon le critère même de l'inachèvement.

LA FINITUDE : SEUIL OU LIMITE ?
LA CONNEXION ENTRE LANGAGE ET *LOGOS*

Notre finitude se porte par le langage à une certaine infinité dans la mesure où chaque parole renvoie à la « totalité de la langue ». Les circonstances particulières qui encadrent tel discours, les limites mêmes de notre expression, ne constituent pas des lacunes, des obstacles, des défauts vis-à-vis d'un infini en acte qui n'est pas de ce monde. « Tout parler humain est fini, au sens où il porte en lui un infini de sens à développer et à inter-

1. Sur la manière dont le concept se constitue, s'oublie et se reprend historiquement, voir GW1, p. 476, VM, p. 498 et aussi « Herméneutique classique et philosophique » (1968), GW2, p. 113, PH, p. 113.

2. GW1, p. 392, VM, p. 410. La littérature « ne se réduit pas à la permanence de monuments commémoratifs et de signes. Ce qui est littérature a acquis une simultanéité à tout présent, qui lui est propre » (GW1, p. 395, VM, p. 413).

3. KS2, p. 12, « Création poétique et interprétation » (1961), AB, p. 99.

prêter»[1]. Ainsi notre capacité à connaître dépend-elle bien d'un mode d'être particulier, ce mode d'être se définit par la continuité ontologique entre le fini et l'infini virtuel que chaque interprétation rend présent. En réalité, si la finitude constitue un seuil indépassable et en ce sens absolu, cet absolu lui-même est virtualisé et donc dépassé dans le mouvement ininterrompu du dialogue. La mauvaise infinité dont Gadamer se réclame est cet infini que forme le fini à travers le lien langagier. Ce qui joue en conséquence dans le monde humain le rôle de la visée finale dans le vivant, c'est le *logos*, le lien rationnel entre l'homme et le monde, l'appartenance de l'homme à un monde, qu'il est capable de dire et qui lui donne à la fois un foyer et une orientation[2]. À partir de là, Gadamer pourra revenir philosophiquement sur la question de la *mimesis*, des modalités de la reproduction langagière du *logos*, reproduction qui n'est jamais une simple transposition ou un écho d'une réalité quelconque mais qui trace des sillons dans l'être, ouvre des perspectives dans l'effort proprement philosophique de conceptualisation. La langue naturelle déjà traduit un accord fondamental des hommes sur les choses, sur ce qui est « bon et bien », au point que justement les Grecs «concevaient volontiers comme posé et institué par des hommes divins ce qui vaut comme bon et bien, c'est-à-dire ce qu'ils appelaient les *nomoi*[3] » – sachant que ce dont il s'agit là concerne moins l'origine des langues que ce qui leur donne autorité et caractérise leur mode d'être. Au contraire, tout ce qui tire la compréhension du langage vers l'arbitraire du signe tend à occulter ce lien « originel entre parler et penser ». Appréhender le problème de manière essentiellement psychologique ne fait pas assez droit à cette intrication : l'entente sur la chose signifie que comprendre l'autre ne se réduit pas à la découverte d'une pensée étrangère,

1. GW1, p. 462, VM, p. 483.

2. En ce sens, le philosophique ne peut pas être complètement désolidarisé d'un souci de type religieux, car la médiation de l'infini, qui définit finalement la dimension poétique et éthique du comprendre, a toujours quelque chose à voir avec un certain sens du sacré, du mythe, du mystère, du non-dit qui gît dans le dit. Gadamer affirme par exemple que la «christologie fraye la voie à une nouvelle anthropologie, qui réconcilie d'une manière nouvelle l'esprit de l'homme, en sa finitude, avec l'infinité divine. Ce que nous avons nommé expérience herméneutique trouvera ici son véritable fondement» (GW1, p. 432, VM, p. 452). C'est aussi sur le lien entre parole et *logos* que repose pour Gadamer le privilège de l'entendre sur le voir : « L'entendre est un chemin qui conduit au tout, parce qu'il est capable d'écouter le *logos*. (...) Le fait que celui qui écoute puisse entendre la légende, le mythe, la vérité des anciens, constitue depuis toujours, même avant l'introduction de l'écriture, la véritable essence de l'entendre » (GW1, p. 466, VM, p. 488).

3. GW1, p. 435, VM, p. 455.

parce qu'une pensée n'est jamais seulement celle de l'autre, elle porte une vérité possible.

La médiation de l'infini par le langage implique également un infini (ou une non-interruption) dans la capacité de réception et de lecture qui montre comment la ponctualité du temps de la création ou de la représentation de l'œuvre est la condition de l'amplification du lien « herméneutique », éthique, entre les hommes. L'interprétation met en jeu des êtres vivants, concrets, déterminés et en même temps libres de prendre ou non connaissance d'un contenu ou d'un texte. Prendre connaissance ou non n'est pas un acte fortuit. Bien plus qu'un pouvoir, la connaissance est une manière d'être. Pour Gadamer en effet, l'« horizon de sens de la compréhension n'a pour limite, ni ce que l'auteur avait primitivement en tête, ni l'horizon du destinataire pour qui le texte a été écrit à l'origine. (...) Le concept de message adressé à des contemporains ne peut prétendre lui-même qu'à une valeur critique limitée. Qu'est-ce que la contemporanéité ? Les auditeurs d'avant-hier, tout comme ceux d'après-demain, font toujours partie, eux aussi, de ceux à qui l'on parle comme à des contemporains. Où faut-il donc tracer la frontière de cet après-demain, qui exclut un lecteur du groupe de ceux à qui le texte s'adresse ? Que sont les contemporains et qu'est-ce que la prétention d'un texte à la vérité face au mélange complexe d'hier et d'après-demain ? Le concept de premier lecteur souffre d'une idéalisation qui n'a pas été repérée »[1]. L'analyse du langage conduit Gadamer à multiplier les rappels de thèmes antérieurs en produisant un fort effet de convergence qui peut dérouter le lecteur : l'accumulation des déterminations herméneutiques du langage (débordement, appropriation, spéculation, fusion des horizons et application) et la conclusion précédente sur l'identité de la compréhension et de l'interprétation n'aboutit-elle pas à fondre tous ces éléments dans un ensemble finalement indistinct ? L'amplification philosophique de l'herméneutique ne prend-elle pas le visage de la confusion de tous les plans ? Gadamer cherche en réalité une jonction sans réduction, sans déperdition de la spécificité de chacune des propriétés du comprendre. Il fallait donc les analyser pour elles-mêmes dans leur mise en œuvre spécifique, dans l'œuvre d'art et les sciences de l'esprit, pour ensuite les ressaisir dans leur solidarité éthique. Tout discours général sur l'herméneutique est en même temps récapitulatif et cumulatif. Le défi de la philosophie gadamérienne est de penser une signification herméneutique de la totalité qui s'harmonise avec la constitution langagière de l'expérience. Pour cela, il faut infléchir la lecture et la compréhension des textes vers

1. GW1, p. 399, VM, p. 417.

autre chose qu'une simple reprise, une commémoration ou une reformulation : en appliquant à soi, comme en écrivant ou en réalisant une œuvre, l'interprète *crée* aussi, le lien produit une invention.

C'est pourquoi la manière qu'a Gadamer de prendre à son compte la critique de la pensée moderne de la subjectivité a chez lui des conséquences elles-mêmes distinctes de celles de ses contemporains : elle tire cette critique vers la reconnaissance spéculative d'un sens donné par la chose même qui « prend la parole » à travers la multitude et le dépassement réciproque des interprétations. Toute œuvre vise une transmission, et toute lecture est déjà interprétation et appropriation (co-appartenance de l'interprète et de la chose même, c'est-à-dire histoire de l'influence ou de l'efficience, « *Wirkungsgeschichte* »). La source fondamentale du dépassement langagier n'est pas différente du travail de la raison qui agit à l'intérieur de la constitution seulement langagière de l'expérience ; autrement dit, ce qui rend la philosophie possible est justement ce débordement « des frontières de toute constitution langagière donnée. L'expérience herméneutique est le correctif grâce auquel la raison pensante se soustrait à l'empire de l'élément langagier, mais elle a à son tour une constitution langagière. Vu sous cet aspect, le problème du langage se pose pour nous d'emblée autrement que pour la *philosophie du langage* »[1].

La légitimation de l'unité du parler et du penser implique un retour aux Grecs et à leur conception du *logos* et, subsidiairement, à la philosophie chrétienne médiévale et à l'esprit objectif de Hegel : telle est en effet la solution qu'on peut donner à la difficulté d'une médiation finie de l'infini à l'intérieur du langage, elle est la médiation du *logos* telle que la produit l'histoire et le langage[2]. Gadamer entend donner un avenir dans l'herméneutique à ce qui chez Hegel constitue le drame interne de l'objectivité de l'esprit : un infini qui ne se trouve jamais pleinement lui-même dans la culture, l'État et l'histoire des hommes – car la réalisation de l'esprit absolu dans un peuple ne peut être que ponctuelle, provisoire, déterminée, mais l'esprit n'a pas d'autre détermination que d'être toute détermination, intégralement comprise en lui-même. Dans le contexte de la philosophie contemporaine du langage, la reprise de cette problématique très ancienne

1. GW1, p. 406, VM, p. 425.

2. G. Vattimo explique à ce propos : « Les développements éthico-politiques donnés par Gadamer aux prémisses contenues dans *Vérité et Méthode* (...) montrent la signification qu'il attribue au choix qu'il fait d'un hégélianisme de l'esprit objectif : la tâche de la pensée consiste à tout reconduire (...) au logos vivant dans la tradition de la langue, à ce que le dernier Habermas appelle "le monde de la vie" (terme husserlien dans sa lettre, mais peut-être plus herméneutique dans sa substance) » (*Éthique de l'interprétation op. cit.*, p. 52).

a on ne peut plus l'aspect d'une création : la question philosophique cruciale aujourd'hui est en ce sens moins celle, postmoderne, d'un bilan, d'un dépassement de la métaphysique ou d'un constat concernant les réalisations navrantes de la totalité[1] que celle d'un nouveau départ et d'une nouvelle philosophie du sens. C'est celle de l'avenir de la pensée et de l'audace d'un ré-enchantement. La pensée créatrice a plus que jamais besoin de se souvenir de ce qui a été chanté, et plus radicalement encore, du *fait* que quelque chose a été chanté.

1. *Ibid.*, p. 77-89.

CHAPITRE II

L'ÉTHICITÉ DU POÈME ET L'HERMÉNEUTIQUE COMME PHILOSOPHIE

« AUTANT DE VÉRITÉ, AUTANT D'ÊTRE »

Vérité et méthode accordait finalement une part relativement faible à la littérature et à la poésie : dans l'édition des œuvres complètes, cette lacune est compensée par les volumes 8 et 9 et par les *Kleine Schriften*. C'est donc en dehors du grand ouvrage que se trouvent les éléments essentiels de la philosophie de la poésie, qui vient renforcer les conclusions concernant l'herméneutique linguistique. La parole poétique, comme la parole philosophique et religieuse, a le privilège de trouver son critère de validation à l'intérieur d'elle-même. Mais valider, c'est en même temps être habité et fournir un foyer, ce qui fait tenir cette parole c'est que nous « sommes chez nous en elle »[1]. Le « faire » de l'œuvre d'art est un « faire-exister » et la vérité de l'œuvre d'art est de l'ordre de l'accomplissement. Au fond, on n'existe vraiment que quand on n'existe pour rien, si ce n'est pour soi-même, c'est par là seulement qu'on peut se rendre authentiquement disponible pour l'autre, quand notre existence n'est pas diversement asservie et instrumentalisée, lorsque nous ne sommes pas affairés et mobilisés par des actes qui n'ont pas valeur d'accomplissement. Nous aspirons à exister plutôt comme des mots poétiques que comme des signes ou des flèches indicatrices.

1. KS4, p. 108, « Langage et compréhension » (1970), LV, p. 164. Avoir su tester « sa pensée à partir du langage » fait pour lui la « grande force d'appel » de la philosophie de Heidegger (GW10, p. 77, « Pensée et poésie chez Heidegger et Hölderlin » (1988), *L'Herméneutique en rétrospective*, *op. cit.*, p. 105).

Dans le texte traduit dans la *Philosophie herméneutique*, « Le mot et l'image – “autant de vérité, autant d'être” » (1992), Gadamer cerne la vérité de l'œuvre d'art par des formules à la limite de la vacuité : cette vérité est formulée au moyen d'expressions du type « il en est ainsi » (« *so ist es* »)[1]. En rappelant la critique nietzschéenne de l'appréhension historique de l'art dans la deuxième partie des *Considérations inactuelles* (« De l'utilité et de l'inconvénient de l'histoire pour la vie »)[2], Gadamer rappelle que l'œuvre d'art passe inaperçue si elle est traitée comme simple objet historique, objet d'une reconnaissance culturelle et non d'une expérience. Pour éclairer cette question, il part du terme grec de *poiesis* qui a un double sens, « faire » et « art poétique ». L'artisan a besoin d'un matériau pour exercer ce faire quand la poésie donne l'impression de pouvoir se passer de toute matière première, comme la musique avec la partition; c'est seulement dans un deuxième temps qu'elle semble se fixer par écrit. Dans l'œuvre d'art, ce n'est pas seulement le langage qui « parle » mais quelque chose nous parle comme par-delà l'élément langagier, quelque chose se transporte jusqu'à nous que le langage réussit à rendre présent. De la même façon, écouter de la musique c'est plus qu'écouter des notes. L'entente est ici voisine de l'écoute : qu'est-ce qui fait qu'on peut écouter un texte ou une mélodie? Qu'est-ce qui est atteint en nous quand l'écoute se met à ressembler à une contemplation? L'objet artisanal ou industriel ne nous donne pas, justement parce qu'il est au service d'une fonction, le même sentiment d'atteindre une connaissance, ou en tout cas nous n'accédons pas par là au même genre de connaissance. Là encore les Grecs ont une longueur d'avance : par le concept de *kalokagathia* ils désignaient l'idéal de la vertu humaine[3]. Chez les Grecs le beau n'est jamais éloigné du bien et de la vertu (*arètè*). La vérité de l'œuvre d'art apparaît « lorsqu'une œuvre d'art nous fait vivre une expérience qui nous amène à dire : ça ressort – et c'est cela que nous appelons vérité »[4].

L'accomplissement de l'œuvre d'art est à penser sur le modèle du concept aristotélicien d'*energeia* et comme « simultanéité immanente à la durée »[5] : nous reconnaissons dans l'œuvre d'art l'occasion d'un séjour, d'un « demeurer », d'un « être-auprès-de ». Elle nous fait vivre l'expé-

1. GW8, p. 375, « Le mot et l'image – “autant de vérité, autant d'être” » (1992), PH, p. 187.

2. On pourra notamment se reporter aux paragraphes 1, 7 et 9 de l'ouvrage de Nietzsche.

3. Voir Aristote, *Métaphysique*, M, 3 (1078a 31-32) et 4.

4. GW8, p. 383-384, « Le mot et l'image – “autant de vérité, autant d'être” » (1992), PH, p. 199.

5. GW8, p. 385, PH, p. 204.

rience d'une fusion entre ce qui nous parle et ce qui nous touche. Gadamer revient d'ailleurs sur le thème chrétien de l'amour dans son commentaire des poèmes de Celan lorsqu'il insiste sur le lien entre le Je et le Tu du poète. La simultanéité est solidaire de la totalité de l'œuvre dans la mesure où la réception produit la fusion des présents, le présent de l'œuvre est un présent qui dure, de la même façon que « tant que quelqu'un est en vie, il forme une unité avec son passé et son avenir »[1]. Ressortir veut dire justement que ce qui vient du passé a aussi pour nous un avenir, ou plus exactement prend part à notre avenir en répondant à notre attente et en faisant de notre lecture une réponse à la propre « attente » de l'œuvre. L'attente de sens se partage, comme la présence. Lorsque nous disons quelque chose comme « il en est ainsi », « l'œuvre d'art est là et a "autant de vérité, autant d'être". C'est dans l'accomplissement que se réalise son être (*telos ekei*) »[2].

Gadamer étend le concept de lecture à la contemplation des images. La lecture est au sens large un acte d'appropriation. Lorsqu'un texte ou une œuvre ne nous parle pas, c'est que la lecture est restée reproductive sans se montrer formatrice ou productrice en nous de quelque chose : c'est une donnée, rien de plus, et on n'est pas entré en dialogue avec elle. De la même façon, l'interprétation simplement reproductive d'un texte au théâtre ou d'une œuvre musicale qui consiste à l'épeler simplement n'accomplit aucune interprétation. Gadamer dit que la « reproduction technique parfaite (...) demeure vraiment une reproduction sans interprétation. À l'ère où tout peut être reproduit, il est, en effet, nécessaire de se rappeler de ce qu'est à proprement parler une interprétation »[3]. De la même façon que l'œuvre tient toute seule tout en étant toujours insérée dans un contexte et ouverte à ses lecteurs par la représentation, la validation de son contenu est à la fois en elle et reproduite (au sens d'une création nouvelle, qui n'est cependant pas arbitraire) par le lecteur[4]. La vérité de l'œuvre d'art ne peut tenir sans la transmission de cet « être réhaussé » de lectures en lectures, sans un effort spécifique pour percer la peau de la reproduction technique, de la lecture

1. GW8, p. 385, PH, p. 204.

2. GW8, p. 389-390, PH, p. 207.

3. GW8, p. 394, PH, p. 214. Gadamer ajoute que la « méthode scientifique ne permet pas à une œuvre d'art d'apparaître dans sa propre lumière. Elle doit la surexposer. Heidegger a déjà écrit que toute interprétation devait surexposer. Mais il en est toujours ainsi lorsqu'on se réfère à un accomplissement. Ce n'est qu'en levant toute objectivation isolante que l'interprétation peut servir l'accomplissement lui-même ».

4. Gadamer précise : « Au sens le plus littéral du terme, comprendre, c'est, en effet, représenter la cause de quelqu'un devant un tribunal ou n'importe quelle autre instance, se porter garant pour elle » (« GW10, p. 142, « Déconstruction et herméneutique » (1988), PH, p. 160). Voir aussi GW1, p. 302, VM, p. 318.

extérieure qui, finalement, réitère de façon perverse l'ascendant du sujet sur l'objet en refusant le droit du texte à rejoindre le lecteur. Celui qui lit ou contemple sans accepter l'*idée* d'être touché (car dans les faits, l'expérience esthétique nous montre justement que la rencontre avec l'œuvre ne dépend pas seulement de nos bons sentiments à son égard) refuse au fond l'humanité de ce qu'il a sous les yeux : il fait comme si ce n'était qu'un objet et non l'œuvre d'un homme. Il en attend même moins que d'un objet technique, dont il peut percevoir l'intérêt et l'usage immédiatement. Il y a au fond deux manières de recevoir, l'une qui est la simple saisie, technique, d'un objet ou d'une fonction qui ne nous engage à rien, et l'autre qui est déjà elle-même un don, une acceptation, un oui, un risque.

LA VOLONTÉ DE SENS. HERMÉNEUTIQUE DU POÉTIQUE

L'idée de réhaussement et le « tenir debout » du poème sont des thèmes que Gadamer a amplifié depuis une préformation heideggerienne : « La caractérisation de l'œuvre d'art comme un “se-tenir-en-soi-même” (*In-sich-Stehen*) et comme une ouverture de monde, qui forme le point de départ de Heidegger, évite – consciemment, de toute évidence – toute espèce de recours à la notion de génie propre à l'esthétique classique »[1]. Ces déterminations sont complétées par la capacité du langage poétique à « ouvrir un espace libre ». L'indétermination, patente dans le titre de l'ouvrage de Heidegger *Chemins qui ne mènent nulle part*, est centrale dans le travail du poète qui crée un jeu entre silence et parole, vie et mort, couverture (ou foyer, la protection que nous donne un toit) et ouverture[2]. Cette ouverture est le résultat d'un arrachement aux formes habituelles d'expression, lorsque le poète produit dans le texte, comme le dit aussi Proust, une espèce de langue étrangère. Cette langue ne doit pas son étrangeté à un changement de système langagier (une autre langue) mais à un étrangement à l'intérieur d'une même langue, cet étrangement qui en réalité rendrait plutôt étrangère la langue quotidienne, référentielle, tournée vers le donné. La vérité de l'œuvre d'art nous apprend que c'est surtout quand nous sommes déportés hors de l'usage instrumental des signes que le langage que nous sommes est pleinement révélé, que nous sommes véritablement chez nous dans le texte. Dans l'usage habituel du

1. GW3, p. 256-257, « La vérité de l'œuvre d'art » (1960), CH, p. 121-122.

2. Voir sur ce point l'essai de 1973, réédité en 1986, *Qui suis-je et qui es-tu? Commentaire de Cristaux de souffle de P. Celan*, trad. E. Poulain, Actes Sud, 1987, p. 21-22.

langage, les mots justement ne «tiennent» pas tout seuls, ils sont là de façon transitoire, ils fuient au bénéfice d'un objet visé et ne prennent sens qu'en référence à une situation, ils ne tiennent pas parce qu'ils n'ont rien à retenir, à préserver, à «ériger». Ainsi «le processus transitoire du flux des paroles qui s'empressent en un poème, en vient, d'une manière qui demeure énigmatique, à tenir debout et à composer une formation, à la façon d'une formation montagneuse»[1]. Pour toutes ces raisons le poème est un langage qui renforce le langage, poésie et philosophie ont la capacité, en jouant sur des accents et des rythmes divers, à porter la jonction entre parole et *logos* à une hauteur supérieure et à créer les conditions concrètes d'une universalité de vie. L'universalité qui joint le Je et le Tu, comme dialogue poétique et philosophique, est conservée et transmise par le langage qui est au plus haut point langage[2]. Le poème, comme le texte philosophique, n'est pas seulement l'élaboration d'une compréhension mais ce qui lui-même rend le monde compréhensible : de ce point de vue, la langue poétique et philosophique est moins lointaine, moins étrangère que la langue que nous utilisons quotidiennement. Passer à côté de la poésie et de la philosophie serait comme passer à côté d'édifices qui font que le monde est construit et prend sens. Tenir debout c'est renforcer notre existence comme lien, comme «dialogue que nous sommes», «surcroît d'être», les liens font que nous sommes irremplaçables comme est toujours irremplaçable une œuvre d'art[3]. On peut toujours, dans le langage ordinaire, remplacer un mot par un autre, ou pour une proposition mathématique, élaborer un autre système symbolique, ces expressions peuvent se reformuler, mais le poème lui crée une ouverture, des possibles interprétatifs à partir d'une subsistance formelle qui intègre cette virtualité et n'engage aucun correctif de sa présentation, toujours achevée et accomplie en elle-même. L'existence humaine de la même façon *devient* tout en préservant une totalité, devenir n'est pas remplacer mais poursuivre un processus d'accomplissement. C'est peut-être seulement ainsi que la vie peut intégrer à elle la mort et le terme, la finitude et le silence prochain, en ne plaçant pas ce silence en dehors du langage mais comme résistance au fini à l'intérieur du fini.

1. AS, p. 44, AB, p. 58. Voir aussi KS2, p. 10, «Création poétique et interprétation» (1967), AB, p. 96 et KS4, p. 242, «Philosophie et poésie» (1977), AB, p. 177.

2. KS4, p. 242-244, «Philosophie et poésie» (1977), AB, p. 178-180 et KS4, p. 226, «La contribution de la poésie à la recherche de la vérité» (1971), AB, p. 198-199.

3. AS, p. 46-47, AB, p. 61.

Le retour de Gadamer aux Grecs et à l'unité du parler et du penser l'a conduit à envisager le travail de Nietzsche sous un angle sensiblement différent de celui de certains de ses contemporains, notamment Deleuze et Derrida. Selon ces auteurs, le souci de Heidegger pour la question de l'être continue de le placer dans une certaine proximité avec le *logos*, c'est pourquoi le geste le plus radical vis-à-vis de la pensée de la présence et du concept reste Nietzsche, « qui a toujours soutenu que l'interprétation n'est pas découverte du sens mais rencontre du sens, de la volonté de puissance et du travail créateur »[1]. De fait, Gadamer a lui-même dû entrer dans une polémique analogue avec la « déconstruction » de Derrida qui reprochait à la philosophie herméneutique comme à la théorie habermassienne de la raison communicationnelle de réitérer un schéma unitaire et « totalitaire » de la raison qui ne prend pas suffisamment en compte l'irréductibilité du pluralisme individuel, les obstacles à l'entente, les phénomènes de fuite, de refus, l'impossibilité de fixer des normes de compréhension, de débloquer toujours une parole entravée. On pourrait se demander si la rencontre justement pour le moins compliquée et à certains égards stérile entre Gadamer et Derrida n'illustre pas elle-même cette difficulté à rendre possible, *a priori* ou de manière volontariste, un dialogue fécond. La rencontre a eu lieu à Paris en 1981 à l'Institut Goethe. Les communications de ce débat ont été publiées en 1984 dans le numéro 151 de la Revue internationale de philosophie (qui ne comporte pas le texte de Derrida, qu'on ne trouve que dans les éditions américaines et allemandes); la version allongée du texte de Gadamer a été traduite sous le titre « Texte et interprétation », reprise dans le second volume de *l'Art de comprendre*.

La discussion portait précisément sur le statut de l'ouverture à l'autre et au dialogue, le sens de la volonté de (se) comprendre. Pour Derrida, l'idée d'une volonté d'entente est suspecte car elle présuppose la tenue d'un sens, d'une intelligibilité des choses qui, par là, seraient *saisies*, au sens fort : elle ramène inéluctablement l'herméneutique de Gadamer à des motifs métaphysiques que Heidegger lui-même aurait préservés en sous-main en parlant simplement de la question du sens ou du sens de l'être. « L'objection de Derrida, écrit Gadamer, est que la compréhension en vient toujours à prendre la forme d'une appropriation, impliquant ainsi un recouvrement

1. Gadamer, *Nietzsche l'antipode, Le Drame de Zarathoustra*, trad. C. David, Paris, Allia, 2000, p. 17-18 : les appels de Gadamer à Nietzsche sont divers et nombreux dans les textes courts mais le magnifique survol du Zarathoustra de Nietzsche qu'il propose dans cet ouvrage a l'avantage, outre ses qualités poétiques, d'insister sur certains motifs nietzschéens parfois méconnus.

de l'altérité »[1]. L'exercice d'un pouvoir contre un autre et la tendance à la domination ne seraient pas totalement dissous dans l'herméneutique du dialogue. En tant que vecteur d'appropriation, le geste dialogique réinjecterait un principe intégrateur qui a, selon Derrida, toujours fait le tort de la conceptualité traditionnelle. À ce qui n'est finalement qu'une interprétation de l'appropriation, qui ne correspond pas bien à ce que Gadamer essaie de mettre en place, on peut toutefois opposer le thème de l'ouverture et le fait que Derrida lui-même ne peut pas, sans se contredire, faire complètement abstraction de la condition primordiale de l'échange verbal : chercher à tomber d'accord. Dans la mesure où le dialogue et la compréhension sont des mouvements ininterrompus, le *logos* et la conceptualité ne sont pas requis pour stopper la discussion et fixer un sens une fois pour toutes. L'idée de Gadamer est qu'on ne peut pas considérer que le refus de l'idéalisme absolu et de la conception moderne de la conscience et du vrai rende totalement obsolète tout souci de rationalité et de transcendance. La vérité herméneutique n'est pas acculée au choix entre rationalité systématique ou métaphysique et absence totale de rationalité, ce qui reviendrait finalement à répéter l'alternative hermétique du début du XXe siècle entre positivité stricte appuyée sur un appareil méthodique, logique ou expérimental, et littérarité privée de toute dimension cognitive. Gadamer cherche au contraire à montrer que la fixité d'une telle alternative, outre qu'elle comprime l'essence du concept de vérité, a des effets restrictifs et stérilisants sur les résultats et les pratiques de chacun des domaines envisagés. Les disciplines logiques et expérimentales auraient elles-mêmes tout à gagner à s'inspirer de la manière dont l'art et l'histoire travaillent la question du sens, à se demander si leurs apports visent essentiellement l'amélioration de notre bien-être et si c'est par le développement technique et économique que l'existence humaine se rencontre véritablement elle-même et se comprend[2].

1. GW10, p. 130, « Romantisme, herméneutique et déconstruction » (1987), *L'Herméneutique en rétrospective*, *op. cit.*, p. 167.

2. Jean Grondin explique très justement qu'« en dépit de l'insatisfaction irrépressible qui peut accompagner notre pouvoir d'énonciation, la parole reste en mesure, à un degré qui s'étend aussi loin que la pensée possible, d'élever ces limites à la réflexion et de les faire reculer. (...) On ne saurait réduire avec Derrida et un certain Heidegger le logos humain à l'ordre d'une simple métaphysique de la volonté qui serait sourde à toute forme d'altérité. Si l'on comprend le *logos* à partir de l'expérience du parler-ensemble et du devoir-être-ensemble, on aperçoit que le lieu naturel du logocentrisme, sur lequel repose notre civilisation, se trouve dans le dialogue, voire dans le dialogue de l'âme avec elle-même, pour reprendre la définition platonicienne de la pensée. C'est ce dialogue, où il n'y a aucune clôture qui se

Le soupçon de Gadamer vis-à-vis de la pente relativiste de la postmodernité et de la déconstruction ainsi que la conservation qu'il opère, depuis la tradition, de l'intuition de l'être et du connaître, du parler et du penser, sont eux aussi marqués par la conception herméneutique de l'expérience. Le refus des traces, des témoignages, de cette histoire qui se transmet sans se soustraire à toutes ses critiques, ce refus-là serait véritablement dogmatique et négateur de la réalité et de l'expérience. Du reste, ce qui se conserve est davantage un problème qu'une solution, quelque chose qui ne nous forme pas comme on forme la terre glaise. La vérité des contenus transmis par la tradition tient moins à un état de fixation (fixation d'ailleurs fictive si on respecte les faits) qu'à une mise à disposition pour des lectures et des compréhensions jamais saturées. Ne peut être vrai, ici comme dans toute connaissance, et exactement comme le disait T. Kuhn à propos des sciences expérimentales, que ce qui peut être repris et discuté[1]. Rien n'est plus éloigné de l'attitude herméneutique que de ne plus lire, de ne plus avoir à lire parce qu'on « sait ». Rien n'est donc plus éloigné de la vérité herméneutique que le refus d'entendre ce que la tradition a gardé en réserve. On peut en « tirer la leçon suivante : celui qui pense qu'on ne peut plus penser l'art, de façon adéquate, à l'aide des concepts des Grecs, celui-là n'arrive même pas à penser à la hauteur des Grecs »[2]. Il appartient à notre conscience critique de reconnaître ce qui « ressort » de toute cette mémoire, et de maintenir vives, dans des textes, les expériences de ce qui relie les hommes les uns aux autres. S'il n'est pas possible pour Gadamer d'aliéner totalement la question du sens, c'est qu'une telle oblitération ressortirait en fait à un pouvoir qui ne nous appartient pas. La volonté de sens ne signifie pas qu'on pourrait ne pas vouloir de sens ou de *ce* sens : malgré les désaccords et les mécompréhensions, il ne nous appartient pas de vouloir ou pas le sens, car le sens se dresse, malgré nous, chaque fois qu'il est question de parler *véritablement* de quelque chose. Alors le langage ne se réfère plus simplement à quelque chose, le sens qu'il porte est celui d'un témoignage, dans lequel les mots sont les choses.

laisserait déterminer depuis un point de vue non métaphysique, qui donne voix à l'universalité de l'herméneutique » (*L'Universalité de l'herméneutique*, *op. cit.*, p. 222).

1. T. Kuhn, *La Structure des Révolutions scientifiques*, trad. L. Meyer, Paris, Flammarion, 1983, par exemple p. 22-23.

2. KS4, p. 15, « Poésie et mimésis », (1977), AB, p. 112.

La mimesis, hier et aujourd'hui

Le langage poétique existe éminemment comme témoignage qui crée en « surexposant ». Le réhaussement d'être se manifeste dans l'écriture même du poème, c'est-à-dire le simple fait qu'il soit *écrit*, « *es steht geschrieben* » comme le dit Gadamer en reprenant une expression luthérienne[1]. Il donne un exemple très éclairant du statut de l'écrit poétique en le comparant aux notes dont on dispose pour dire une conférence : dans ce dernier cas, le texte écrit n'est là que pour consigner, pour mémoire, un contenu qui ne peut généralement être relu que par l'auteur de ces notes. L'écrit est là essentiellement en vue de la prestation orale qui risque fort de l'enrichir, le texte n'est que le soutien d'un discours qui vient en première ligne, en ce sens, le texte est « moins » que la conférence qui intègre la présence de l'auditoire. Au contraire, un poème « ne constitue pas un rappel pour accomplir une pensée originaire une nouvelle fois. L'inverse est bien plutôt le cas, et c'est à tel point l'inverse que le texte a bien plus de réalité qu'aucune de ses exécutions possibles ne pourra en revendiquer pour elle. Il importe peu qu'un poète lise ses œuvres lui-même ou que ce soit un autre qui les récite, chacun sait que la parole prononcée reste en arrière de ce qu'on veut dire effectivement, de ce par rapport à quoi on mesure toutes les représentations »[2]. Qu'est-ce qui fait que la parole poétique peut ainsi tenir toute seule ? D'abord la parole poétique n'est pas la seule à posséder cette propriété : on peut aligner à côté d'elle le texte religieux qui ne prend sens que d'être énoncé et accepté comme tel par une communauté de fidèles, et le texte juridique qui ne vaut lui aussi que s'il est écrit et promulgué, et donc susceptible d'être appliqué (à l'acceptation religieuse – *Zusage* – correspond la proclamation – *Ansage* – juridique). En ce qui concerne le texte poétique, Gadamer parle de « *Aussage* », de « dire d'énonciation ». « La parole poétique est donc un dire d'énonciation dans la mesure où ce dire suffit à témoigner de lui-même et où il n'admet rien d'autre que lui-même pour le vérifier. (…) Aussi la question qui doit nous préoccuper est-elle celle de savoir : comment se peut-il qu'un dire soit tel qu'il devienne dépourvu de sens et contradictoire de chercher une autre instance de vérification que ce qui y est dit ? »[3]. Gadamer reprend ici l'exemple des *Frères Karamasov* dont il a déjà été question à la fin de la première partie.

1. KS4, p. 221, « La contribution de la poésie à la recherche de la vérité » (1971), AB, p. 191.
2. *Ibid.*
3. KS4, p. 223, AB, p. 193.

L'être-vrai, l'être-accompli se distinguent par l'immanence du critère que Gadamer vise en parlant d'« autoremplissement » : l'œuvre ne manque de rien, parce qu'elle est à elle-même ce qui la fait tenir, ce dont elle parle, tout en étant différent d'elle, ne continue d'exister que par elle. L'existence chez l'homme n'est jamais un fait premier, c'est une redite, une reprise, un regard sur soi, une appropriation totale de soi. L'homme est ce qui témoigne et surtout ce dont on peut témoigner, ce qui est susceptible de répétition, de représentation. En ce sens, la *mimesis* est aussi une interprétation, une restauration et une proposition qui sort un contenu de l'oubli et du délaissement. Faire exister consiste à redonner quelque chose à interpréter. La *mimesis* ne correspond évidemment pas ici à la simple reproduction fidèle d'un modèle ou d'une réalité prédonnée mais elle signifie « porter à la représentation (*Darstellung*) quelque chose de façon à ce que cela soit présent avec toute sa plénitude sensible »[1]. Car il « n'est point besoin de chercher à retracer l'histoire particulière de ce mot pour reconnaître que la mimesis n'a qu'un seul et unique sens : celui de faire exister quelque chose sans avoir à commencer quoi que ce soit avec ce quelque chose »[2].

C'est pourquoi le poète est l'archétype de l'humain qui fait exister de façon éminente le lien circulaire du Je et du Tu que nous sommes tous. Gadamer introduit par le biais de cette analyse la dimension éthique et philosophique, c'est-à-dire universelle, de la poésie : il rappelle que selon Aristote, la poésie est plus philosophique que l'histoire parce qu'elle va au-delà de la consignation des choses telles qu'elles se sont produites, elle « les dépeint telles qu'elles auraient pu arriver, c'est-à-dire d'une façon qui correspond à ce qu'elles sont de façon universelle et permanente. La poésie a part à la vérité de l'universel »[3]. La poésie nous montre ce qu'il y a d'universel dans l'expérience et la souffrance humaines, elle ne pose pas par écrit un vécu particulier ou une donnée seulement historique. La parole poétique n'est pas particularisante et donc séparatrice : elle est « une langue dont la pleine réalité d'accomplissement réside dans l'être-ensemble »[4]. Rappeler notre commune humanité, notre être-ensemble essentiel, c'est là l'essence éthique du dialogue. On comprend clairement alors pourquoi l'interprétation est moins une affaire technique qu'une tâche philosophique, moins la mise en évidence de ce que l'autre a voulu dire que ce dont sa parole témoigne et ce qu'elle propose de partager. Le poème est un lieu de

1. AS, p. 47, AB, p. 61.
2. KS4, p. 230, « Poésie et mimésis » (1972), AB, p. 109.
3. KS4, p. 232, AB, p. 110.
4. GW10, p. 283, « L'Europe et l'*oikoumenè* » (1993), PH, p. 243.

rencontre, une langue qui est un abri et une maison. Il relie entre elles les expériences humaines d'amour et de souffrance, de désir, de vertige ou d'oubli. L'œuvre d'art qui ne serait vue que comme « décorative » aurait perdu cette dimension essentielle du parler qui rend possible la pleine douceur d'être « auprès » de l'autre que nous ne sommes pas mais auquel l'art nous « assemble ». Être proche de l'autre c'est beaucoup plus que d'être ou de vouloir être l'autre. À la fin d'un texte qui est comme un compagnonnage auprès du personnage de Zarathoustra, Gadamer écrit que « Zarathoustra finit par comprendre qu'il doit surmonter la pitié que lui inspirent ceux qui souffrent mais cherchent néanmoins ce qu'il y a de plus haut. Ils ne peuvent pas le suivre. La ronde du dire-oui échoue. C'est pour lui comme un signe que ce soient les animaux, non seulement les colombes mais aussi le lion, qui viennent se blottir contre lui et lui donnent ainsi confiance en lui-même, en sa tâche et en son œuvre »[1]. La vision interprétative de la vie conduit à un devenir proche qui dessine le sens lui-même, le véritable signe. En effet, l'« expérience de la "belle moralité" ne vise pas une moralité débordante de beauté, c'est-à-dire pleine des pompes et des fastes de la décoration », car « le vrai ne se trouve pas dans un lointain inaccessible mais il est ce qu'on rencontre »[2]. L'herméneutique ne nous donne pas la vérité toute nue et en personne, elle nous met auprès d'elle, elle laisse apparaître des bornes sur un chemin, les bornes que sont les textes poétiques et philosophiques.

La *mimesis*, hier et aujourd'hui, est un acte de connaissance que, selon Gadamer, Platon avait justement ciblé dans ses derniers écrits : « Dans la "bonne vie", Platon ne recherche pas une pure exactitude d'ordre mathématique, mais la mesure modérée que procure une boisson de vie bien mélangée : c'est là qu'il faut chercher le bien. Telle est l'idée du *Philèbe* »[3]. Gadamer rappelle la belle formule du *Philèbe* selon laquelle « le bien s'est réfugié dans le beau en recherchant l'être mélangé ». Le dernier Platon a vu dans le bien quelque chose qui est en relation intime avec le beau, la « *symmetria* » et l'« *aletheia* ». Il n'est pas alors, pour la même raison, une réalité absolument transcendante aux phénomènes et séparée d'eux. L'idée de mesure correspond bien à ce qui est visé ici : une adéquation qui n'est pas de l'ordre de l'exact mais de l'approprié, du convenable. On ne peut pas être juste dans le domaine moral si on ne prend pas en considération le

1. *Nietzsche l'antipode, le drame de Zarathoustra*, *op. cit.*, p. 45.

2. AS, p. 18 et 20, AB, p. 33 et 35.

3. GW8, p. 381, « Le mot et l'image – "autant de vérité, autant d'être" » (1992), PH, p. 196. Cf. Platon, *Philèbe*, 64e5.

milieu, ce qu'il faut faire pour préserver l'harmonie d'un moment ou pour l'établir. Gadamer compare la perturbation de cette équilibre à la fausse note qui d'un coup peut ternir une atmosphère ou des relations humaines. L'harmonie avec les autres suppose de « composer », de s'adapter les uns aux autres, de jouer pleinement ensemble ce moment. La fausse note vient du reste bien souvent du fait qu'à un moment donné on n'a pas été vraiment *avec* les autres, on s'est mis hors-jeu, et la fausse note est moins fausse en soi que parce qu'elle intervient dans un jeu où elle ne trouve pas sa place. La faute morale est aussi une erreur d'interprétation. Le vrai, comme semble déjà le dire Platon, est une percée de l'être, un prendre-part de l'être qui n'est bien là que parce qu'il forme un ensemble. Il y a en ce sens quelque chose qui fait violence à l'éthique dans le concept absolu d'unité comme unité séparée : la dialecticité de l'herméneutique se joue dans cette dimension plurielle de l'être toujours en advenir de lui-même dans la relation qui le détermine.

PHILOSOPHIE DE L'HUMANITÉ

Il y a en l'homme une tendance essentielle à la philosophie parce qu'il y a en lui une tendance universelle à comprendre. Platon disait que « dans l'esprit de l'homme, il y a par nature quelque chose de la philosophie »[1]. L'universalité de l'herméneutique est légitime parce que pour l'homme tout ce qui est, et même la nature toute entière, est comme un texte. L'universalité du langage précède et assoit celle de l'herméneutique. Le dialogue que nous sommes, c'est aussi le dialogue que nous aurons toujours à être et à faire. Là encore, l'ouverture interprétative qui fait qu'on ne viendra jamais à bout d'un poème n'est pas incompatible avec son achèvement propre comme création : car une « œuvre véritable est une œuvre où rien n'est de trop et où rien ne manque, où rien ne peut être ajouté, ni retiré. Un critère simple, un critère exigeant ».

L'idée de bien est la seule qui puisse donner à notre comportement une forme d'unité : cette unité n'exclut pas les aléas qui tiennent à notre

1. GW10, p. 308, « La philosophie dans la science moderne » (1966), HP, p. 2. En fait, ce que Gadamer « propose vaut comme une tentative de lire tout bonnement les classiques grecs de la pensée, en les abordant non plus à partir de la prétendue supériorité critique de l'époque moderne, qui se targue de détenir une logique infiniment plus subtile que celle des Anciens, mais à partir de la conviction que la philosophie est un événement humain immuable, caractérisant l'être humain en tant que tel, qu'il n'y a place en elle pour un quelconque progrès, mais qu'il s'agit bien plutôt d'y prendre part » (*L'Idée du Bien comme enjeu platonico-aristotélicien*, trad. P. David et D. Saatdjian, Paris, Vrin, 1994, p. 16-17).

existence historique, mais c'est « l'orientation vers le bien » qui donne à nos différents choix et aux composantes de notre existence, comme le dit Gadamer en rappelant le *Philèbe*, la possibilité de trouver une harmonie. Ce qui définit l'humain est ce que montre l'œuvre d'art : une unité qui se cherche en opérant des choix, en sélectionnant des tonalités. Être pluriel et devoir choisir vont ensemble : et ce qui guide notre choix ne peut être qu'une certaine (re)connaissance du bien ou du meilleur[1].

Parce que la parole ne peut former qu'en étant à la fois fixe et mobile (l'apparaître comme être), elle ne peut être reçue que comme ce qui se pose sans être matériellement imposée[2]. L'ouverture à une préoccupation compte davantage que l'attente crispée d'un service. La philosophie n'a pas vocation à « dépanner » qui que ce soit. La possibilité du service ou du dépannage est toujours insérée dans une histoire où l'homme est parallèlement concerné par d'autres choses, il a aussi besoin du subalterne pour se souvenir du primordial, et pas seulement l'inverse. En effet, ce « n'est qu'à partir de cette préoccupation pour le soi propre (l'« âme ») que prend naissance le véritable savoir, dont les vérités sont fécondes, et cette préoccupation n'est autre que la philosophie »[3]. C'est donc le savoir théorique qui, bien que sans application directe à l'existence humaine individuelle, justifie cependant la recherche des solutions les meilleures. Sans jouer sur les mots, on peut dire qu'il n'y a finalement rien de plus utile que le sens de l'inutilité, de la gratuité du questionnement qui englobe l'activité politique qui, exemplairement incarnée par Périclès, le *phronimos*, sait déterminer ce qui est bon pour soi et pour les autres hommes[4]. Mais le savoir de soi peut-il être un art ou une technique appliqués à soi ? Gadamer dit qu'il n'y a absolument pas d'art ou de technique de l'existence. Il « est de l'essence de la *technè* d'avoir à sa disposition et de maîtriser les moyens de produire, en sorte qu'à partir de ce savoir et de son ακριβεια, la production bénéficie

1. Outre les conférences des années 70 rassemblées dans *L'Idée du Bien comme enjeu platonico-aristotélicien*, Gadamer revient sur la question du savoir du bien et le choix du meilleur dans deux conférences tardives rassemblées en français dans *Interroger les Grecs. Études sur les Présocratiques, Platon et Aristote*, *op. cit.*, « La piété du non-savoir socratique » (1990), GW7, p. 107-108, trad., p. 190 et « Aristote et la question socratique » (1990), GW7, p. 375-376, trad., p. 263-264.

2. « Le point commun, écrit Gadamer, entre le conseil politique et l'enseignement scolaire, c'est que celui qui conseille ou qui enseigne ne peut apporter aucune réponse satisfaisante à celui qui l'interroge. Avoir trouvé pour soi-même la sagesse n'implique pas qu'elle convienne à tous » (*L'Idée du Bien comme enjeu platonico-aristotélicien*, *op. cit.*, p. 160).

3. *Ibid.*, p. 161.

4. Voir aussi Atistote, *Éthique à Nicomaque*, 1140b 8.

d'une sûre esquisse (1141a 30). Ensuite, la *technè* est à son comble lorsqu'elle peut le plus se dispenser de ce en quoi consiste tout entière la φρονησις : chercher encore, y regarder soi-même à deux fois, bien réfléchir pour éventuellement *se raviser*. Voilà son essence : par une connaissance préalable des moyens appropriés, dispenser autant que faire se peut la production de toute recherche propre. D'autres peuvent nous apprendre et nous expliquer comment produire quelque chose. Mais ils ne peuvent nous apprendre comment nous avons à exister »[1]. Si un tel art n'existe pas et n'est pas possible, c'est que la *phronesis* envisage le bien de l'homme lui-même alors que la *technè* s'applique à l'homme comme un autre, elle le traite sur un mode transitif. Par ailleurs, un tel art supposerait de pouvoir se doter de règles qui nous garantiraient à l'avance d'une bonne conduite sans avoir à prendre en compte la singularité de la situation. « De par leur essence, explique encore Gadamer, les concepts éthiques doivent nécessairement tenir compte du caractère général et normatif de la sphère où ils opèrent, sphère située à distance des situations, diverses et particulières de l'agir ; autrement dit, il faut admettre que les durables acquis et la maîtrise qu'ils offrent ne signifient pas pour autant une totale maîtrise de la réalisation pratique, par définition toujours changeante : ils apportent tout au plus une aide en ce sens – une aide qui cesse d'ailleurs d'en être une dès qu'ils prétendent fournir autre chose que de simples points d'appui »[2]. La finitude et la tendance au dépassement de la finitude se rassemblent bien de nouveau (comme dans l'œuvre d'art) dans le fait de concrétiser chaque fois la norme du bien dans un environnement et une réflexion renouvelés. La finitude singulière de l'homme est une recherche d'adaptation à un infini qui n'est jamais donné dans un fait ni même un ensemble de faits. Chercher à se retirer de cette compréhension-là de la facticité et de la finitude reviendrait à se retirer de la condition qui fait la spécificité de la finitude humaine, qui n'est pas la finitude de l'objet ou de l'outil. Il s'agit d'une finitude qui a à être et à se montrer digne de ce débordement du fini. Être fini pour l'homme veut dire ne pas pouvoir s'arracher à l'arrachement même impliqué dans la nature de sa finitude propre. « On ne peut pas, écrit Gadamer, choisir d'être un homme, on a toujours déjà à l'être. Là où quelqu'un peut entrer, par définition il n'est pas déjà. Et il peut encore se retirer d'une activité professionnelle et prendre un repos bien mérité. De son existence en tant qu'homme on ne peut se retirer. “Nous ne sommes pas

1. *L'Idée du Bien comme enjeu platonico-aristotélicien*, *op. cit.*, p. 162-163.
2. *L'Éthique dialectique de Platon*, *op. cit.*, p. 33.

des volontaires de la moralité" (Kant) »[1]. La connaissance de soi prend une dimension normative dans la mesure où elle assigne à chacun la tâche de prendre sur soi la question du choix, de réaliser en soi et avec l'autre, dans l'acte, l'harmonie qui ne peut pas être seulement attendue d'une gestion « d'en haut » ou du politique. Si le souci éthique ne peut pas être complètement chassé du souci politique, réciproquement la recherche de l'harmonie pour soi est aussi tendue par la réalisation de l'action réussie. Car si la vie éthique ne dispose pas d'un art tout constitué, cela ne doit pas entraîner une déresponsabilisation individuelle et un renoncement à la quête du meilleur : au contraire, c'est parce qu'elle est toujours à faire que l'action bonne peut néanmoins être faite ou visée. De ce point de vue, l'existence éthique est herméneutique dans la mesure où le comprendre et l'agir sont d'autant plus ouverts qu'ils sont tenus par la *nécessité* de l'avoir-à-être. C'est parce qu'on peut comprendre sans jamais comprendre tout à fait qu'il n'est pas humain de renoncer à la compréhension.

UNIVERSALITÉ DE LA LINGUISTICITÉ

Le langage a, comme le dit Gadamer en s'appuyant sur le thème de l'universalité de la vision chez Aristote, la même amplitude que la raison, ce qui, une fois encore, nous reconduit à l'idée d'une universalité de la raison comme raison finie. Fondée sur la rencontre et la co-constitution du moi et du monde, l'herméneutique repose sur le langage comme centre médiateur de cette fusion : « Nous savons maintenant que cette tournure : l'agir de la chose même, sa venue au langage, renvoie à une structure ontologique universelle, la constitution fondamentale de tout ce vers quoi la compréhension peut se tourner. *L'être qui peut être compris est langue*. Ici le phénomène herméneutique réfléchit pour ainsi dire sa propre universalité sur la constitution ontologique de ce qui est compris, en faisant de celle-ci, en un sens universel, une langue et de son propre rapport à l'étant une interprétation. C'est ainsi que nous parlons non pas seulement d'un langage de l'art, mais aussi d'un langage de la nature et, absolument parlant, d'un langage qui est celui des choses »[2]. L'herméneutique prend la mesure de la capacité de conversion langagière de notre rapport à l'être. Le langage est la structure fondamentale qui précède l'être car l'être qui ne peut être compris est un être absent à tout lien. La rationalité de l'être tient à son pouvoir-être-

1. *L'Idée du Bien comme enjeu platonico-aristotélicien*, *op. cit.*, p. 165.
2. GW1, p. 478, VM, p. 500.

interprété, donc à sa constitution langagière. En ce sens, l'ontologie chez Gadamer est toujours prédéterminée par la linguisticité et c'est pourquoi la question de l'être n'apparaît pas dans son herméneutique comme une question fondamentale. La chose se présente à nous en s'offrant à la compréhension, et cette disposition est inséparable de son être propre. L'unité phénoménologique entre l'être et sa manifestation est rapportée au langage, c'est ce transfert qui marque en même temps la distance de Gadamer vis-à-vis de Husserl et qui explique sa résistance à l'absolu hégélien. Ce n'est pas l'être qui porte une signification langagière universelle mais la langue qui possède une « signification ontologique universelle »[1]. Le langage de la chose même, ou la nature spéculative du langage, signifie que le langage porte l'être, que *quelque chose* « vient au langage ». L'universalité de l'herméneutique dépasse ainsi non seulement la conscience esthétique et la conscience historique mais aussi le plan strict d'une herméneutique des sciences de l'esprit : le langage n'est pas impliqué dans un type de savoir qu'il appartient à l'homme de développer plus ou moins, mais dans le savoir de soi comme être de compréhension. Ce qu'il y a de proprement esthétique et historique nous révèle en même temps ce qui dans l'art et l'histoire est universel ou philosophique. L'orientation vers l'universel est donc un facteur de singularisation. En d'autres termes : « Partant de l'aspect langagier de la compréhension, nous soulignons, par contre, la finitude de l'événement de langage dans lequel la compréhension se concrétise à chaque fois. Le langage que les choses tiennent – quelles qu'elles soient – n'est pas le *logos ousias* et ne s'accomplit pas dans la vision qu'une intelligence infinie a d'elle-même ; cette langue est la langue qu'entend notre être fini et historique, quand nous apprenons à parler. (…) Il n'y a pas que l'art et l'histoire qui soient spéculatifs, se distinguent d'eux-mêmes, se présentent, soient langue qui déclare du sens, il en est ainsi de tout étant dans la mesure où il peut être compris »[2]. La subsistance de l'origine est insérée dans l'histoire sans être historique, c'est ce qui distingue deux conceptions de la réception du sens, celle de la conscience historique (qui ne peut répondre de manière satisfaisante au problème de l'identité de sens, qui supporte la représentation malgré la distance, de là le risque de rechute dans le relativisme) et celle qui prend en compte la fusion des horizons. Car l'« adresse du texte littéraire n'est pas le destinataire d'une communication mais celui qui est réceptif, aujourd'hui et demain ». L'œuvre « classique » « n'est au contraire parlante que si elle parle « origi-

1. GW1, p. 479, VM, p. 500-501.
2. GW1, p. 480, VM, p. 501-502.

nairement » c'est-à-dire « comme si cela m'était dit à moi-même. (...) Cela ne veut absolument pas dire que ce qui parle ainsi se mesurerait à l'idée d'une norme extra-historique. C'est l'inverse : ce qui parle de la sorte pose par là une mesure »[1]. La structure mimétique originaire de l'œuvre fait de son identité la condition de son caractère réitérable, Gadamer souligne que même l'improvisation « se veut répétable *idealiter* »[2].

De cette façon, la répétition n'invalide pas la dimension normative et fondatrice de l'identité de l'œuvre mais la confirme, parce que l'être et sa présentation ne correspondent pas à deux valences séparables de la réalité porteuse de sens. Apparaître, comme le disait déjà le motif platonicien et néo-platonicien de la lumière et le « *verbum creans* » de la doctrine chrétienne, c'est toujours être auprès de, présent à quelque chose en le rendant visible. L'apparaître est aussi un don de l'être de l'autre, c'est pourquoi il n'est pas dissociable de l'idée de mesure, elle-même orientée vers l'intelligibilité de ce à quoi elle se confronte. La manifestation devance l'être en ce sens, l'interprétation s'appuie sur des significations qui se dressent et forment des configurations saillantes, sans lesquelles rien ne pourrait être distingué. L'œuvre d'art montre comment du fini peut se *distinguer*, malgré tout. L'œuvre d'art partage donc avec l'essence du comprendre sa dimension événementielle et l'évidence du « là » : « il en est ainsi ». La conception platonicienne du beau corrobore finalement à la fois l'universalité de l'herméneutique et la pérennité de cette extension du comprendre à travers le temps, c'est-à-dire d'un mode de donation du vrai et du beau qui montre ce qui est tel qu'il est en lui-même. C'est sur cette révélation que se fonde philosophiquement la compréhension : parce qu'être et se donner sont le même ou montrent le même, l'acte de comprendre est possible et nous *distingue*. Recouvrir notre nature compréhensive revient à recouvrir notre nature toute entière, en ne voyant pas l'autre tel qu'en lui-même on rabote d'autant la compréhension de soi.

Le poète incarne pour Gadamer la réussite même de la finitude *herméneutique* de l'homme. Le poème présente une totalité de sens sans présenter la totalité elle-même, c'est toute la différence entre rendre-présent (comprendre) et ranger sous un concept (expliquer, analyser) : comprendre ne se réduit pas à la subsomption du particulier sous une règle, ou au contraire à s'écarter librement de la chose comme si le jeu interprétatif n'était tenu par rien de régulièrement subsistant. On comprend dans le chemin même de l'accès, l'accès est comme tel le comprendre : « En tant

1. GW2, p. 476, « Postface » (1972), AC1, p. 117.
2. GW2, p. 477, AC1, p. 118.

qu'êtres qui comprennent, nous sommes entraînés dans un advenir de vérité et nous arrivons en quelque sorte trop tard si nous voulons savoir ce que nous devons croire. (…) Le fait que l'être propre de celui qui connaît y entre également en jeu dans la connaissance, marque bien la limite de la "méthode", mais non celle de la science. Ce que l'on ne peut pas demander à l'instrument de la méthode, il faut au contraire et on peut aussi l'atteindre, grâce à une discipline de l'interrogation et de la recherche qui garantisse la vérité »[1].

Le concept d'absolu pointe l'indépendance vis-à-vis de toute « condition limitative » que manifeste exemplairement la vérité de l'art. Comprendre permet de saisir le lien qui rend ce qui a été pensé contemporain, donc encore valable et encore audible. La continuation de la vérité et ainsi du dialogue est garantie par cette absoluité : la vérité est l'existence qui se porte à une certaine durée, ce qui ressort et se tient, se continue et est continué. L'art nous apprend à être affecté par le lointain, à nous laisser approcher et à nous approcher par là de l'autre. L'art « peut jeter un pont par-delà les bornes et les espaces »[2]. Ce lien est possible car ce que nous nous approprions est justement moins un savoir qu'un être. Ainsi, « malgré tout ce qu'on peut dire sur les pertes entraînées par l'évolution récente qui prive l'art et les artistes d'une patrie et d'un lieu, on ne saurait prendre au sérieux le programme d'une politique de l'art qui ne reconnaîtrait pas l'aspiration à l'absoluité de l'art. La fin de l'ère des styles d'architecture communs à toute l'Europe n'y changera rien. Mnémosyne demeure la mère des Muses. la présence du passé appartient à l'essence de l'esprit. Les blessures de l'esprit ne laissent pas de cicatrices (Hegel) »[3]. La possibilité de faire exister et de rappeler le lien s'origine dans l'esprit même : quelque chose se conserve, aspire à la conservation parce que l'individualité humaine est une individualité relationnelle, qui ne se trouve bien en elle qu'en étant capable de sortir de soi et de s'enrichir en retenant et en reprenant. La structure mimétique originaire s'allie à l'absoluité en rendant possible le déploiement indéfini du dialogue et de l'attente du vrai de la chose même. L'herméneutique philosophique est linguistique à cette condition : elle est, comme le dit la formule de Rilke, comme un « esprit

1. GW1, p. 494, VM, p. 516. Gadamer dit aussi que c'est « la tendance du *Dasein* au recouvrement qui appelle plus particulièrement la tâche herméneutique » (GW10, p. 65, « Herméneutique et différence ontologique » (1989), *L'Herméneutique en rétrospective*, *op. cit.*, p. 89).

2. GW8, p. 376, « Le mot et l'image – "autant de vérité, autant d'être" (1992), PH, p. 190.

3. GW8, p. 398-399, PH, p. 220.

capable de nous unir »[1]. Le sujet de l'herméneutique langagière reste l'homme, le *Dasein*, l'instance de la facticité, et le sens ne peut être compris que dans le langage, le dialogue, les représentations concrètes, objectives qui se produisent historiquement. L'absolu ne met pas en cause cette facticité car l'humain reste la mesure du sens, mais il caractérise le soulèvement de l'humain au-delà de lui-même qui crée une communauté, une éthique, une politique, une histoire de l'art et des pensées : une philosophie de l'esprit objectif. « Car ce qui s'illumine dans le geste, écrit Gadamer, c'est l'être du sens et non le savoir du sens. Il est, en termes hégéliens, substantiel et non pas subjectif. Tout geste est humain, mais tout geste n'est pas exclusivement un geste d'homme, qui plus est, aucun geste n'est la pure et simple expression d'un homme individuel »[2]. Nous pouvons nous rencontrer dans l'autre et avec l'autre, nous n'existons pas sur le mode isolé et reclus de l'objet, naturel ou technique, nous savons que le sens de l'existence se reproduit et se représente et qu'il nous appartient d'être en mémoire de cette manifestation. Philosopher, c'est résister à la possibilité de l'oubli de cette essence compréhensive de l'humain, retenir quelque chose que l'on pourrait oublier, préserver ce que nous sommes et faire don de ce souvenir : en manifestant quelque chose, en restant à l'écoute de la manifestation de l'homme dans le monde, au plus proche des édifices spirituels qui parlent de nous et nous sont reconnaissants de continuer à parler d'eux.

1. KS2, p. 214, « Tableau et geste » (1964), AB, p. 132.
2. KS2, p. 214-215, AB, p. 134.

CONCLUSION

Comprendre c'est faire sien le sens déployé par un autre dans une œuvre, rejoindre ou s'adjoindre un contenu bien plus qu'on ne rejoint à proprement parler l'âme de l'autre. L'être n'existe que de concrétiser un universel langagier qui joint le moi et le monde, un universel pétri de finitude, logé dans une manifestation finie qui se présente à l'être fini que nous sommes. L'interprétation est de nature dialogique et elle ne peut se produire indépendamment de l'histoire en tant qu'elle agit et transporte des contenus conceptuels. Le langage qu'on interprète et par lequel on interprète est le médiateur continu de la tradition, il n'est donc pas d'abord représentation d'un monde ou expression d'un soi mais intersubjectivité, action réciproque : ainsi le *lien* entre raison et langage légitime-t-il finalement chez Gadamer l'amplification de l'herméneutique en philosophie.

En comprenant dans l'horizon de la totalité de sens, Gadamer dessine une position philosophique significativement divergente de celle des courants postmodernes qui se réclament plus ou moins de l'herméneutique (Vattimo, Ricœur, Habermas, Rorty, et même dans une moindre mesure Apel, Derrida ou Foucault) et qui se fédèrent plutôt autour d'un rejet de l'idée de totalité dans ce qu'elle a d'apparenté à l'esprit de système. Mais cet écart est-il suffisant pour produire véritablement le dépassement du cadre kantien de la philosophie dont Gadamer semble avoir tenté de s'arracher à travers la double critique de la conscience esthétique et de la conscience historique? Qui est parvenu à penser en dehors de ce cadre et à montrer le devoir-être de cet arrachement? Comment ne pas retomber à l'intérieur de celui-ci si l'on maintient ferme le primat de l'histoire, de la facticité et du dialogue? C'est à cette aporie que nous semble conduire la proposition philosophique de Gadamer. Mais en même temps les termes et l'irruption même de l'aporie sont lourds de sens : elle présente au moins l'indice d'une faille non résolue, et qui sans doute ne peut l'être, dans la tentative de conciliation entre le débordement d'être et la finitude de l'être, c'est-à-dire dans un projet d'herméneutique *linguistique*. En effet, si la position centrale revient au langage, la pensée herméneutique dispose-t-elle de moyens assez puissants pour se démarquer de la pente positiviste contre laquelle elle entend préserver la connaissance? Pourra-t-elle se présenter comme une alternative assez nette au courant analytique et à sa manière de quadriller le langage et de poser les normes de la rationalité[1]? Comment alors défendre l'idée d'une préservation du contenu transmis par la tradition sans donner à cette préservation une autre assise que celle qui, finalement, la rattache malgré tout à ce qui a été proscrit depuis plus d'un siècle dans l'idéalisme absolu (le sens de la totalité, ou le sens et la totalité), donc sans bénéficier de ce qui, dans ce même idéalisme, représente une option philosophique pour le coup radicalement *différente*? L'herméneutique semble vouloir jouer à une partie de cartes avec un jeu (délibérément?) affaibli, avec des cartes dont la faiblesse devrait en même temps constituer la force. C'est un pari osé, une stratégie au moins paradoxale. Tant que l'arbitre reste le langage, comment dépasser le relativisme d'une part et l'analycité d'autre part? Comment sortir de Kant?

Reste que quelque chose d'essentiel sourd dans l'effort gadamérien qui mérite d'être pris au sérieux. La première chose, c'est sa critique du formalisme de la méthode. Gadamer confie ceci: «Je ne suis absolument pas un fataliste ou un prophète de la décadence en contestant la possibilité de la science à s'autolimiter. Je pense au contraire que ce n'est pas la science en tant que telle, mais en fin de compte notre capacité humaine et politique à tous qui peut seule garantir l'application raisonnable de notre pouvoir, ou tout au moins conduire à ce que nous évitions les catastrophes extrêmes»[2]. Or cette vigilance ne peut être pratiquée sérieusement que si le souci du contenu, des fins, de la totalité ne s'est pas complètement évaporé. Le formalisme de la méthode, c'est remettre à la forme la fonction qui revient rationnellement au contenu, laisser l'initiative à quelque chose

1. Gadamer explique que la terminologie «reste toujours introduite et portée par l'événement communicatif que nous accomplissons en parlant et dans lequel s'édifient la compréhension et l'accord. Tel me paraît être le point de convergence entre l'herméneutique et le développement de la philosophie analytique en Angleterre. Mais la correspondance demeure limitée. De même que Dilthey a eu à déplorer le manque de formation historique de l'empirisme anglais du dix-neuvième siècle, de même la prétention critique d'une herméneutique qui se réfléchit historiquement ne consiste pas tant à rendre maîtrisables dans leur structure logique les modes du discours, ce qui correspond un peu à l'idéal de la philosophie "analytique", mais à contribuer à une appropriation des contenus transmis linguistiquement qui prenne en compte toute l'expérience historique qui s'est déposée en eux» (GW2, p. 113, «Herméneutique classique et philosophique» (1968), PH, p. 113-114).

2. KS4, p. 103-104, «Langage et compréhension» (1970), LV, p. 159.

d'anhistorique, c'est-à-dire à quelque chose qui fait abstraction de l'historicité de ce qui arrive et de sa propre historicité. Le formalisme se distingue cependant encore de l'action de « la machine » par le fait que « pouvoir oublier » laisse encore une place à « pouvoir se souvenir ». Dans la possibilité de se souvenir qu'on oublie réside l'optimisme en creux de l'ontologie heidegerienne. Comme le dit Gadamer, de manière profonde et incroyablement juste, parce qu'elle n'oublie rien, la machine ne peut pas non plus se souvenir car « oublier » n'est pas un pouvoir[1]. Au formalisme méthodique on pourrait du reste arrimer, dans l'esprit de Gadamer, une certaine dérive « quantitativiste » dans les sciences humaines, la propension à valider des « résultats » par le chiffre, la déduction analytique, et à favoriser une amplification cumulative, parfois répétitive, des recherches au détriment de leur ancrage dans le réel et de l'émergence d'un contenu qui ne sera pas forcément nouveau mais qui dira quelque chose de vrai de l'homme et du monde. En d'autres termes, résume Gadamer : « Ici se trouve à mes yeux le plus grand danger de notre civilisation : le fait de privilégier les qualités d'adaptation. Dans notre civilisation technique, il est en fin de compte inévitable que ne soit pas tant récompensée la puissance créatrice de l'individu que son pouvoir d'adaptation. Dit en une formule : la société des experts est en même temps une société de fonctionnaires »[2].

La critique du formalisme a aussi un revers positif : l'exhibition de l'humain comme centre, comme fin, comme l'alpha et l'oméga de la pensée qui est philosophique. « Une figure "juste" de l'homme, écrit Gadamer, c'est avant tout une figure de l'homme dédogmatisée par les sciences de la nature, la recherche sur le comportement, l'ethnologie, comme par la diversité de l'expérience historique. Elle se refusera au profilement normatif clair sur lequel aimerait s'appuyer l'application scientifique à la pratique, approximativement au sens du *social engineering* (nouvel ordre social). Mais cette figure est un critère de jugement qui libère l'agir de l'homme des évaluations et des dévaluations précitées, et continue à rappeler au chemin de la civilisation quel est son but, chemin qui – laissé à lui-même – menace d'être de moins en moins le chemin de la promotion de l'humanité (*Humanität*). La science relative aux hommes sert ainsi au savoir que l'homme a de lui-même, et par là à la pratique »[3]. C'est pourquoi le « dire d'énonciation », « ce qui est écrit », la « tenue debout » du poème ne

1. KS4, p. 192-193, « Théorie, technique, pratique » (1972), LV, p. 278-279.

2. *Vernunft im Zeitalter der Wissenschaft*, *op. cit.*, p. 59-60, « Qu'est-ce que la pratique ? Les conditions d'une raison sociale » (1974), LV, p. 288.

3. KS4, p. 195, « Technique, théorie, pratique » (1972), LV, p. 283.

font que reprendre l'idée que l'art, la philosophie et les sciences de l'esprit disposent en elles-mêmes de leur norme de validation. Parler, comme penser, c'est « faire exister ». Et l'on n'existe véritablement que quand une parole nous « fait exister » comme existe quelque chose qui possède en lui-même sa justification. Être présent pour l'homme consiste à retenir la permanence de la manifestation. Selon Gadamer, la « pratique est le se-comporter et l'agir dans la solidarité. Mais la solidarité est la condition décisive et la base de toute raison sociale. Une parole d'Héraclite, le philosophe "pleurant", dit : le *logos* est commun à tous, mais les hommes se comportent comme si chacun avait sa raison privée. Cela doit-il en rester là ? »[1] À l'évidence, la philosophie de Gadamer nous demande de ne pas en rester là. Et ce disant, elle nous rappelle que comprendre est une tâche, une attente, une exigence, une manifestation qui s'étire, derrière et devant, qu'aussi loin qu'on regarde en arrière ou en avant, nous sommes, comme « la flèche résistant à la corde de l'arc, sa force toute concentrée dans l'élan, pour devenir plus qu'elle-même »[2].

1. *Vernunft im Zeitalter der Wissenschaft, op. cit.*, p. 77, « Qu'est-ce que la pratique ? Les conditions d'une raison sociale » (1974), LV, p. 299. « C'est la question de savoir si le caractère unilatéral du savoir qui est devenu dominant en Europe peut se prêter à un nouvel équilibre avec un autre savoir de vie – c'est-à-dire s'il peut y avoir un nouvel équilibre entre la mesure de la science et le sens de la mesure. Telle est en vérité la tâche vitale qui se pose à l'humanité aujourd'hui en vue d'un monde habitable, d'une *oikoumenè* qui ne se contenterait plus d'explorer l'Europe à tous les vents, mais qui développerait une vie en commun dont il faut faire l'apprentissage dans ce monde humain qui en arrive de plus en plus à sa limite planétaire » (GW10, p. 280, « L'Europe et l'*oikoumenè* » (1993), PH, p. 238-239).

2. R. M. Rilke, *Élégies de Duino*, trad. A. Guerne, Paris, Seuil, 1972, p. 316.

INDICATIONS BIBLIOGRAPHIQUES

Nous produisons ici la liste des ouvrages et articles cités dans ce livre, complétée par certains textes que nous avons consultés. Des indications plus précises sont fournies dans les notes qui y renvoient.

BIBLIOGRAPHIE DES ŒUVRES DE GADAMER

ETSURO MAKITA, *Gadamer-Bibliographie (1922-1994)*, Frankfurt am Main, Peter Lang, 1995.

Œuvres de Hans-Georg Gadamer

Éditions allemandes

Gesammelte Werke, Tübingen, J.C.B. Mohr (Paul Siebeck), 1985-1995.

I. *Hermeneutik* I : *Wahrheit und Methode : Grundzüge einer philosophischen Hermeneutik*. Herméneutique I : Vérité et Méthode : les grandes lignes d'une herméneutique philosophique.

II. *Hermeneutik* II : *Wahrheit und Methode. Ergänzungen-Register*. Herméneutique II : Vérité et Méthode. Compléments-Index. Comporte la Préface de 1965 et les Postfaces de 1965 et 1972.

III. *Neuere Philosophie* I : Hegel-Husserl-Heidegger. Philosophie moderne I.

IV. *Neuere Philosophie* II : *Probleme-Gestalten*. Philosophie moderne II.

V. *Griechische Philosophie* I. Philosophie grecque I. Comporte les premières études sur la philosophie grecque, de 1927 à 1942 et la thèse d'habilitation sur *L'Éthique dialectique de Platon* (1931).

VI. *Griechische Philosophie* II. Philosophie grecque II. Études couvrant la période 1936-1982.

VII. *Griechische Philosophie* III : *Plato im Dialog*. Philosophie grecque III. Dernière période d'études consacrées aux Grecs (1978-1991).

VIII. *Ästhetik und Poetik* I : *Kunst als Aussage*. Esthétique et poétique I : L'Art comme proposition.

IX. *Ästhetik und Poetik* II: *Hermeneutik im Vollzug*. Esthétique et poétique II: L'herméneutique en acte.

X. *Hermeneutik im Rückblick*. L'Herméneutique en rétrospective.

Kleine Schriften 1-4, Tübingen, J.C.B. Mohr (Paul Siebeck), 1967-1972-1977.

« *Zur Systemidee in der Philosophie* », *Festschrift für Paul Natorp zum siebzigsten Geburtstag*, Berlin, de Gruyer, 1924.

« *Der aristotelische "Protreptikos" und die entwicklungsgeschichtliche Betrachtung der aristotelischen Ethik* », dans GW5, p. 164-186, trad. fr. dans *Hermès*, n°63, 1927.

Volk und Geschichte im Denken Herders, Frankfurt am Main, Klostermann, 1942.

Préface de H.-G. Gadamer au texte de P. Natorp, *Philosophische Systematik*, Philosophische Bibliothek, Bd 526, Felix Meiner Verlag, 1958: « Die philosophische Bedeutung Paul Natorps. Festrede zum 100. Geburtstag, gehalten an 24. Januar 1954 in der Universität Marburg ».

Hermeneutik und Ideologiekritik, Frankfurt am Main, Suhrkamp, 1971.

Die Aktualität des Schönen, Stuttgart, Reclam, 1977.

Philosophische Lehrjahre, Frankfurt am Main, Vittorio Klostermann, 1977.

Vernunft im Zeitalter der Wissenschaft, Frankfurt am Main, Suhrkamp, 1986.

Wer bin Ich und wer bist Du ? Kommentar zu Celans « Atemkristall », Frankfurt am Main, Suhrkamp, 1986.

Das Erbe Europas, Frankfurt am Main, Suhrkamp, 1990.

Gedicht und Gespräch, Frankfurt am Main, Insel Verlag, 1990.

Der Anfang der Philosophie, Stuttgart, Reclam, 1996.

Hans-Georg Gadamer im Gespräch, hrsg. von C. Dutt, Heidelberg, Universitätsverlag C. Winter, 1993.

Lesebuch, hrsg. von Jean Grondin, Tübingen, J.C.B. Mohr (Paul Siebeck), 1997.

Hermeneutische Entwürfe. Vorträge und Aufsätze, Tübingen, J.C.B. Mohr (Paul Siebeck), 2000.

Textes en français

Vérité et méthode. Les grandes lignes d'une herméneutique philosophique, trad. P. Fruchon, J. Grondin et G. Merlio, Paris, Seuil, 1996.

L'Art de comprendre. Écrits I. Herméneutique et tradition philosophique, trad. M. Simon, Paris, Aubier, 1982; Écrits II. Herméneutique et champs de l'expérience humaine, trad. I. Julien-Deygout, P. Forget, P. Fruchon, J. Grondin et J. Schouwey, Paris, Aubier, 1991.

Qui suis-je et qui es-tu ? Commentaire de « Cristaux de souffle » de Paul Celan, trad. E. Poulain, Arles, Actes Sud, 1987.

Années d'apprentissage philosophique. Une rétrospective, trad. E. Poulain, Paris, Criterion, 1992.

L'Actualité du beau, trad. E. Poulain, Alinea, 1992.

L'Idée de bien comme enjeu platonico-aristotélicien, trad. P. David et D. Saatdjian, Paris, Vrin, 1994.

L'Éthique dialectique de Platon : interprétation phénoménologique du « Philèbe », trad. F. Vetan et V. von Schenck, Arles, Actes Sud, 1994.

Langage et vérité, trad. J.-C. Gens, Paris, Gallimard, 1995.

Le Problème de la conscience historique, éd. établie par P. Fruchon, Paris, Seuil, 1996.

L'Héritage de l'Europe, trad. P. Ivernel, Paris, Rivages, 1996.

La Philosophie herméneutique, trad. J. Grondin, Paris, P.U.F., 1996.

Philosophie de la santé, trad. M. Dautrey, Paris, Éditions Grasset et Fasquelle, et Éditions Mollat, 1998.

Au Commencement de la philosophie, trad. P. Fruchon, Paris, Seuil, 2001.

Les Chemins de Heidegger, trad. J. Grondin, Paris, Vrin, 2002.

Esquisses herméneutiques. Essais et conférences, trad. J. Grondin, Paris, Vrin, 2004.

L'Herméneutique en rétrospective, trad. J. Grondin, Paris, Vrin, 2005.

Interroger les Grecs. Études sur les Présocratiques, Platon et Aristote, trad. D. Ipperciel, Éditions Fides (Canada), 2006.

Heidegger M., *Interprétations phénoménologiques d'Aristote (Indication de la situation herméneutique)*, précédé de H.-G. Gadamer, "Un écrit théologique de jeunesse", traduit par J.-F. Courtine, Mauzevin, Trans-Europ-Repress, 1992.

ÉTUDES

BOUVERESSE J., *Herméneutique et linguistique*, Paris, Éditions de l'Éclat, 1991.

DENIAU G., *Cognitio imaginativa, La phénoménologie herméneutique de Gadamer*, Ousia, 2002.

DUTT C., *Herméneutique, esthétique, philosophie pratique*, dialogue avec H.-G. Gadamer, trad. D. Ipperciel, Fides (Canada), 1998.

FRUCHON P., *L'Herméneutique de Gadamer : platonisme et modernité*, Paris, Le Cerf, 1994.

GENS J.-C., KONTOS P., RODRIGO P., *Gadamer et les Grecs*, Paris, Vrin, 2005.

GREISCH J., *L'Âge herméneutique de la raison*, Paris, Le Cerf, 1985.

– *Comprendre et interpréter. Le paradigme herméneutique de la raison*, J. Greisch (éd.), Paris, Beauchesne, 1993.

GRONDIN J., *L'Universalité de l'herméneutique*, Paris, P.U.F., 1993.

– *L'Horizon herméneutique de la pensée contemporaine*, Paris, Vrin, 1993.

– *Introduction à Hans-Georg Gadamer*, Paris, Le Cerf, 1999.

– *Hans-Georg Gadamer. Eine Biographie*, Tübingen, J.C.B. Mohr (Paul Siebeck), 1999.

– « Gadamer vor Heidegger », Internationale Zeitschrift für Philosophie, 1996.

HABERMAS J., *Logique des sciences sociales et autres essais*, Paris, P.U.F., 2002.

POULAIN J., « L'Entretien de l'Herméneutique avec la Modernité. Les vingt dernières années de philosophie allemande », *Les Études philosophiques*, n°2, juin 1982.

RICŒUR P., *Du Texte à l'action. Essais d'herméneutique II*, Paris, Seuil, 1986.

– *Temps et récit*, t. III, Paris, Seuil, 1985.

– *Lectures* 2, Paris, Seuil, 1992.

Hermeneutik und Dialektik I et II, Tübingen, J.C.B. Mohr (Paul Siebeck), 1970.

L'Héritage de Hans-Georg Gadamer, sous la direction de G. Deniau et de J.-C. Gens, Le Cercle Herméneutique, collection Phéno, 2003.

The philosophy of Hans-Georg Gadamer, The Library of Living Philosophers, vol. XXIV, Illinois, éd. par L.E. Hahn, Chicago et La Salle, 1997.

PHILOSOPHIE CONTEMPORAINE, PHÉNOMÉNOLOGIE, HERMÉNEUTIQUE

APEL K.-O., *Penser avec Habermas contre Habermas*, trad. M. Charrière, Paris, Éditions de l'Éclat, 1990.

BETTI É., *Zur Grundlegung einer allgemeinen Auslegungslehre*, Tübingen, J.C.B. Mohr (Paul Siebeck), 1988. Gadamer a rédigé une postface pour ce texte : « *Émilio Betti und das idealistische Erbe* ».

BULTMANN R., *Glauben und Verstehen* t. 2, « Das Problem der Hermeneutik » (1950), Tübingen, J.C.B. Mohr (Paul Siebeck), 1993.

DILTHEY W., *Gesammelte Schriften*, Bd. 5-7, « *Die geistige Welt* », hrsg. von Georg Misch, Stuttgart, B.G. Teubner, 1990 et 1992.

– *Das Erlebnis und die Dichtung*, Leipzig-Berlin, B.G. Teubner, 1919, *Écrits d'esthétique, Œuvres* 7, trad. D. Cohn et E. Lafon, Paris, Le Cerf, 1995.

DROYSEN J.G., *Historik – Vorlesungen über Enzyklopädie und Methodologie der Geschichte* dans l'édition de R. Hübner, München, Wien, R. Oldenbourg, 1974.

– *Historik, Rekonstruktion der ersten vollständigen Fassung der Vorlesungen* (1857) – *Grundriss der Historik in der ersten handschriftlichen* (1857-1858) *und in der letzten gedruckten Fassung* (1882), Stuttgart, Fromann-Helzboog, 1977.

– *Précis de théorie de l'histoire*, trad. A. Escudier, Paris, Éditions du Cerf, 2002.

FRANK M., *Das individuelle Allgemeine. Textstrukturierung und -interpretation nach Schleiermacher*, Frankfurt am Main, Suhrkamp, 1977.

HABERMAS J., *Profils philosophiques et politiques*, trad. F. Dastur *et al.*, Paris, Gallimard, 1974.

– *La Pensée postmétaphysique. Essais philosophiques*, Paris, Armand Colin, 1993.

– *Le Discours philosophique de la modernité, Douze conférences*, trad. C. Bouchindhomme et R. Rochlitz, Paris, Gallimard, 1988.

– *Vérité et justification*, trad. R. Rochlitz, Paris, Gallimard, 2001.

– *L'Éthique de la discussion et la question de la vérité*, trad. P. Savidan, Paris, Grasset, 2003.
HEIDEGGER M., *Sein und Zeit*, Tübingen, Niemeyer, 1977.
– *Essais et conférences*, trad. A. Préau, préface de J. Beaufret, Paris, Gallimard, 1958.
– *Chemins qui ne mènent nulle part*, trad. W. Brokmeier, Paris, Gallimard, 1962,
– *Lettre sur l'humanisme*, trad. R. Munier, Paris, Aubier, 1983.
HEIDEGGER M.-JASPERS K., *Briefwechsel*, Frankfurt am Main, Klostermann, 1990.
HORKHEIMER M., ADORNO T., *La Dialectique de la raison*, trad. E. Kaufholz, Paris, Gallimard, 1974.
HUSSERL E., *Recherches logiques*, trad. H. Élie *et al*, Paris, P.U.F., 1969, 1972, 1974.
– *Idées directrices pour une phénoménologie et une philosophie phénoménologique pures*, trad. P. Ricœur, Paris, Gallimard, 1950.
KISIEL T., *The Genesis of Heidegger's « Being and Time »*, Berkeley, California University Press, 1993.
RODI F, *Erkenntnis des Erkannten. Zur Hermeneutik des 19. und 20. Jahrhunderts*, Frankfurt am Main, Suhrkamp, 1990.
RORTY R., *L'Homme spéculaire*, trad. T. Marchaisse, Paris, Seuil, 1990.
– *Conséquences du pragmatisme*, trad. J.-P. Cometti, Paris, Seuil, 1993.
SCHLEIERMACHER F.D.E., *Herméneutique*, trad. C. Berner, Paris, Le Cerf, 1987.
– *Dialectique*, trad. C. Berner et D. Touard, Paris, Le Cerf, 1995.
SZONDI P., *Poésie et poétique de l'idéalisme allemand*, traduction dirigée par J. Bollack, Paris, Gallimard, 1975.
VATTIMO G., *Éthique de l'interprétation*, trad. J. Rolland, Paris, La Découverte, 1991
WACH J., *Das Verstehen. Grundzüge einer Geschichte des Hermeneutischen Theorie im 19. Jahrhundert*, 3 volumes, Tübingen, J.C.B. Mohr (Paul Siebeck), 1926.

AUTRES ŒUVRES DE PHILOSOPHIE ET DE LITTÉRATURE

ARISTOTE, *Métaphysique*, trad. J. Tricot, Paris, Vrin, 1986.
– *De l'Interprétation*, trad. J. Tricot, Paris, Vrin, 1997.
AUGUSTIN (saint), *La Genèse au sens littéral*, trad. P. Agaësse et A. Solignac, Paris, Desclée de Brouwer, 1972.
– *Sur la Doctrine chrétienne*, trad. M. Moreau, Institut d'Études augustiniennes, 1997.
BAUMGARTEN A.G., *Metaphysique*, trad. J.-Y. Pranchère, Paris, Éditions de l'Herne, 1988.
HEGEL G.W.F., *Science de la logique*. I- *L'Être* et II- *La Doctrine de l'essence*, trad. P.-J. Labarrière et G. Jarczyc, Paris, Aubier, 1972, 1976.
– *La Phénoménologie de l'esprit*, trad. B. Bourgeois, Paris, Vrin, 2006.

– *Cours d'esthétique* II, trad. J.-P. Lefebvre et V. von Schenck, Paris, Aubier, 1996.

HELMHOLTZ H., *Vorträge und Reden*, Bd. 1, *Über das Verhältnis der Naturwissenschaften zur Gesamtheit der Wissenschaften*, Braunschweig, Verlag von Friedrich Vieweg und Sohn, 1884.

HUMBOLDT W., *Introduction à l'œuvre sur le kavi et autres essais*, trad. P. Caussat, Paris, Seuil, 1974.

HUME D., *Traité de la nature humaine, L'entendement*, trad. P. Baranger et P. Saltel, Paris, GF-Flammarion, 1995.

JASPERS K., *Raison et existence* (1935), trad. R. Givord, Presses universitaires de Grenoble, 1987.

KANT E., *Critique de la faculté de juger*, trad. A. Philonenko, Paris, Vrin, 1989.

KIERKEGGARD S., *Miettes philosophiques*, trad. P.-H. Tisseau et E.-M. Jacquet-Tisseau, Paris, Éditions de l'Orante, 1973.

– *Ou bien... Ou bien*, trad. F. Prior et al, Paris, Gallimard, 1943.

KUHN T., *La Structure des révolutions scientifiques*, trad. L. Meyer, Paris, Flammarion, 1983.

MILL J.S., *Système de logique déductive et inductive*, trad. L. Peisse, Paris, Mardaga, 1988.

NIETZSCHE F., *Ainsi parlait Zarathoustra*, trad. M. de Gandillac, Paris, Gallimard, 1971.

– *Considérations inactuelles I et II*, trad. P. Rusch, Paris, Gallimard, 1990.

PLATON, *Philèbe*, trad. E. Chambry, Garnier-Flammarion, 1969.

RILKE R.-M., *Les Élégies de Duino*, trad. A. Guerne, Paris, Seuil, 1972.

SPENGLER O., *Der Untergang des Abendlandes, Umrisse einer Morphologie der Weltgeschichte*, München, C.H. Beck, 1920-1922, *Le déclin de l'Occident, Esquisse d'une morphologie de l'histoire universelle*, trad. M. Tazeroud, Paris, Gallimard, 1948.

VALÉRY P., *Tel quel*, Paris, Gallimard, 1943.

VICO G., *Science nouvelle*, trad. C. Trivulzio, Paris, Gallimard, 1993.

– *La Méthode des études de notre temps*, trad. A. Pons, Paris, Grasset, 1981.

TABLE DES MATIÈRES

TROISIÈME PARTIE

UNIVERSALITÉ DE L'HERMÉNEUTIQUE PHILOSOPHIQUE : L'HUMAIN EN DIALOGUE

ACHEVÉ D'IMPRIMER
EN DÉCEMBRE 2009
PAR L'IMPRIMERIE
DE LA MANUTENTION
A MAYENNE
FRANCE
N° 09N-108

Dépôt légal : 4e trimestre 2009